职业本科教育·城市轨道交通类专业教材

城市轨道交通运输设备智慧运行与维护

刘乙橙 杨 韬 主 编
赵宝鹏 杨高鹏 副主编
方 文 刘伊江 主 审

（第2版）

人民交通出版社
北 京

内 容 提 要

本教材为职业本科教育城市轨道交通类专业教材。本教材共设置了五个模块,分别为城市轨道交通智慧运维系统认知、城市轨道交通智慧车站设备运行与维护、城市轨道交通智慧维保系统运行与维护、城市轨道交通智慧安防系统运行与维护和城市轨道交通车辆智慧检修系统运行与维护。

本教材的开发旨在解决职业本科办学规模逐年扩大但高质量职业本科专业课教材短缺问题。本教材联合多家企业一线高级工程师,结合企业真实生产案例,将城市轨道交通运输设备智慧运行与维护的理论知识和技能实践知识进行深度开发。

本教材可作为职业本科院校城市轨道交通类相关专业教材,也可供城市轨道交通从业人员学习参考。

*** 本教材配套多媒体教学课件,任课教师可通过加入"职教轨道教学研讨群"(教师专用 QQ 群号:129327355)获取。**

图书在版编目(CIP)数据

城市轨道交通运输设备智慧运行与维护/刘乙橙,杨韬主编.—2 版.—北京:人民交通出版社股份有限公司,2025.9(2026.2 重印).—ISBN 978-7-114-18919-7

Ⅰ. U239.5

中国国家版本馆 CIP 数据核字第 202517BH22 号

职业本科教育 · 城市轨道交通类专业教材

Chengshi Guidao Jiaotong Yunshu Shebei Zhihui Yunxing yu Weihu

书　　名:城市轨道交通运输设备智慧运行与维护(第 2 版)

著 作 者:刘乙橙　杨　韬

责任编辑:司昌静

责任校对:赵媛媛　魏佳宁

责任印制:刘高彤

出版发行:人民交通出版社

地　　址:(100011)北京市朝阳区安定门外外馆斜街 3 号

网　　址:http://www.ccpcl.com.cn

销售电话:(010)85285911

总 经 销:人民交通出版社发行部

经　　销:各地新华书店

印　　刷:北京市密东印刷有限公司

开　　本:787 × 1092　1/16

印　　张:16.75

字　　数:407 千

版　　次:2023 年 1 月　第 1 版

　　　　　2025 年 9 月　第 2 版

印　　次:2026 年 2 月　第 2 版　第 2 次印刷　总第 6 次印刷

书　　号:ISBN 978-7-114-18919-7

定　　价:52.00 元

前·言

Preface

编写背景

随着“智慧地球”“智慧城市”等理念的提出，新一代信息技术驱动下的城市轨道交通智慧运营将成为“智慧城市”的主要标志之一，也是新基建中融合技术设施建设的重要方向。根据2020年印发的《中国城市轨道交通智慧城轨发展纲要》研判，城市轨道交通智慧运营是未来5~10年城市轨道交通发展的新趋势。当前城市轨道交通运营企业对人才的需求无论从数量上还是质量上，都要满足智慧城市轨道交通发展的需要。职业本科院校应主动对接智慧轨道交通背景下的企业实际用人需求，培养能从事城市轨道交通智慧运维生产工作的创新型高素质技术技能人才。

课程定位

本教材为城市轨道交通类职业本科教材，适用于城市轨道交通智能运营和城市轨道交通设备与控制技术专业的核心课程教学。

特点及创新

本教材由院校教师联合多家企业一线高级工程师，对城市轨道交通运输设备智慧运行与维护的理论知识和技能实践知识进行深度开发。本教材整体上按照“大模块+单任务”的架构编写，内容围绕城市轨道交通运输设备智慧运行与维护采用的“新知识、新技术、新工艺、新方法”以及企业真实案例展开，贴近企业生产实际。本教材共设置5个模块、18个任务，模块内容分别为城市轨道交通智慧运维系统概述、城市轨道交通智慧车站设备运行与维护、城市轨道交通智慧维保系统运行与维护、城市轨道交通智慧安防系统运行与维护、城市轨道交通车辆智慧检修系统运行与维护。各模块任务设置基于企业一线工作情境，从简单到复杂，各教学任务以企业真实案例引入。在完成任务学习后及时组织任务实施及评价。教学任务通过学习目标-任务导入-知识课堂-任务实施及评价-视野拓展的闭环设计,实现技术原理、实践技能、创新方法的融会贯通,帮助学生掌握扎实的技术,提升创新思维和解决问题的能力。

编写团队

本教材由刘乙橙(四川交通职业技术学院)、杨韬(成都地铁运营有限公司)主编。模块一由杨韬、杨高鹏(成都地铁运营有限公司)编写,模块二由刘乙橙、杨高鹏编写,模块三由鄢小文(浙江机电职业技术大学)、刘乙橙编写,模块四由杨韬、赵宝鹏(四川交通职业技术学院),王超深(四川铁道职业学院)编写,模块五由王凯文(四川交通职业技术学院)、杨涛(贵州交通职业大学)编写。刘乙橙负责本教材的统筹工作。本教材由国家级教学名师方文和中铁二院教授级高级工程师刘伊江担任主审,主审专家为教材高质量开发提供了指导。

数字教材资源

本教材所有图片与视频来源于企业的真实案例。教材深入贯彻落实国家教育数字化战略行动,实现“纸质教材+数字教材”的有机融合,以教材形态转型升级支持育人方式变革,促进教育改革发展。建设的数字教材实现了“教、学、练、训、测、评”六位一体的师生互动教学模式,可为教学过程与教学评价提供有效支撑,进而构建智慧化的教学环境。

数字教材平台地址:https://www.qldbook.com/index.html#/digibook/details/506

致谢

感谢四川交通职业技术学院所有领导和同事对本教材编写给予的大力支持。感谢各轨道交通企业和人民交通出版社各位专家老师对本教材提出的宝贵建议。编写本教材过程中,编者查阅和参考了众多文献资料,在此向参考文献的作者致以诚挚的谢意。

由于编者水平所限,书中若有疏漏之处,恳请广大读者批评指正,以便进一步完善。

作　者

2025年1月

数字资源

续上表

目·录

Contents

模块一

城市轨道交通智慧运维系统认知

任务 认识城市轨道交通智慧运维系统

学习目标

1. 掌握城市轨道交通智慧运维模式。
2. 掌握智慧车站运营管控系统和智慧维保监测系统的架构。
3. 根据岗位职责，知晓智慧运维系统权限及展示管理功能。
4. 具有良好的工程思维和创新意识。

任务导入

我国一些大城市的城市轨道交通线网发展已初具规模,但设备故障率及运维成本却居高不下,既有运维体系已无法满足现有运维需求。 鉴于此,各城市的地铁运营公司纷纷开展了城市轨道交通智慧运维改造项目。 智慧运维改造项目以增加乘客多元化体验功能为核心,以强化设备安全运营为手段,以减员增效、降低维保成本及设备故障率为目标,致力于打造智慧车站与智慧维保相结合的智能化城市轨道交通运维系统。 该系统可实现智能提醒、车站标准化作业监视、智慧屏幕显示等功能,丰富车站信息显示,提高车站服务效率,提升车站整体服务水平。

本任务需要掌握既有城市轨道交通运维模式,了解既有城市轨道交通设备基本功能,掌握综合监控集成化原理。 通过对智慧运维系统的概括性学习,为后续智慧运维终端设备应用奠定基础。

知识课堂

一、城市轨道交通既有运维模式存在的问题

1. 运营方面存在的问题

城市轨道交通车站管理业务主要分为客运管理、设备管理、人员管理和应急联动管理

等方面。其中,客运管理包括乘客事务处理、运营信息发布、车站客运组织;设备管理包括开站管理、运营管理、关站管理、施工管理;人员管理包括公司内部人员管理和外部人员管理;应急联动管理主要是指车站出现异常事件时,站内人员的快速处置管理。车站业务类型众多且专业性较强,结合各地铁公司运营管理现状,在车站实际运营过程中存在以下八个方面的问题。

(1)乘客服务业务多。车站工作人员需要向乘客提供导乘、问询、票务处理等服务,在客流较大的站点,客流高峰期需要额外增配导乘人员和设备操作指引人员。

(2)现场巡检业务多。车站人员需要每天定期到现场对车站内机电设备设施的运营状态、故障状态、安全隐患等进行巡视检查。

(3)人工操作执行业务多。人工操作执行业务分为可远程进行的操作和需要到设备现场进行的操作两大类。以地铁车站开站为例,可远程进行的操作包括:时间校对、广播测试、机电设备设施状态监视、开启 AFC 终端设备、通过 CCTV 确认车站重点部位安全状态、启动环控模式等;需要到设备现场进行的操作包括:通过 PSL 进行站台门手动开启测试、开启自动扶梯及无障碍电梯、开启卷帘门等。

(4)操作多个终端。运营人员需要在多个终端进行操作与确认,增加了运营管理人员的负担。

(5)不间断、不定时、高频次执行任务,监控组织、疏导客流业务多。

(6)人工布岗和派发任务多。由于缺乏统一的管理平台,容易造成差错疏漏。

(7)人工监护施工、统计、审核、登记业务多。

(8)纸质的常态化信息公告多,突发应急信息发布不及时、不全面。

2. 维保方面存在的问题

随着城市轨道交通建设加速成网,设备数量成倍增加,如果继续维持当前以人工巡检和定修为主的运维策略,运维人员将面临巨大的挑战。大线网运维可能带来一些问题,如故障成倍增加,引发成本骤增;故障率居高不下,大大降低运营系统安全,且有效载客时间无法延长。

同时,大量的自动化维保系统和数据没有得到有效整合和治理。各系统大多是独立分散地进行建设,基本上是独立采购所需要的配套软硬件,缺乏统一规划,造成资源利用分配不均,缺乏系统性。现阶段维保所遇到的问题是在线网建设过程中配套软硬件重复采购、重复部署,造成投资浪费,拉高总体建设成本。随着硬件设施、软件系统不断增加,加剧了系统运维的复杂性,包括各类开发系统、应用架构、不同厂商设备等,导致需要不断增加人力投入,造成运维成本居高不下。

二、城市轨道交通智慧运维模式

城市轨道交通智慧运维系统以智慧车站运营管控系统(以下简称智慧车站)与智慧维保监测系统(以下简称智慧维保)为核心,是基于综合监控系统平台打造,扩容智能化、智慧化功能的地铁弱电综合系统。智慧运维系统从技术维度主要实现感知、控制、数据共享的功能,作为边缘智能节点,也与顶层的自动化及信息化系统存在数据交互和共享的需求。智慧运维的建设是在原有综合监控系统基础上,充分利用人工智能、大数据、云计算、物联网分析(AOT)、数字孪生等新一代技术，改变传统车站运作模式，构建集成化、场景化、自主化的设备管理模式，面向乘客提供全方位体验，面向维保提供智能运维数据支撑，面向站务提供全景管控，面向管理提供决策支持，实现更安全的运营、更智慧的服务、更高效的管理目标。

城市轨道交通车站作为最基本的运营单元，是城市轨道交通服务水平、管理水平、智能化水平的直接体现，也是智慧城市、智慧交通的重要组成。面对日益增长的客流以及乘客对提升服务质量的要求，车站的日常运营需要依托更多的先进技术手段。通过智慧车站系统的建设，车站能够为城市轨道交通日常运营提供更为有效的管理手段及决策支撑。例如，一键式开关站系统可以提升自动化联动水平，智能巡检系统可以实现故障报修和工单生成自动化，客流监测系统可以提升对客流和相关安全事件的监测水平。通过城市轨道交通智慧运维系统，可以提高一线员工的综合能力，减少人员配置，降低综合成本，达到降本增效的目标。

三、智慧车站

1. 智慧车站系统架构

重庆地铁智慧车站

智慧车站系统

智慧车站围绕着便捷、高效服务于乘客而开发，是面向乘客服务的助推器。智慧车站的建设目标是利用客运服务管理系统（NCCC）的信息化加智慧车站的智能化手段，提升站务精细化、专业化服务能力；致力于将乘客适应车站的既有服务调整为通过优化服务适应乘客需求，从而建立适用于全线网的统一管理模式、统一服务标准、统一信息发布、统一用户体系的标准化客运服务平台。智慧车站系统根据控制方式可分为中心级和车站级两层结构，中心级系统为客运服务管理系统（NCCC），车站级系统为中心级降级模式，确保在任何情况下智慧车站系统都能正常运行。智慧车站系统界面如图1-1所示。

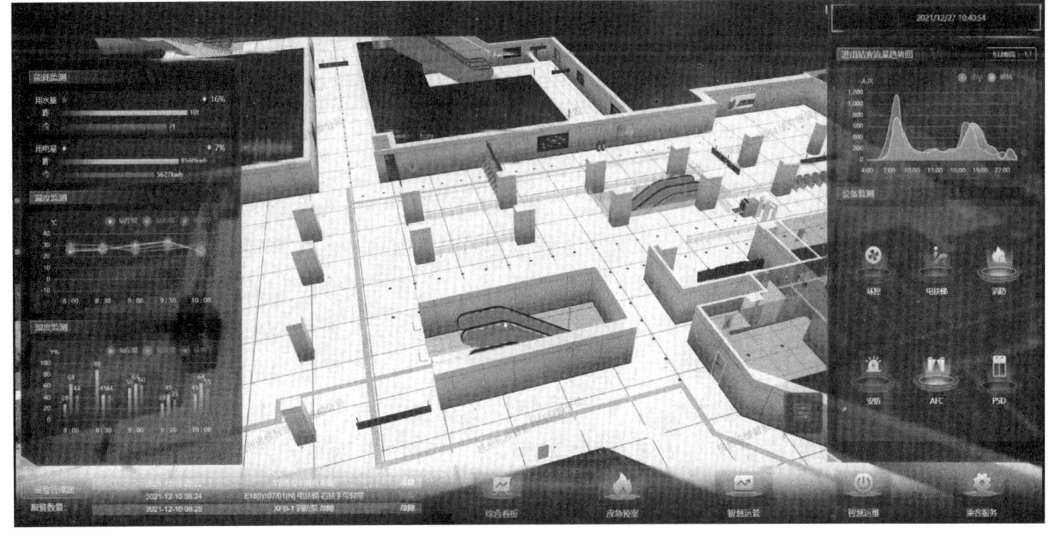

图1-1　智慧车站系统界面

智慧车站系统总体架构分为五个层次,分别是用户层、应用层、服务层、数据/引擎层、基础设施层。客运服务管理系统是智慧车站各子系统整合接入的基础。智能导乘子系统、多媒体站台门控制子系统、智慧边门控制子系统、智能售取票子系统和智能客服中心管理子系统等通过开放的公有通信协议纳入智慧车站系统集中管控。加入车站3D展示、设备运行感知、客流监视、环境感知、突发事件感知等手段或技术,实现对车站的全息感知功能。

智能售取票子系统面向乘客提供语音购票服务;智能客服中心管理子系统通过内置集成的票务处理、人脸实名注册、行程规划、站内导航、视频对讲、票据打印、远程坐席、信息查询等功能实现乘客自助服务,减少人工投入;智能导乘子系统和多媒体站台门控制子系统面向乘客提供站外导乘、站内导航以及实时的客运信息,达到提升乘客乘车体验的目的。通过车站信息化建设不断拓展乘客使用场景,推进车站服务的智能化、智慧化。智慧车站系统业务架构如图1-2所示。

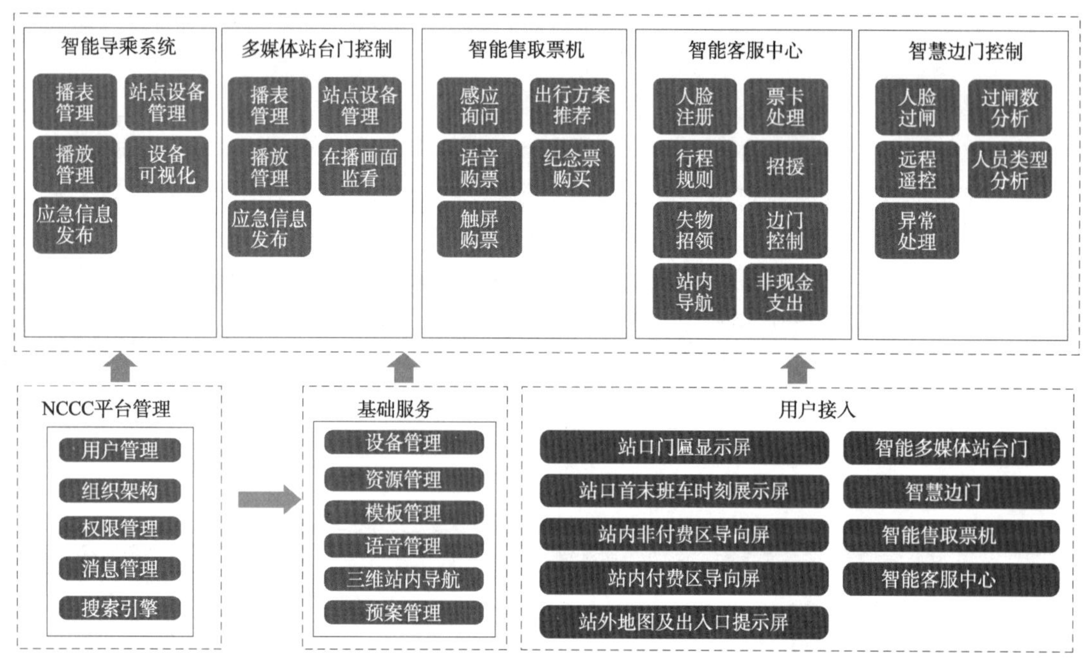

图1-2 智慧车站系统业务架构

智慧终端设备产生业务数据后,将数据上传至车站级网关,各车站级网关与中心级网关通信失败,则业务数据被存入车站级数据库,当恢复通信后,中心级系统将抓取车站级系统中的业务数据进行及时同步。当车站级网关与中心级网关通信成功后,业务数据直接存入中心级数据库,并且中心级系统将业务数据同步到车站级数据库,以保证车站级数据的完整性。

智慧车站从更安全的运营、更高效的管理、更优质的服务、更卓越的绩效四个方面开展建设。在城市轨道交通运营期间,智慧运维系统会对设备故障、大客流、突发事件进行快速感知,完成快速精准的处置,从而实现更安全的运营。在车站管理方面,智慧运维系统对车站运行状态可视化、设备运行自动化、现场管理精准化、人员技能复合化提出了更高的要求,从而实现更高效的管理。通过智慧运维系统,乘客能够享受更丰富、更便捷的服务,满足乘客多样化、人性化服务的需求,从而实现更优质的服务。地铁公司也能够在车站自主化服务的环境下,减少客服人员数量,利用车站智能巡视巡检功能,精简运维人员,从而实现更卓越的绩效。智慧车站综合管控系统结构如图1-3所示。

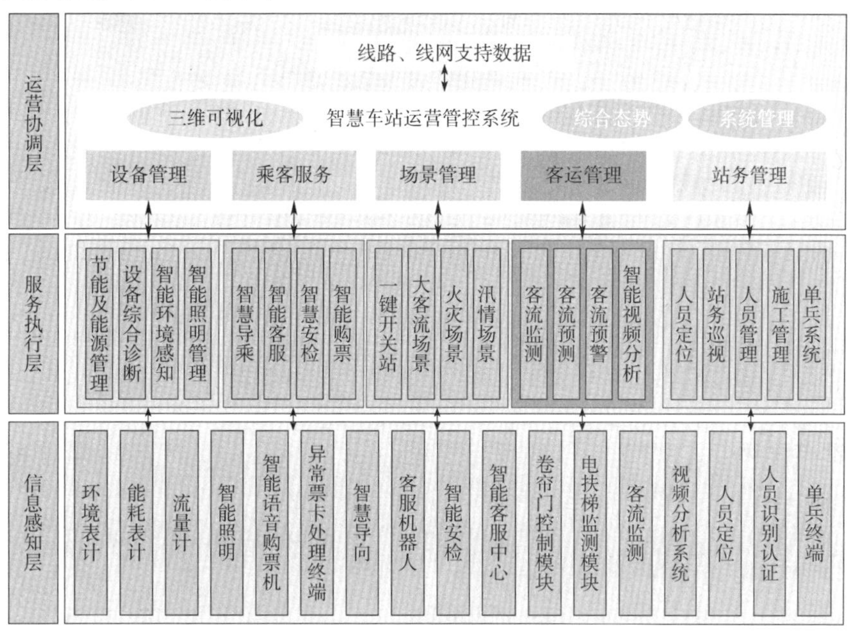

图1-3　智慧车站综合管控系统结构

2. 智慧车站系统功能与应用

智慧车站系统的基本功能主要分为面向设备的基本功能和面向人员的基本功能。其中,面向设备是通过设备改造、数据分析实现设备的智能诊断、智能巡视、故障报修;通过系统改造、功能升级实现一键开关站,提高作业效率;通过增设智能设备,实时感知车站环境;通过视频分析技术实现客流感知,提供实时客流监测、短时客流预测等功能。智慧车站管控平台界面如图1-4所示。面向人员是通过构建智慧边门(图1-5)、智能全景巡站(图1-6)等系统,结合业务系统中人、事、物及其关联的数据和信息,展现车站值守、巡视、客运和服务等各项工作效能,实现对车站人员的全程管理,提升车站对人员的管理水平和管理效率。

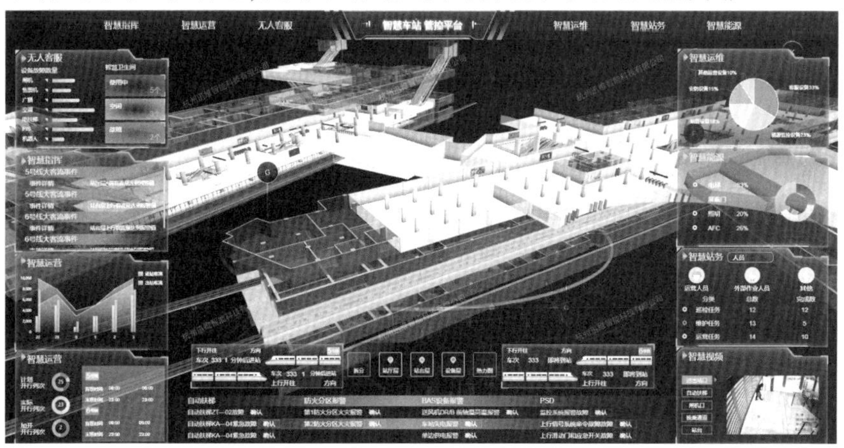

图1-4　智慧车站管控平台界面

图 1-5 智慧边门系统

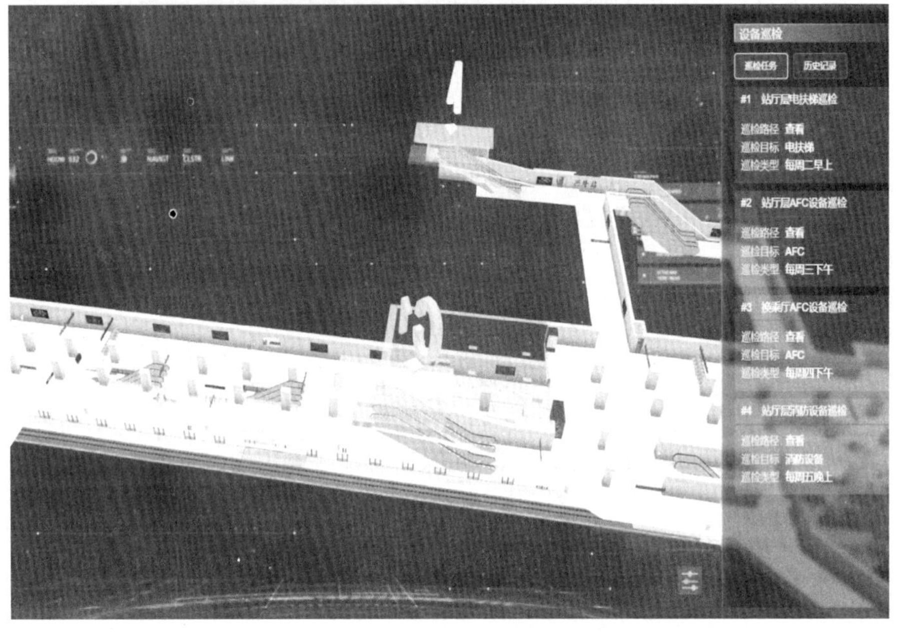

图 1-6 智能全景巡站系统

通过数据统计、智能分析和数据挖掘等技术以及直观、形象、生动、数字化的表现方式,全面展现车站运营管理的总体情况和发展态势,帮助车站管理人员全面掌握当前车站的运行、设备、能耗、客流指标以及发展趋势。

车控室综合后备盘(IBP 盘)中央的可视化大屏(图 1-7),主要界面为车站 3D 模型,能实时显示车站摄像头读取到的各点位拥挤度情况、各设备的运行状态、车站的能耗数据及当班人员等信息。通过选择车站模型中的不同区域,车站工作人员可以查看该区域的视频监控、设备服务能力等精细化数据。同时,车站工作人员还可通过切屏,查看客运服务管理系统(NCCC)及客流分析服务系统(NOIS)的可视化大屏,全面掌控线网客流情况并进行实时客流监测及预警分析。同时,NCCC 系统还可作为客运顶层信息化管理平台在日常生产、人员管理等方面进行统筹协调。

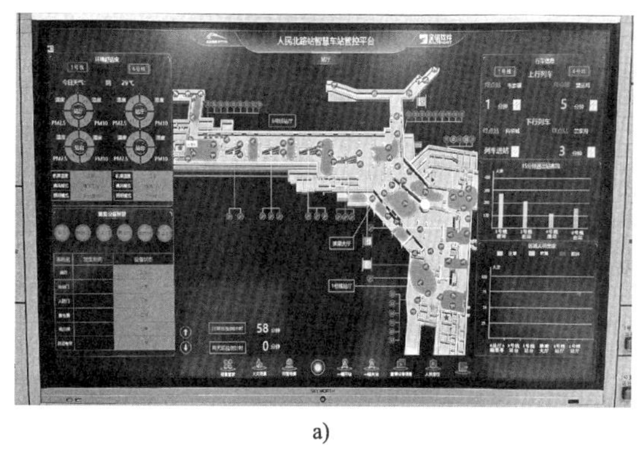
a)

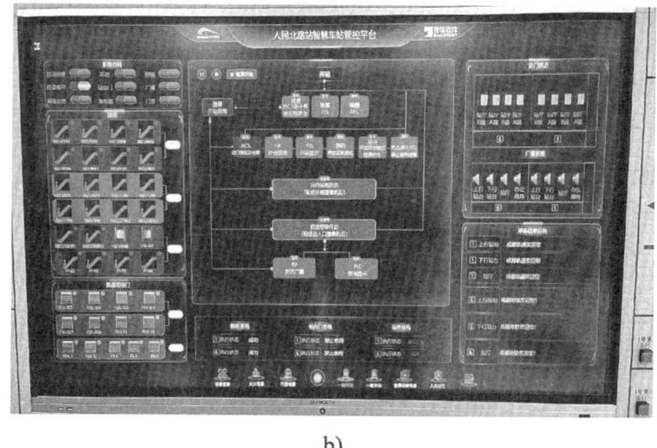
b)

图 1-7 车控室可视化大屏

智慧车站的基础管理功能是将设备、资源、模板、预设应急信息、乘客人脸、车站三维站内导航整合后进行统一管理,实现统一调用。智慧车站基础管理系统架构如图 1-8 所示。

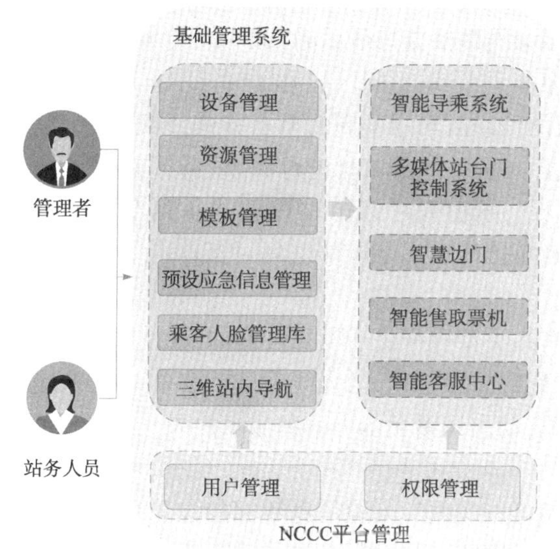

图 1-8 智慧车站基础管理系统架构

(1)设备管理

设备管理功能是对智慧车站的各类设备进行统一管理,将所有末端设备状态利用图形化界面显示,以便实现全局查看车站设备情况。车站工作人员可利用系统的车站状态监控平面图(图 1-9)查看设备位置和设备状态,一键预设车站所有设备的开关机时间。设备管理功能还包括设备基本信息维护、设备分组管理、设备状态查看、磁盘管理、设备控制和设备可视化监控。

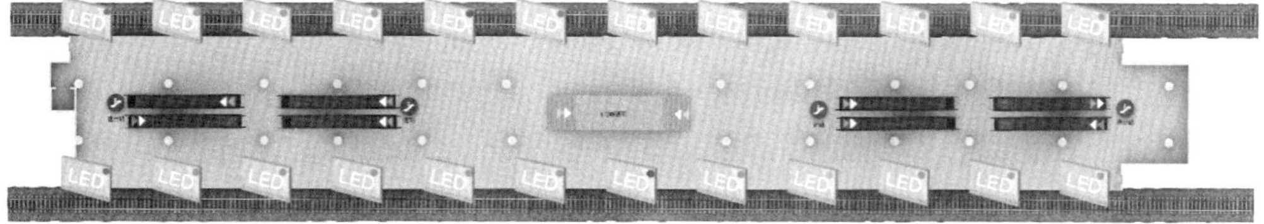

图 1-9 站厅层 LED 屏状态监控平面图

(2)资源管理

资源管理功能是指资源统一管理和维护,有利于资源多端使用,保证资源信息的一致性。例如,车站工作人员可以通过智能导乘系统调取资源进行播表编制,多媒体站台门控制系统调取资源进行播表编制、智能客服中心管理系统查询信息时,可调取资源进行回复。

智能导乘系统资源可分为静态资源和动态资源。动态资源是指通过规范化的标准数据实时获取信息,静态资源则是利用预设置的播表进行播放。智慧导乘系统信息静态资源发布流程如下:资源收集、资源编辑、资源审核、资源归档和资源同步。资源管理主要业务流程如图1-10所示。

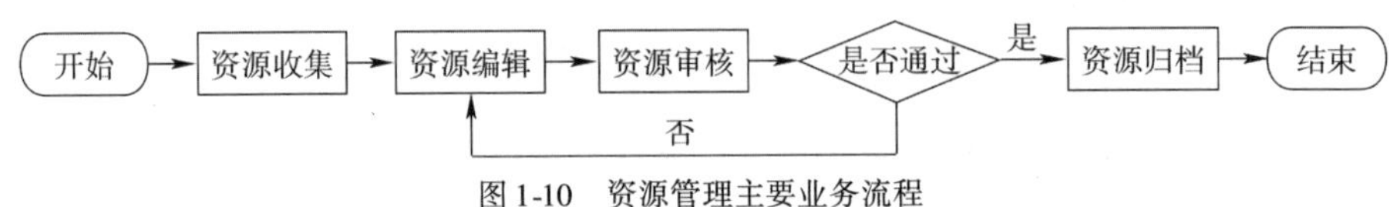

图1-10　资源管理主要业务流程

(3)模板管理

模板管理是将终端显示屏幕根据待显示的文字、图像或视频内容按照固定格式显示。模板管理可根据要求划分为多个区域,不同区域可同时显示不同的资讯,文字和图片信息可分区域同屏幕显示,不同区域的信息可采用不同的显示方式,以吸引更多人观看。

播出的版面可以根据不同需要而随时进行调整,各子窗口也可利用独立设定的时间表控制,通过时间表控制,每一子窗口可以单独用于显示列车服务信息、乘客引导信息、一般站务信息及公共信息、多媒体时钟等;同时也可对某个信息进行全屏显示,例如紧急信息发布。

导乘屏模板可根据车站类型进行灵活设置。例如,在换乘车站导乘屏较多,且部分为双面屏,模板设置功能可高效配置导乘信息,增强导乘显示效果。使用人员也可根据运营管理需要及时更换站台屏显示样式,动态调整显示内容和显示效果。

(4)人脸管理库

人脸管理库的功能是可以实现对人脸信息数据的注册导入及增、删、改、查管理。人脸信息管理分为内部用户与外部用户,对内部用户(一般为员工)普遍采用批量导入方式,避免正常的人脸注册流程耗时过长。

(5)预设应急信息管理

灾害或特定情况下触发预设应急信息发布,发布的应急信息如下:

①发生火灾时,显示预置的车站火灾应急预案信息;

②发生毒气时,显示预置的车站灾害应急预案信息;

③车站限流时,显示预置的车站限流预案信息;

④大客流时,显示预置的车站大客流预案信息。

所有的应急预案或方案都通过播表下发到终端设备,播表触发通过接口获取或被授权的用户手动触发。应急预案管理流程如图1-11所示。

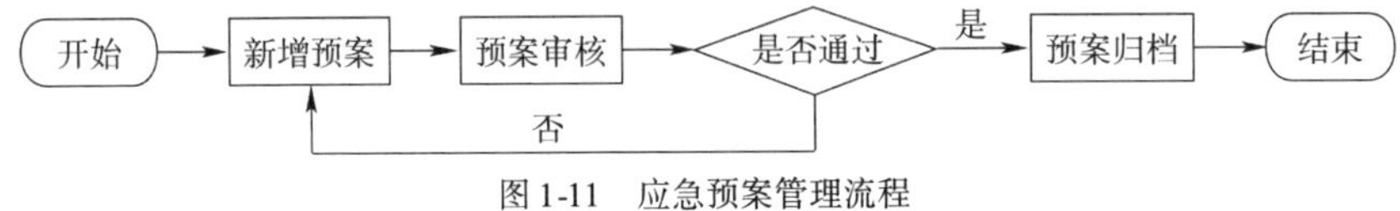

图1-11　应急预案管理流程

(6)三维站内导航

三维站内导航即车站三维视景,是通过车站实景虚拟化方式集中显示,降低乘客的空间位置信息判断难度。乘客可利用三维站内导航,在站内寻找洗手间、站内便捷换乘、查看出入口分布信息等。车站三维模型如图 1-12 所示。

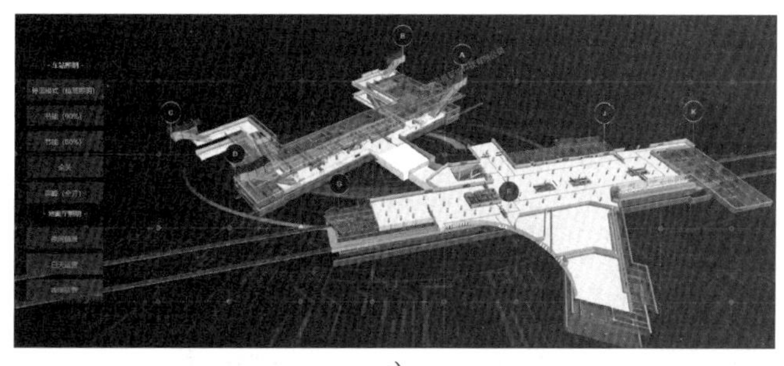

a)

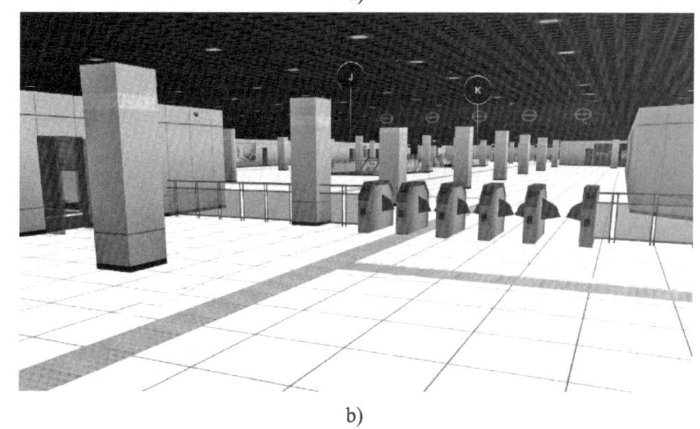

b)

图 1-12 车站三维模型

车站三维模型是将车站实际空间和设备布置以三维方式展现,包括自动扶梯、闸机、售票机、电梯、客服中心、换乘通道、出入口、洗手间、安检机等具有引导作用及标志性的地点。车站三维模型集中展示在显示终端上,增强乘客的空间感和层次感。

站内定点导航是利用乘客具有联网功能的手持终端,扫描二维码导入车站的三维模型信息,以实现导航功能,如图 1-13 所示。具体功能如下:

①利用分布在站内的多部智能导乘屏显示二维码,方便乘客扫码,二维码信息包含车站三维模型加载信息、智能导乘屏位置信息。

②扫码加载车站三维模型,启动人在回路功能,以站内各智能导乘屏提供的基准位置信息,结合定位算法计算位置信息,并以第三人视角查看乘客所在位置。

③输入需要导航的目的地。目的地包括分布在车站内的洗手间、出入口、售票机、电扶梯、无障碍设施等。

④根据所选目的地,计算生成到目的地的最短路径导航信息,包含距离信息(××米)、时间信息(不考虑乘梯、刷卡进站等情况下××分××秒,步速按 1.5m/s 计算)。涉及闸机时,根据闸机的实际通行方向进行导航。例如,不会出现从出站闸机进站通行的路径。导航路径中涉及的自动扶梯和楼梯都为通行路径。导航路径与自动扶梯运行方向一致。导航路径中涉及跨层时,询问“是否搭乘电梯”,如选择“是”,则生成的路径将会选择电梯作为通行方式;如

选择“否”,则生成的路径将不选择电梯作为通行方式。

⑤导航路径生成后,可通过对三维模型进行缩放、旋转,查看导航路径通过的实际线路情况,并以第一人视角进行虚拟导航。引导乘客根据导航路径行进,并实时显示方向信息,同时显示剩余距离、时间信息。

乘客导航

图1-13 站内定点导航

四、智慧维保

1.智慧维保系统架构

智慧维保系统充分利用大数据、建模、物联网等先进技术,实现对系统设备的综合评价管理、实时预警,提升精细化维保管理水平和管理效率,最终实现修程优化、成本优化、指标优化,持续地为公众提供优质服务。智慧维保系统分为车站级维保系统和中央级维保系统。车站级维保系统是针对维保需求,推动接口方对数据进行专业化预处理,采集各专业完整的设备基础数据和预处理数据,按统一格式进行标准化,对报警进行统一分级,对故障进行统一分类。车站级维保系统可实现设备的远程巡检及耦合度较高的机电设备在线监测,为智慧维保在线监测平台提供支撑,同时为智慧车站的业务应用提供条件。中央级维保系统汇聚车站级数据,建立线路层半结构化、结构化数据集,在技术上为线网层数据中心提供基础数据库,实现线路层中央维调的基本需求。

智慧维保监测系统主要由隧道风机子系统、消防给排水子系统、机电设备子系统、无人值守变电所子系统、电梯扶梯子系统、可视化机房智能巡检子系统、道岔子系统等组成。智慧维保监测系统结合线路或线网的综合监控、乘客管理服务等专业子系统数据,将相应的数据统一纳入平台进行智能分析与处理,并以堆叠、分栏等方式展示给设备管理者,供管理者进行决策与集中分析。智慧维保监测系统架构如图1-14所示。

智慧维保监测系统的网络接入主要是利用已有的管理网络、生产网络系统、骨干光纤网络资源以及在车站新增布设线缆网络等方式实现。智慧维保监测系统均通过内部管理网络接入数据中心或网络资源共享平台,工班驻点、车站、场段及控制中心等采用网络就近原则接入。智慧维保监测系统利用已有的遍布于城市轨道交通线路站点等处的骨干光纤网络(一般由通信系统提供)承载相应的监测数据传输,从而实现各站点(车站、场段、控制中心以及数据中心)网络互通。

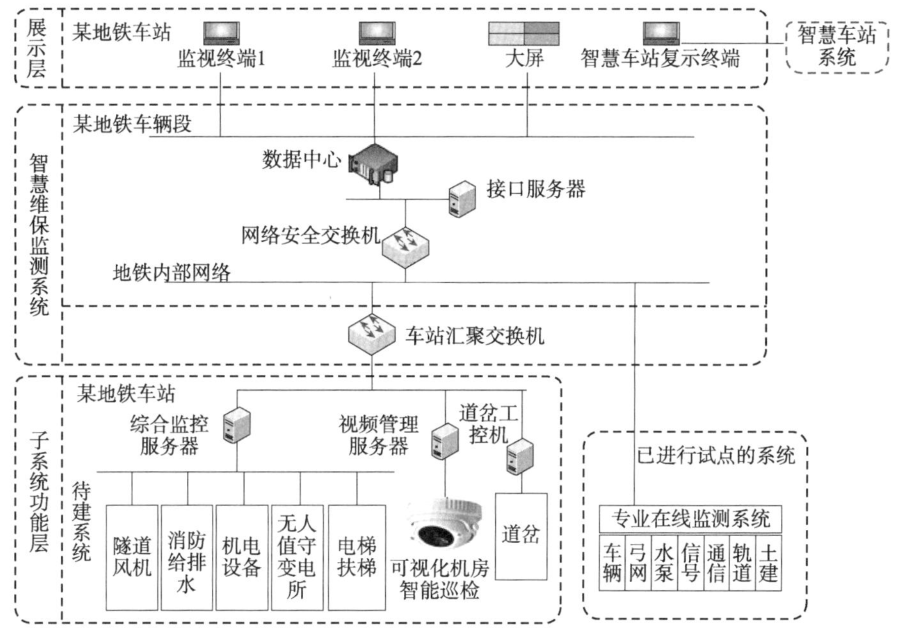

图 1-14　智慧维保监测系统架构

2. 智慧维保系统功能

(1)数据存储

智慧维保监测数据平台可实现轨道交通数据源的海量存储和长期存储。智慧维保监测数据平台的作用有四个方面:第一,统一管理和维护数据,即对各种原始数据、分析数据等进行标准化处理,形成有序的标准化数据;第二,可实现应用层面和系统访问的数据支撑,并提供数据存储的安全保护功能和数据存储功能;第三,在数据存储与数据支撑基础上,对获取的数据进行挖掘分析;第四,为各种非结构化内容数据提供存储服务,如视频分析资料、建设图纸、影像资料、法律、法规、标准等。

(2)数据分析和输出

智慧维保监测数据平台通过提供类似桌面操作系统的图形化界面操作方式,可实现管理数据的增加、删除、修改和查询功能,具体功能以"沙箱运作(又称黑箱)"方式实现,即使用人员无须掌握复杂的数据库技术、逻辑规则等,只需输入查询需求命令,系统便能自动完成数据连接操作,查询结果以规定格式展现出来,如图 1-15 所示。

图 1-15　智慧维保监测数据平台功能实现方式

此外,利用系统自主建立灵活报表、预定义报表等;可跨系统、跨主题展示各种业务信息,如手持终端、PC 端等;针对某一主题内容进行详细展开(主要用于展示追溯到的明细信息),完成设备维保过程所需的统计分析、信息管理和信息发布等操作。

智慧维保监测数据平台具有类似"积木拼装"扩展功能,即利用开放性接口实现向本系统业务服务器输出各类业务应用基础数据,用以支持生产管理指标分析、突发事件应急指挥等功能,还可通过接口扩展方式向外部系统接口服务器输出数据库内有效信息,实现与外部系统互联。

(3)数据管理

数据管理是利用系统灵活的设计界面实时对数据的各个处理过程进行监控,可实现作业流程可视化管理和统计、可视化展现、作业跟踪及异常报警、数据全生命周期管理等。

元数据管理是将平台各子系统运行(各系统相对独立运行,类似于手机中各 App 运行)中产生的数据进行统一管理,并提供元数据管理的各类应用,包括元数据获取、元数据存储(包括业务元数据、技术元数据、管理元数据)、元数据应用等。

元数据管理还包含元数据维护、元数据导入/导出、同步检查、实体查询、过程查询、实体关联度分析、实体差异分析、影响分析、版本管理、元数据统计、变更通知、主机拓扑图分析、元数据质量检查、元数据使用情况和指标一致性分析等功能。

数据质量管理是利用系统提供的可视化质量管理界面,达到监控整个数据流程中数据质量的目的,主要进行以下操作:信息采集及处理监控、数据稽核、质量报告、问题处理和数据质量总结。

(4)在线监测

信号系统在线监测模块是通过将完整的信号专业数据分析上传至监测系统,智慧维保监测中心接收经预处理的数据,建模并分析,联动相应业务功能。

列车在线监测模块是利用车载设备采集的完整数据进行分析和建模,智慧维保监测系统接收分析结果,联动相应业务功能。列车在线监测模块如图 1-16 所示。

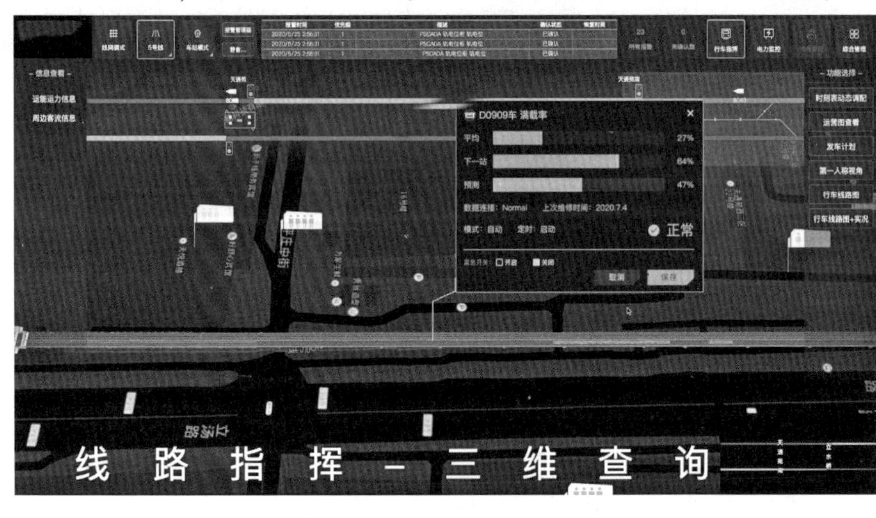

弓网在线监测

图 1-16 列车在线监测模块

弓网在线监测模块是对列车的受电弓和接触网(接触轨)进行监测。该模块对来自车载弓网检测装置的视频及数据进行分析和建模,并将分析形成的数据结果上传至智慧维保监测系统,智慧维保监测系统接收分析结果,联动相应业务功能。弓网在线监测模块如图 1-17 所示。

通信系统在线监测模块利用通信集中告警(ALM)在线监测模块上传的半结构化数据,结合通信机房智能巡检系统的数据分析得出监测结果,并自动生成故障工单等。

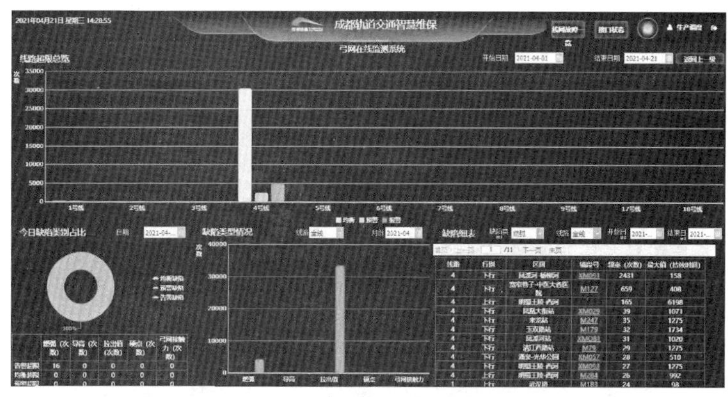

a)

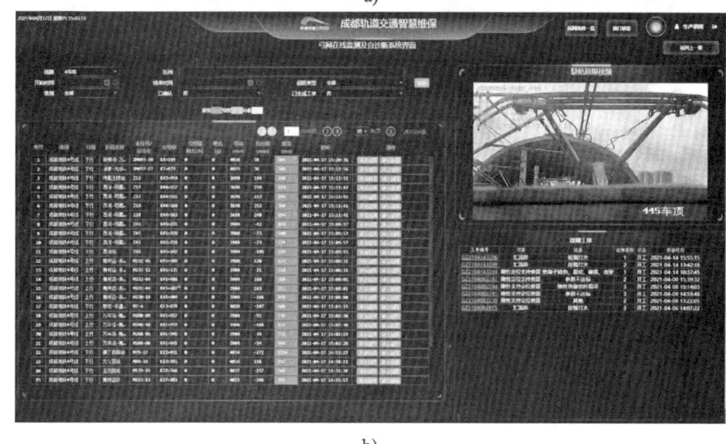

b)

图 1-17　弓网在线监测模块

结合给排水在线监测模块上传的半结构化数据，根据预置算法得出分析结果，泵房联动相应业务，如水位升高而水泵未启动运行则立即生成报警。给排水在线监测模块如图 1-18 所示。

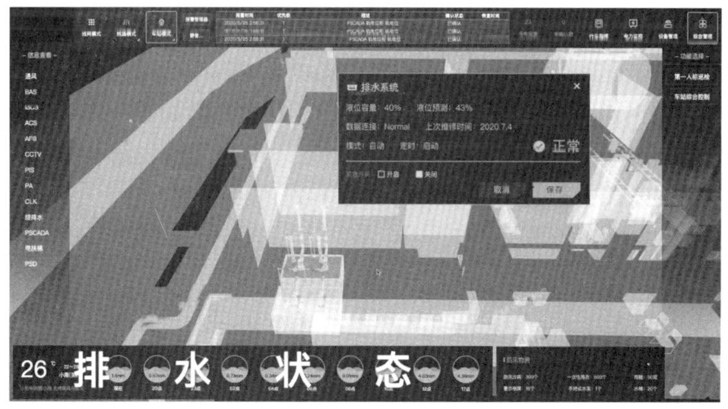

图 1-18　给排水在线监测模块

给排水在线监测模块能将智慧泵房硬件与软件相结合，实现设备运行情况监测与控制、设备及泵房整体安全监测与控制；能向智慧平台上传泵和机组的运行状态，如电压、电流、频率、功率、流量、进出口压力、转速、振动、温度等信息；GIS 地图显示各泵站地理位置信息，并对各泵站进行集中管理；AR增强实景功能可在监控画面中实时查看设备的状态、运行参数等。智慧泵房AR增强实景如图1-19所示。

图1-19 智慧泵房AR增强实景

电扶梯在线监测模块根据上传的半结构化数据，由电扶梯在线监测模块预置算法判断得出分析结果，联动相应业务，如抱闸温度异常上升，应立即生成报警。电扶梯在线监测模块如图1-20所示。

图1-20 电扶梯在线监测模块

轨道在线监测模块主要是针对动态轨检与静态轨检、钢轨伤损、钢轨波磨、钢轨磨耗、噪声及振动、轨道巡检的数据进行分析及预处理，并将预处理得出的轨道状态数据进行结构化处理，然后利用可视化终端，图文并茂地展示设备状态，还可自动触发下派故障工单，与生产管理系统的状态修工单同步。轨道在线监测模块如图1-21所示。

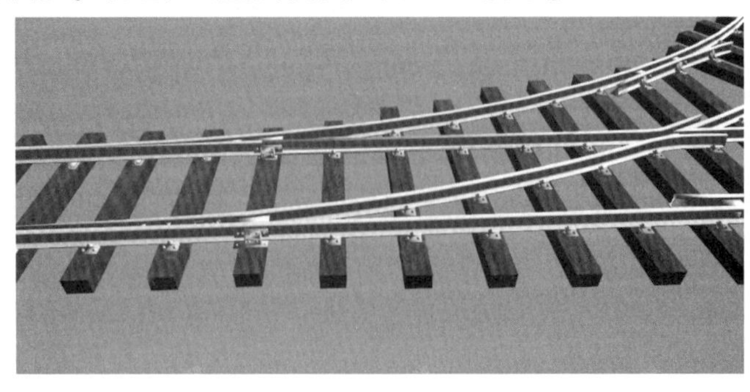

图1-21 轨道在线监测模块

土建设施在线监测模块是以沉降监测、桥梁检测的数据为基础,在对沉降监测、桥梁检测数据进行分析及预处理后得出的土建状态数据,并进行土建状态数据结构化处理,利用可视化终端,图文并茂地展示监测区域的土建建筑(建面)状态,自动触发下派故障工单,与生产管理系统的状态修工单同步。土建设施在线监测模块如图 1-22 所示。

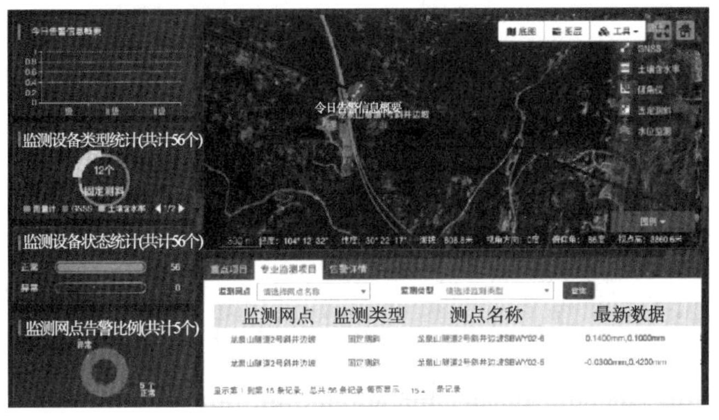

a)

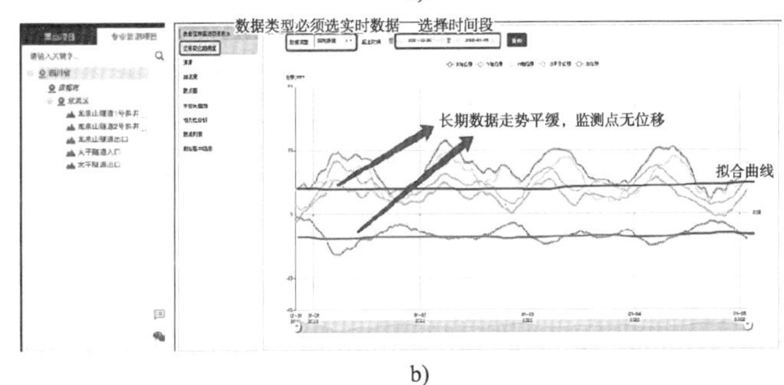

b)

图 1-22　土建设施在线监测模块

汛情监测预警系统在线监测模块将天气预报、线网雨情信息等整合至汛情预警系统,并将系统上传的半结构化数据结合现实场景综合分析,联动相应业务,如自动触发区域抢险队待命通知等。汛情监测预警系统在线监测模块如图 1-23 所示。

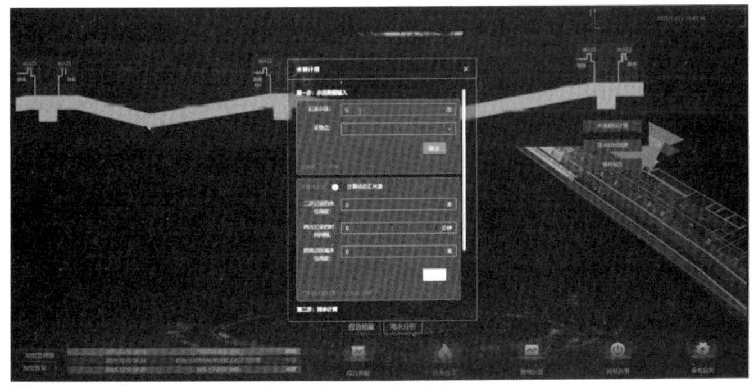

图 1-23　汛情监测预警系统在线监测模块

变电所在线监测模块是将当前有人值守主变电所逐渐取代,形成无人值守主变电所。无人值守主变电所自动数据填报系统能将采集的所内计量数据、设备状态的半结构化数据归集、筛选与上传,进行综合报表运算,实现报表自动生成等。变电所在线监测模块如图 1-24 所示。

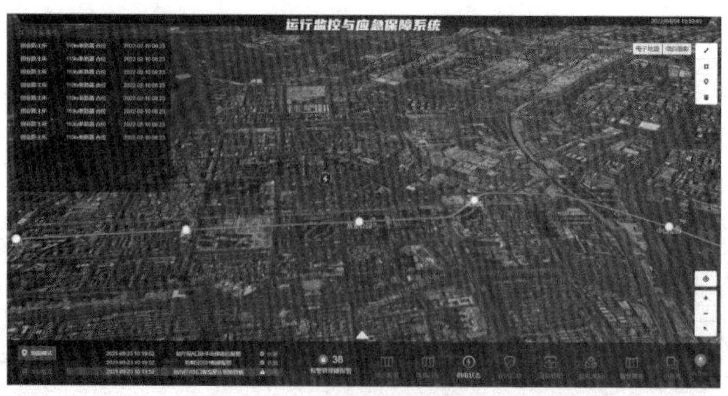

图1-24 变电所在线监测模块

蓄电池在线监测模块是利用设置在电池组中的多种传感器采集电池温度、放电电流等半结构化数据，并上传至系统，经综合分析后联动相应业务功能。蓄电池在线监测模块如图1-25所示。

图1-25 蓄电池在线监测模块

（5）利用在线监测实现故障全程管理

①实现故障及状态修自动提报、派工

基于数据平台场景模型运算得出设备故障信息，结合设备唯一编码自动关联形成提报对象，包含设备故障现象码、故障等级、提报日期；再通过预置的设备维保界面划分关系（即负责的维保工班），自动获取维护责任单位及责任人员；结合预设的故障等级实现故障分级并自动派工，达到加快故障处理的目的。

实现设备状态指导维修是基于大数据平台运算得出的设备健康态势，进一步生成设备状态趋势。在尚未发生故障前，将设备各种故障赋予不同的专用现象码，全部现象码对应状态的后果和影响范围描述入库。充分运用场景模型分析，能直观显示设备当前状态及可能产生的故障后果，供维修专业技术人员和调度人员参考，可防患于未然并提升持续安全稳定运营的能力。

该系统主要功能包括：设备编码同步（设备多码关联统一）、故障自动提报、故障工单触发及派工等，如图1-26所示。

②实现智能生产调度业务联动

该系统整合了施工调度专业系统、智能调度呼叫系统（主要为文字转语音并自动拨打预存号码）功能，可将故障工单自动链接施工计划填报，自动获取施工请销点信息后同步更新工单状态；同时，故障工单信息按照预设触发条件，自动传送至智能调度呼叫中心，最终实现预存号码集群呼叫，省去生产调度人员的重复性工作，以便生产调度人员集中精力开展故障分析和精确处置。此功能使施工组织效率得到提高，也带动了各专业的维保业务能力提升。

a)

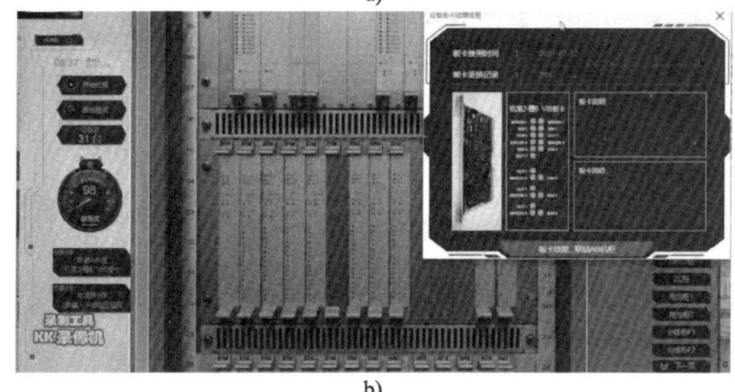

b)

图 1-26 故障及状态修自动提报、派工

该系统主要功能包括：利用与施工调度系统接口，实现施工计划填报、请销点数据自动填写及自检查；利用与智能调度电话系统接口，实现工单信息自动呼叫预存号码。

③实现二级库的消耗精准统计与物资调拨

轨道交通运营维保普遍立足于车间级维修便利，建立车间级掌控的物资材料二级库，其目的在于方便一线生产备品备件的存取，加快物资流转速度等。为此系统充分利用平台多方数据汇总筛选优势，将设备故障、计划性检修等数据与二级库物资数据关联，实现精准维修消耗分析和指导功能。即对所有出入库备品备件进行数据自动比对，确保库存信息准确；系统拥有定期或不定期与总库数据对账功能，自动对二级库库存与总库领料、返修件入库及工单退料进行数据比对，出现异常时自动提示，达到对车间材料员与维修工班的双向监管目的，实现对领料、消耗及报废等各环节操作的痕迹管控。

当设备发生故障时，系统根据历史工单消耗信息自动生成备件数据（主要显示为同类型工单历史及备品备件的技术参数信息等，如停产可选用替代升级产品等）以供查询及领取参考，当维修工班根据故障现象发起工单领料时，可为工班领料提供参考，避免领料过度或领料不适用。

对用料进行全流程监管，按照“出库量 = 消耗量 + 剩余量”原则，对于已领出但实际未用完的余料，由维修工班对余料再次入库，由材料员监督，加强防止人工数据篡改及痕迹追溯措施，确保数据准确性。

其主要功能包括：二级库物料管理、二级库出入库管理、工单总库领料管理、工单二级库出料管理、备品备件消耗管理等。

④故障状态实时闭环管控

在系统设备完成故障修、状态修后，维修工单依据预设流程关闭，系统利用大数据平台优势对设备的维修结果及运行现状进行自动评测，根据预设的判断条件判断设备是否恢复正常，经综合判定设备恢复正常后，自动关闭符合条件的维修工单。

对于一级故障或其他重大故障等具有较大负面影响的故障，在维修工单关闭后自动提供分析材料以供筛选和分析；对于因缺少备件而暂时无法处理的故障，系统自动激活故障跟踪功能，直至故障处置完成及维修工单关闭。

⑤面向维修资源调度的监控

针对线路中已提报但未关闭的维修工单，按照分类分项进行集中展示，展示信息为所属线路、车站、具体位置、管辖专业。还可以按照系统划分、设备类别、故障现象等；集中区分故障修、设备状态修；所有维修工单以进度条方式显示维修进度情况，包括提报、派工、领料、维修等。针对故障维修超时情况，通过预设配置参数与实际情况对比进行高亮报警，以便后期责任追溯。

上述功能有效提升了生产调度对专业故障的处置进度实时管控的能力，也是基于系统对下位子系统、设备在线监测维修监控管理功能实现的。

(6)利用远程感知实现巡检、检修管理

智慧维保监测系统主要功能包括日常设备巡检模板管理、计划性检修模板管理、在线监测分析管理等。

利用这些功能实现对一线子系统、设备的远程状态感知，取代频次高、人力投入大的人工巡检作业，避免重复性工作引发的人为错误。由于设备在实际运行中会根据外部环境适配不同的运行机制，可将其归纳为不同场景，针对不同场景进行差异化模板管理，用于现行设备的修程修制优化。

(7)修程修制管理

在轨道交通设备运行中，维修人员根据修程修制进行计划性维修保养等工作，因此修程修制优化是提升设备维保水平的基础。智慧维保在线监测系统提供了修程修制结构化数据载体及相应的版本管理功能。

系统利用平台收集的设备运行数据、设备状态评估等，结合系统对设备的远程巡检、状态感知等智能手段，对比现行的检修规程、作业指导书等技术文件，对各巡检、检修项目及检修指标等进行综合分析，达到推进检修规程、作业指导书及故障处置手册等技术文件的滚动更新，确保修程修制持续优化。

修程修制管理主要功能包括：修程修制版本入库管理、修程修制对比分析服务等。

(8)健康综合评价

系统针对纳入在线监测的各专业子系统的设备，依据采集到的状态数据建立健康评价模型并开展健康评价：如根据预置判定条件确定设备故障严重程度、设备状态情况分析，对各设备逐项打分评判，基于前述功能得出的健康评价分数实现各专业子系统设备的健康度监控。以展板形式将各专业子系统的设备分类集中展示给维修工班、生产调度。

健康综合评价主要功能包括：健康评价建模、预置健康评价参数、健康评价服务及管理等。

(9)维保辅助决策分析

①成本规划与分析

由人工支出和备品备件消耗两部分构成的维保成本是城市轨道交通运营成本的主要组成部分。实施精准费用控制是降低城市轨道交通运营成本的途径，立足于在线监测与维修管理各项业务数据是可靠地进行成本规划与分析的基础。可根据自定义的周期，按照维修车间与工班、线路与站点及区间、专业与系统的分类方式，将全部设备的日常巡检、计划性检修、故障维修等各类维修方式的维修耗费工时、备品备件消耗等分类统计，生成趋势图以供进行运营成本规划与分析。

②质量指标评判

利用系统收集、筛选、归类形成的各设备全生命周期的维修维护数据，通过预设判定条件，以“倒计时”方式自动计算，且根据运营维保质量指标评判设备状态，包括但不限于各专业子系统设备的故障数据统计、故障率计算、设备可靠曲线生成等。

③自动生成统计报表

系统将收集、筛选、归类后的各设备或维修相关数据按照管理、生产调度、成本核算等管理需求自动生成所需的相关统计报表，简化数据流转过程，降低数据使用难度。

五、智慧运维系统权限及展示管理功能

根据岗位职责，系统需关注各岗位的侧重点，进行系统的权限配置，满足不同岗位人员对系统的功能需求，有效维护数据安全。例如，可提供单专业线网级数据的工作看板和驾驶舱，能直观系统展示同专业设备的线路差异，便于更好地指导工作。

1. 维修工班（车站）终端展示功能

在维修工班、车站设置工作站和展示大屏，通过系统权限配置下的功能许可范围查看监测功能模块信息（包含但不限于实时报警、历史报警、图像数据等），如可利用设置于车站的使用端工作站显示器展示各机房内部环境的视频图像，并接收推送视频。

工班（车站）层工作看板，重点在于监控各子系统的专业设备健康状态，及时发现隐患及故障情况，避免事件、事故的发生。

2. 调度终端展示功能

调度采用值班电脑登录系统，根据系统权限配置下的功能许可范围查看监测功能模块信息（包括但不限于实时报警、历史报警、图像数据等），充分利用调度账号设置权限有别于管理者驾驶舱层和工班（车站）层的特点调度维修部资源等。

调度层工作看板，重点在于监控当前维修工单的处置进度、处置措施、影响范围，高效监控故障发生至修复全过程，保障运营安全稳定。

3. 管理驾驶舱功能

管理层是使用端的最高权限，除提供展示前述维修工班（车站）终端、调度终端的专业数据外，还结合预置的各项指标提供实时总体指标完成进度情况，辅助管理者持续提升管理办法，寻找改善措施。

课堂交流

为了适应城市轨道交通智慧运维技术的新发展，上海、广州、成都、西安、南宁、南昌、杭州等城市都在积极开展智慧运维的研究与应用。请先学习以下“实际案例”，然后查阅资料，完成你所在城市或其他城市正在开展的城市轨道交通智慧运维应用情况调查。

请组成5~6人的学习小组，将收集的视频资料、图文资料等制作成条理清晰、图文并茂、页面美观的PPT进行课堂分享。

实际案例

全国众多城市已开展智慧地铁的研究与实践，其中以上海、广州为代表，走在行业前列。

1. 上海地铁智慧车站

上海地铁较早地开展了智慧运维的研究，如图1-27所示，根据车站的不同特点从线网中选取了5个车站，分别针对不同课题进行智慧车站的试点研究。其中1号线、12号线、13号线换乘站汉中路站，着力于研究基于Wi-Fi（无线通信技术）嗅探的客流监测；10号线新江湾站，着力于研究基于无人驾驶运营场景的设备自动运营；17号线诸光路站，着力于研究智慧公安、智慧消防、智慧盲人导乘；7号线顾村公园站，着力于研究可编辑的场景预案；16号线惠南站，着力于研究移动支付、智慧客流引导等。实现的主要功能如下：

上海地铁智慧车站

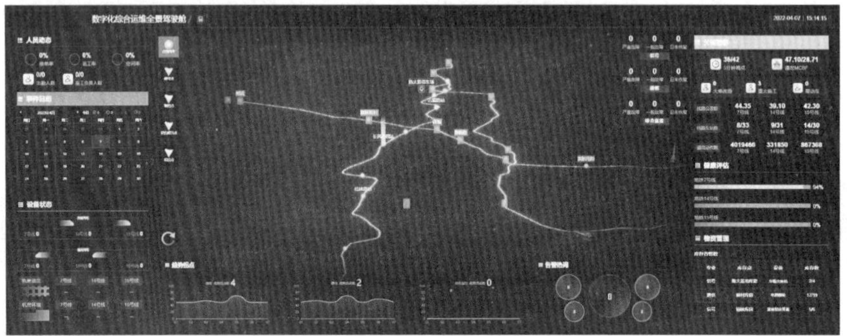

图1-27　上海地铁智慧车站和智慧维保管控平台

（1）车站设施设备状态监控（包括远程功能）如图1-28、图1-29所示。实现车站设施设备状态监控后，大幅缩短了车站站务人员开关站时间。例如汉中路大型换乘车站，之前每天早/晚开关卷帘门、电梯、照明等系统需要两个多小时，智慧车站试点实施后，每天早/晚只需要不到半个小时即可完成所有工作。智慧车站试点实施后，车站设施设备的数据增多，可帮助车站维护工作人员及时、准确地把控设备运行状态、故障趋势和制订维修计划等。从站务管理需求而言，实现智慧车站后还可便于观察各站点工作完成轨迹和完成情况，通过使用专门的工作App，所有工作流程均可实现电子化。

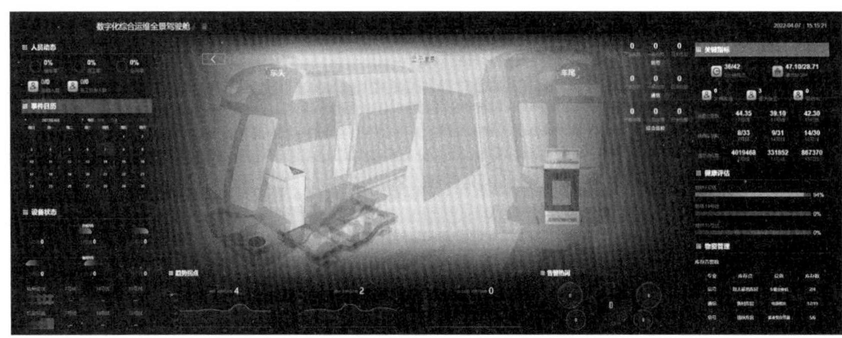

图1-28　上海地铁车站设施设备状态监控（一）

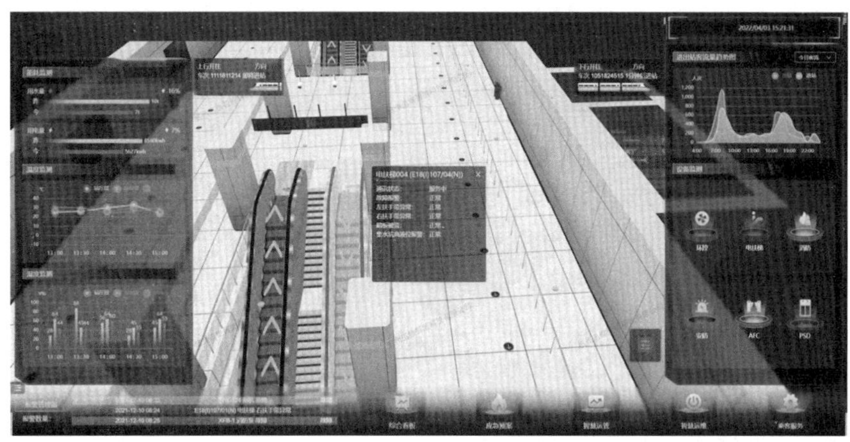

图 1-29　上海地铁车站设施设备状态监控(二)

(2)智慧车站助力地铁乘客服务水平提升。在 13 号线三期工程中,上海地铁提供了视障乘客导航功能。视障乘客在手机上安装地铁导航 App 后,可进行实时定位,以语音引导行进方向。在汉中路车站,上海地铁试点了乘客行为判断系统,若发生乘客在电梯内摔倒、行为异常、电梯紧急停电等情况,通过图像识别系统(图 1-30)可实现报警并及时处理,保障乘客安全。

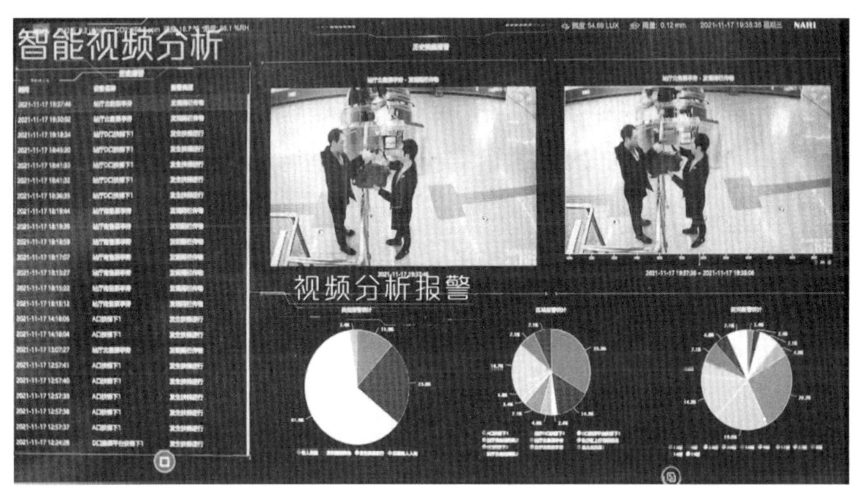

图 1-30　上海地铁图像识别系统

(3)车站客流监测。在汉中路等大型换乘车站,根据 Wi-Fi 嗅探信息来判断客流的拥挤程度,进行及时预警,并通过增加站点、限流等方式做好客流疏导。汉中路站客流实时监测及统计分析界面如图 1-31 所示。

2. 广州地铁智慧车站

广州地铁将 21 号线天河智慧城站、APM 线与 3 号线换乘站广州塔站列入了智慧车站示范站。智慧车站示范工程以“一个平台 + 四个应用”(综合信息发布、客流智能引导、智慧安防、智慧站务)的构建方式,实现新兴技术与运营实景跨界融合,加速轨道交通产业数字转型、智能升级和智慧延展。广州地铁智慧信息屏如图 1-32 所示。

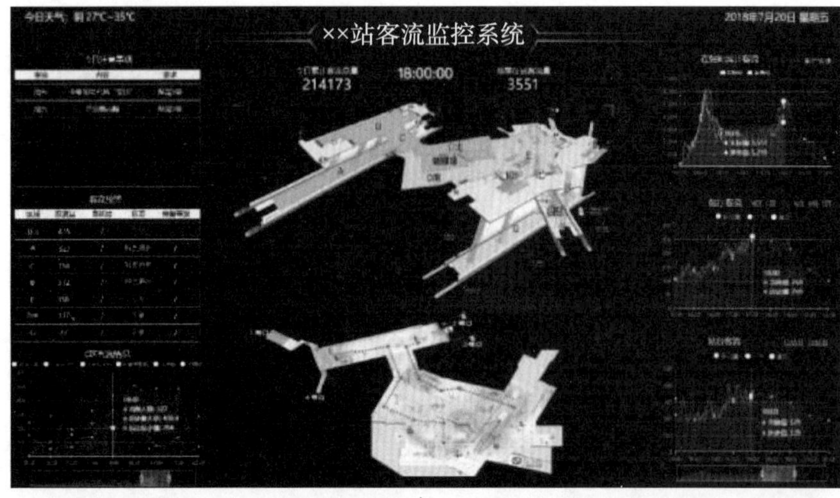

a)

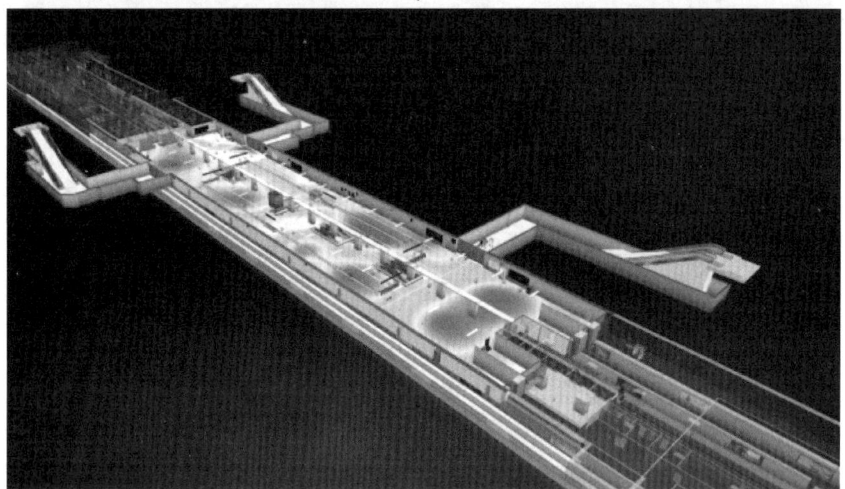

b)

图1-31　汉中路站客流实时监测及统计分析界面

a)

b)

图1-32　广州地铁智慧信息屏

除了刷脸乘地铁外，智慧车站示范站还设置了其他智能服务，包括向客服机器人“悠悠”提问，了解广州地铁各方面的运营资讯。同时客服系统还支持站外导航，为乘客提供各类综合交通出行建议。客服系统后台设有人工客服功能，提供“一对一”的咨询互动服务，根据乘客的需要解惑答疑，远程指导乘客操作，帮助乘客快速了解各种车站服务。广州地铁智能服务系统如图 1-33 所示。

a)

b)

图 1-33　广州地铁智能服务系统

智慧安检方面，新设备将安检环节和票务环节合二为一，在排除乘客所携带的手机、手表、钥匙、皮带扣等日常随身携带金属物品的基础上，还可对非金属物质进行探测，并在安检设备上方屏幕实时显示物品的形状和所在的位置，如图 1-34 所示。

a)

b)

图 1-34　广州地铁智能安检系统

为解决站台门夹人夹物影响地铁列车正常运行问题，站台门异物检测设备采用顶置式、收发一体式的激光雷达传感器，对列车门与站台门之间的缝隙进行监测，降低夹人夹物事件概率。

广州地铁发布了“智慧地铁功能等级”体系。该体系分为四级，从第 1 级基础级到第 4 级最高级，分别选取乘客服务、行车组织、调度指挥、车站管理、运营维护、安全保障及应急处置 6 个方面。未来，广州地铁全线网将逐步提升为“智能感知、智能联动”的智慧地铁最高级别。

广州地铁“智慧地铁功能等级”体系

任务实施及评价

认识城市轨道交通智慧运维系统

学院		专业	
姓名		学号	
小组成员		组长姓名	

一、工作任务场景

以地铁公司新员工的身份进入具备智慧运维条件的线路，按照实际生产需求，开展城市轨道交通智慧运维系统操作、设备维护、接口调试、功能拓展等工作。

二、前置知识

1. 简述城市轨道交通智慧运维的概念。

2. 简述智慧维保监测系统的主要作用及监测内容。

3. 地铁智慧车站系统是基于传统地铁车站的哪个系统搭建的？

三、任务实施

任务实施内容
1　传统城市轨道交通运维模式
1.1　掌握城市轨道交通运维的业务板块
1.2　掌握传统城市轨道交通运维方面存在的问题
1.3　针对传统城市轨道交通运维存在的问题，提出城市轨道交通智慧运维的解决方案
2　城市轨道交通智慧运维模式
2.1　掌握将智慧车站与智慧维保相结合的运维理念
2.2　掌握实现安全运营、高效生产、优质服务、卓越绩效四个方面的手段
3　案例分析
3.1　掌握国内城市轨道交通智慧运维的研究重点
3.2　掌握提升设备状态监控能力的方法
3.3　掌握提升城市轨道交通运营服务质量的方法
3.4　掌握提升城市轨道交通运营安全的管理方法
3.5　掌握城市轨道交通智慧运维的发展现状

续上表

四、评价反馈

(一)评价标准

项目	项目内容
接受工作任务	明确工作任务,理解任务在企业工作中的重要程度
前置知识	本次实训前需要掌握的知识程度
能力评价	对城市轨道交通智慧运维概念的理解
	城市轨道交通智慧运维板块的差异
	城市轨道交通智慧运维的宗旨
	国内城市轨道交通智慧运维的现状与前景
素养评价	工作计划性强,安排得当
	团队合作能力强,善于沟通交流
	自主学习能力强,勇于克服困难
	严谨认真,积极参与课堂
	演示文稿制作精美,汇报演讲能力强
评价反馈	自我评价:能对自身表现情况进行客观评价,在任务实施过程中发现自身问题
	小组互评:客观、公正,能指出其他组的问题

(二)自我评价

请根据在课堂中的实际表现进行自我评价与自我反思。

序号	评价标准	
1	接受工作任务	☆ ☆ ☆ ☆ ☆
2	前置知识	☆ ☆ ☆ ☆ ☆
3	能力评价	☆ ☆ ☆ ☆ ☆
4	素养评价	☆ ☆ ☆ ☆ ☆

自我反思:

续上表

(三)小组互评

请小组之间根据在课堂中的实际表现进行小组互评。

序号	评价标准	
1	接受工作任务	☆ ☆ ☆ ☆ ☆
2	前置知识	☆ ☆ ☆ ☆ ☆
3	能力评价	☆ ☆ ☆ ☆ ☆
4	素养评价	☆ ☆ ☆ ☆ ☆

(四)教师评价

项目	项目内容	分值	得分
接受工作任务	明确工作任务,理解任务在企业工作中的重要程度	5	
前置知识	本次实训前需要掌握的知识程度	5	
能力评价	对城市轨道交通智慧运维概念的理解	10	
	城市轨道交通智慧运维板块的差异	10	
	城市轨道交通智慧运维的宗旨	10	
	国内城市轨道交通智慧运维的现状与前景	10	
素养评价	工作计划性强,安排得当	5	
	团队合作能力强,善于沟通交通	5	
	自主学习能力强,勇于克服困难	10	
	严谨认真,积极参与课堂	10	
	演示文稿制作精美,汇报演讲能力强	10	
评价反馈	自我评价:能对自身表现情况进行客观评价,在任务实施过程中发现自身问题	5	
	小组互评:客观、公正,能指出其他组的问题	5	
得分(满分100)			

视野拓展

红船精神:红船之上回望百年,这是地铁人献礼建党100周年的"最强音"

1921年8月初,中国共产党第一次全国代表大会在浙江嘉兴南湖的一条游船上胜利闭幕,庄严宣告中国共产党的诞生。这条游船获得了一个永载中国革命史册的名字——红船。红船,见证了中国历史上开天辟地的大事变,成为中国革命源头的象征。2021年是中国共产党成立100周年。在此之际,地铁人用铿锵有力的声音,表达出努力奋进、勇往直前的初心和决心,弘扬坚定理想、敢为人先的红船精神,让红色基因代代传承,精神力量生生不息。

模块二

城市轨道交通智慧车站设备运行与维护

任务一 智能导乘屏运行与维护

学习目标

1. 掌握智能导乘屏的架构和功能。

2. 知晓智能导乘屏系统的技术路径。

3. 智能导乘屏系统出现异常情况时，能判断故障，并具有应急处置的能力。

4. 具有安全操作意识和认真细致的工作态度，在遇到系统重大故障需应急处置时，具有临危不乱的心态。

任务导入

传统地铁车站设置的导向信息是静态的，无法根据客运组织情况进行灵活调整。地铁车站出入口等位置设置的首末班车信息屏为纸质，在新线开通、节假日等调整运行图时需要手动更换，所需时间较长，且频繁更换给车站工作人员带来很大工作量。

鉴于此，某城市地铁线路开展了智能导乘屏试点项目。通过在车站出入口、扶梯、站台门等处增设电子信息屏，为乘客提供车站运营服务信息。服务信息以文字方式显示，内容包括车站运营状态、首末班列车时刻、车站客流实况、站内温度、高峰客流提示及车站限流通知，提供方便即时的信息，便于乘客快速进出站等，如图 2-1 所示。在城市轨道交通网络化发展模式下，为乘客提供了更加及时的运营资讯，提升了车站的运营服务质量，保障车站运营安全。

本任务需要掌握智能导乘屏与车站既有导乘系统的关系、系统组成及功能；在系统出现异常情况时，能迅速进行应急处置。智慧车站智能导乘屏系统通过自动化控制技术、智能化分析技术的应用和信息化系统集成，可全面提升车站管理、服务、应急水平。

a)

b)

图2-1　某城市地铁线路智能导乘屏

知识课堂

一、智能导乘屏系统认知

智能导乘屏系统接入智慧管控平台，代替原有的固定导乘系统。闸机导向屏接入闸机运行信息，根据闸机进/出方向，自动显示通行/停止信息。在站台固定门上方盖板处使用嵌入式或贴合式导乘屏，显示列车运行相关信息，引导乘客均衡候车。智慧车站智能导乘屏系统如图2-2所示。在原有的固定导乘系统基础上，通过自动化控制技术、智能化分析技术的应用和信息化系统集成，使得信息展示更加符合车站当前运营管理需求，全面提升车站服务、应急的智能化水平。

智能导乘系统

图2-2　智能导乘屏

二、智能导乘屏系统架构及功能

1. 智能导乘屏系统架构

智能导乘屏系统由操作终端、现场交换机、播控盒及LED显示屏构成，如图2-3所示。

（1）LED显示屏

LED显示屏负责接收视频信号和播放文字图像，通过视频信号线与播控盒连接。

（2）播控盒

播控盒具有负责接收操作终端下发的图文及视频文件、图文及视频文件解码、图文及视频信号输出、定时开关机执行等功能，通过视频信号线与显示屏连接，通过以太网双绞线与现场交换机连接。

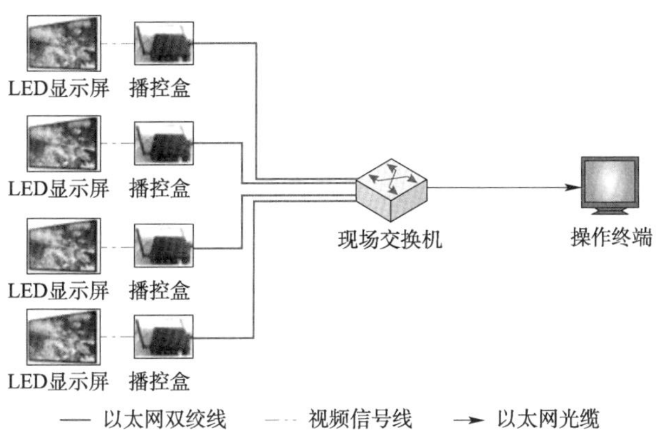

图 2-3 LED 导向屏系统结构

(3)现场交换机、操作终端交换机

现场交换机和操作终端交换机用于播控盒与操作终端的互联互通。

(4)操作终端

操作终端具有负责播放画面监视、图文及视频素材发布、版面编辑发布、定时开关机设置等功能，操作终端设备可与智慧管控平台工作站同时使用，与现场交换机通过以太网光缆相连，与车控室智慧平台操作工作站共用。

2. 智能导乘屏系统功能

智能导乘屏系统以计算机系统为核心，以车站电子导引显示屏为显示载体，引导乘客以更高效、更便捷的方式搭乘地铁出行。智能导乘屏包含站内导乘屏和站口导乘屏。站内导乘屏包含 LED 户内导乘屏、TVM 装饰墙 LCD 交互屏、地图及出入口信息 LCD 交互屏，站口导乘屏包含 LED 户外门匾信息导乘屏、LCD 首末班车信息屏。

智能导乘屏具备的基本功能如下：

(1)显示固定导向标识内容：如出入口或换乘线路导向标识等。

(2)提供站务信息内容：如车站管理措施提示信息、线路停运信息及换乘通道关闭提示等。

(3)实时显示站内环境：如显示车站站厅、站台、出入口等站点区域的空气质量参数(温湿度、二氧化碳浓度等)。

(4)展示预设应急信息：当发生预期的紧急情况时，车站操作员可以根据现场实际情况选取不同场景(大客流、紧急情况)，通过系统发布预先设定的多种应急场景信息，如车站限流措施、应急指挥提示、致歉信及办理退票提示、公交预案信息等。

(5)展示人工编辑即时信息：当发生非预期的紧急情况时，车站操作员根据实际情况可以即时人工编辑信息内容。

(6)按照播表时间自动发布：正常情况下，系统能根据计划库的播放列表配置在工作日、双休日及节假日的不同时段(早间启运、平峰、高峰、晚间停运)，自动定时发布各个时段相应的预设信息内容。

(7)显示终端版面编辑功能：在可视化终端上开展版面编排与制作，通过导入预先设置好的模板,实现导乘屏自动应用多种显示区域布局方案。

(8)显示终端版面发布功能:支持将制作完成的版面发布到指定的显示终端上,支持多版面多显示终端同时发布。

(9)显示终端的版面支持向上多行翻屏,向上多行滚屏。

(10)系统支持简体中文、英文等UTF-8规格的所有文字和字符,并支持进行混合输入、保存、传输、显示。

(11)自动校时:显示终端自动与时钟源进行校时。

(12)定时开关机:可通过预先设定好的启、停运时间进行设备自动开机和进入休眠(或关机)状态,以降低停运时段的功耗,延长设备使用寿命,支持在操作终端上修改已设定的车站启、停运时间参数。

(13)设备状态监控:实时监视车站播控设备状态,可将故障报警信息和监控数据上传到智慧管控平台,便于工作人员监控及历史记录查询。

三、智能导乘屏系统技术方案及预期效果

1. 智能导乘屏系统技术方案

智能导乘屏借用EUHT终端(高速无线通信系统),通过EUHT-5G(增强型超高速无线通信系统)网络(图2-4)接入系统,具备安装施工便利、后期维护简单的特点。如后期车站运行情况发生变化,智慧导乘屏可根据实际需求进行调整,EUHT无线接入方式也给设备调整带来极大的便利。终端设备外观如图2-5所示。

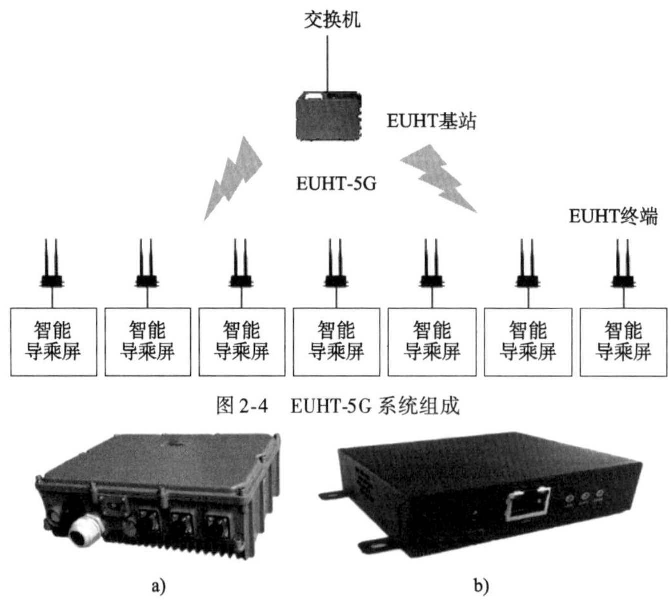

图2-4 EUHT-5G系统组成

图2-5 终端设备外观

2. 智能导乘屏预期效果

(1)地铁车站内LED导乘屏和出入口门匾导乘屏均采用全彩LED显示屏替代原有的纸质灯箱标志牌,超广视角让视野更宽广、色彩明亮、亮度均匀、成像效果更好、视觉更自然,且高

性能硬件能保证设备满足全天稳定工作,如图 2-6、图 2-7 所示。

图 2-6　地铁车站内 LED 导乘屏

图 2-7　出入口 LED 屏

(2)乘车信息时刻屏(图 2-8)采用高亮 LED 显示屏替代原有的纸质标志牌,主要用于换乘通道处,高亮显示效果满足在不同外界环境亮度下,乘客能清晰观看播放画面,从而提升观看清晰度,超广视角能保证多方位呈现完美画面。

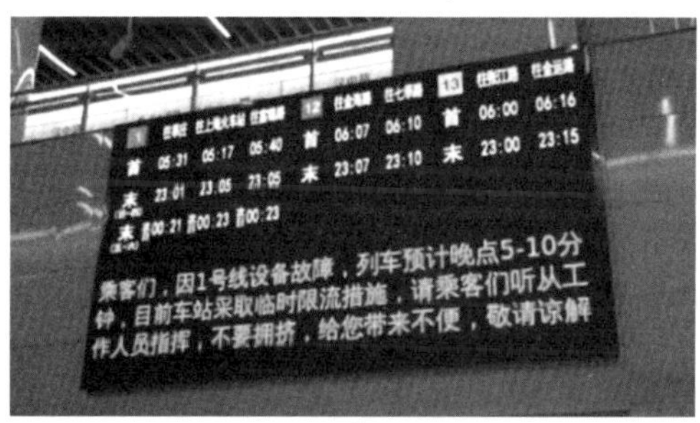

a)

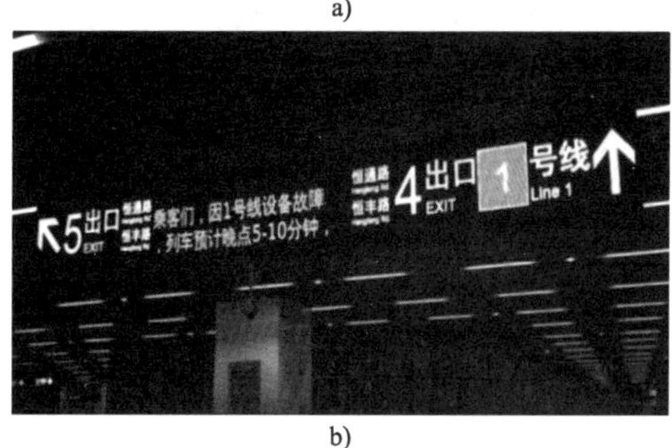

b)

图 2-8　换乘通道乘车信息时刻屏

(3)地图及出入口信息交互屏(图2-9)可用于换乘站车控室门口及客流较大线路的站台,交互屏支持语音交互和触摸交互功能。交互屏选用大尺寸交互平板,替代原有贴附式标志牌,交互平板直下式LED背光源,显示亮度更均匀、色域更广,具有超高可靠性和高稳定性。

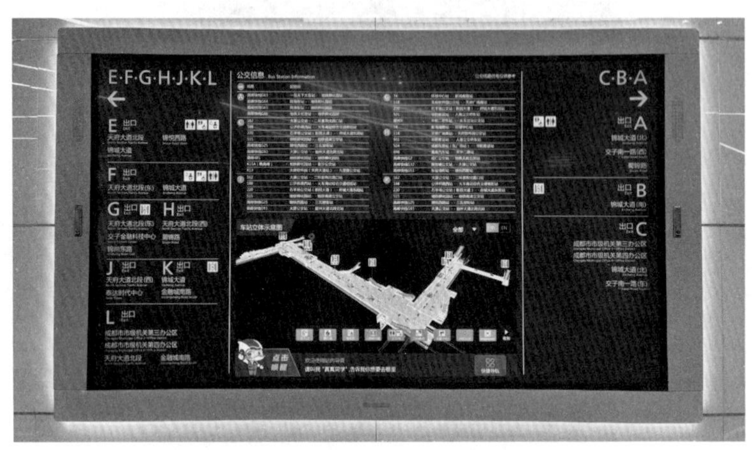

图2-9 地图及出入口信息交互屏

四、智能导乘屏系统故障应急处置措施

如智能导乘屏系统发生故障,会在大型换乘站造成客流积压。为防止出现人员踩踏等安全事件的发生,车站值班人员及维保专业人员需按照以下流程开展应急处置工作。

1. 故障判断

通过观察智能导乘屏显示状态,判断故障类型。若单个智能导乘屏出现黑屏、宕机或花屏现象,可初步判断为导乘屏本体故障;若多个导乘屏出现黑屏、宕机现象,可初步判断故障点在集控处。

2. 应急处置

如果是单个智能导乘屏故障,可以通过重启智能导乘屏或检查设备供电情况;若为多个导乘屏故障,可以通过重启智能导乘屏的工控机或检查高速无线通信系统的运行状态进行应急处置。若智能导乘屏仍无法恢复正常运行,则需通知车站值班人员根据客流情况,利用护栏引导客流,通过车站广播、PIS做好大客流相关信息的播报。

3. 后续措施

依次对智能导乘屏系统监测终端、应用服务器、接口服务器、系统主机进行重启,检查系统网络通信状态,检查末端设备通信状态。

课堂交流

请到地铁车站调研智能导乘屏系统。思考地铁车站智能导乘屏和普通导乘系统有哪些不同。组成5~6人的学习小组,将收集到的视频资料、图文资料等制作成条理清晰、图文并茂、页面美观的PPT进行课堂分享。

任务实施及评价

智能导乘屏系统应用及故障应急处置

学院		专业	
姓名		学号	
小组成员		组长姓名	

一、工作任务场景

以地铁车站值班员的身份进入智慧车站系统下的智慧导乘屏工作环境，按照实际生产需求，开展智慧导乘屏的日常操作及应急处置工作。

二、前置知识

1. 简述智能导乘屏的使用对象有哪些。

2. 简述地铁车站智能导乘屏与传统的地铁车站导乘屏之间的关系。

3. 智能导乘屏的智能化体现在哪些方面?

三、任务实施

任务实施内容
1 智能导乘屏系统操作
1.1 区分出入口、电扶梯、站台门、站厅公共区智能导乘屏，判断显示内容是否正确
1.2 根据站务信息内容，判断车站管理措施提示信息、线路停运信息及换乘通道关闭提示、环境温度、二氧化碳浓度等显示内容是否正确
1.3 了解发生预期的紧急情况时的紧急操作。根据现场实际情况选取不同场景(大客流、紧急情况)，通过系统发布预先设定的多种应急场景信息，如车站限流措施、应急指挥提示、致歉信及办理退票提示、公交预案信息等
1.4 了解发生非预期的紧急情况时的紧急操作。在智能导乘屏上人工编辑即时信息，展示相关内容
1.5 按照播表时间自动发布:正常情况下，系统能根据计划库的播放列表配置在工作日、双休日及节假日的不同时段(早间启运、平峰、高峰、晚间停运)，自动定时发布各个时段相应的预设信息内容
1.6 能够识别智能导乘屏不同时段的播表内容的正确性
1.7 能够判断自动校时功能是否正常
1.8 能够对智能导乘屏启、停运的时间及功能参数进行设置
1.9 能够在智慧管控平台识别智能导乘屏的正常状态、故障状态，能够完成智能导乘屏历史记录的调用
2 故障的判断
2.1 能够通过故障现象判断故障类型，能通过观察智能导乘屏显示状态判断故障类型
2.2 单个智能导乘屏出现黑屏、宕机或花屏现象，可初步判断为导乘屏本体故障
2.3 多个导乘屏出现黑屏、宕机现象，可初步判断故障点在集控处
3 智能导乘屏故障应急处置
3.1 单个导乘屏故障，可以重启智能导乘屏或检查设备供电情况

续上表

任务实施内容
3.2　多个导乘屏故障,可以通过重启智能导乘屏的工控机或检查 EUHT 网络接入系统的运行状态进行应急处置
3.3　上述步骤无法使得智能导乘屏恢复正常运行的,须通知车站值班人员根据客流情况,利用护栏引导客流,通过车站广播、PIS 做好大客流相关信息的播报
4　故障处置后续措施
4.1　按照智慧车站系统维修手册,依次对智能导乘屏系统监测终端、应用服务器、接口服务器、系统主机进行重启,检查系统网络通信状态,检查末端设备通信状态

四、评价反馈

(一)评价标准

项目	项目内容
接受工作任务	明确工作任务,理解任务在企业工作中的重要程度
前置知识	本次实训前需要掌握的知识程度
能力评价	智能导乘屏系统操作
	故障的判断
	智能导乘屏故障应急处置
	故障处置后续措施
素养评价	工作计划性强,安排得当
	团队合作能力强,善于沟通合作
	自主学习能力强,勇于克服困难
	严谨认真,积极参与课堂
	演示文稿制作精美,汇报演讲能力强
评价反馈	自我评价:能对自身表现情况进行客观评价,能在任务实施过程中发现自身问题
	小组互评:客观、公正,能指出其他组的问题

(二)自我评价

请根据课堂中的实际表现进行自我评价和自我反思。

序号	评价标准	
1	接受工作任务	☆ ☆ ☆ ☆ ☆
2	前置知识	☆ ☆ ☆ ☆ ☆
3	能力评价	☆ ☆ ☆ ☆ ☆
4	素养评价	☆ ☆ ☆ ☆ ☆
自我反思:		

(三)小组互评

请小组之间根据在课堂中的实际表现进行小组互评。

序号	评价标准	
1	接受工作任务	☆ ☆ ☆ ☆ ☆
2	前置知识	☆ ☆ ☆ ☆ ☆
3	能力评价	☆ ☆ ☆ ☆ ☆
4	素养评价	☆ ☆ ☆ ☆ ☆

续上表

（四）教师评价

项目	项目内容	分值	得分
接受工作任务	明确工作任务，理解任务在企业工作中的重要程度	5	
前置知识	本次实训前需要掌握的知识程度	5	
能力评价	智能导乘屏系统操作	10	
	故障的判断	10	
	智能导乘屏故障应急处置	10	
	故障处置后续措施	10	
素养评价	工作计划性强，安排得当	5	
	团队合作能力强，善于沟通合作	5	
	自主学习能力强，勇于克服困难	10	
	严谨认真，积极参与课堂	10	
	演示文稿制作精美，汇报演讲能力强	10	
评价反馈	自我评价：能对自身表现情况进行客观评价，能在任务实施过程中发现自身问题	5	
	小组互评：客观、公正，能指出其他组的问题	5	
得分（满分100）			

视野拓展

“北斗卫星导航系统”——新技术在城市轨道交通运营管理中逐步应用

北斗卫星导航系统（以下简称北斗系统）是中国着眼于国家安全和经济社会发展需要，自主建设运行的全球卫星导航系统，是为全球用户提供全天候、全天时、高精度的定位、导航和授时服务的国家重要时空基础设施。北斗系统提供服务以来，已在交通运输、农林渔业、水文监测、气象测报、通信授时、电力调度、救灾减灾、公共安全等领域得到广泛应用，服务国家重要基础设施，产生了显著的经济效益和社会效益。

北斗系统在城市轨道交通领域也得到广泛应用。例如，地铁北斗定位系统是通过融合北斗卫星导航与室内定位技术实现轨道交通场景精准定位的解决方案。该系统在北京地铁首都机场线完成示范应用，覆盖30km线路及5座车站，采用三维导航技术将地下空间定位精度提升至优于两米水平。核心功能包括车辆调度优化、客运组织管理、应急事件处置支持，并集成电子围栏管控、应急指挥调度等智慧化模块。

2022年启动建设后，该系统通过569个北斗基站的部署实现运行全状态监测，2024年进入科研成果转化阶段。其技术方案突破地下空间信号遮蔽难题，融合UWB超宽带基站与5G通信技术构建室内外连续定位网络，为智慧地铁建设提供时空信息基础设施支持。

任务二 多媒体站台门运行与维护

学习目标

1. 掌握多媒体站台门系统架构和功能。
2. 熟悉多媒体站台门系统操作界面。
3. 多媒体站台门系统出现异常情况时,能判断故障,并具有应急处置的能力。
4. 具有良好的沟通能力和团队写作意识。

任务导入

某城市地铁在节假日期间列车中断运营5分钟,造成某换乘站出现客流积压。多媒体站台门系统(图2-10)在相应车站启动应急信息播放,将公交接驳方案、后车预计到达时间及车站拥挤度进行播报,配合站务人员快速地进行了乘客分流,达到了非常好的效果。

a)

b)

图2-10 多媒体站台门

本任务需要掌握智慧站台门功能、组成架构、安装特点,将既有站台门系统改造为智慧站台门系统的方法。通过信息技术与客流管控相结合,全面实现大线网模式下的城市轨道交通客流管控信息化、智能化。

知识课堂

一、多媒体站台门系统

多媒体站台门控制系统主要管理站点站台门播放信息,对接地铁客运服务管理平台(NC-CC),进行统一的信息管理和发布。多媒体站台门条形屏安装在车站内每节车厢的单侧站台门、固定门顶箱盖板上方,主要显示各类运营信息、列车线路图、车厢拥挤程度、赛事信息、场馆信息、客流疏导诱导提示(均衡候车)等,在应急情况下可切换显示紧急信息。多媒体站台门系统如图2-11所示。

多媒体站台门

图 2-11　多媒体站台门系统

多媒体站台门控制系统的建设可以进一步提升服务水平，为乘客及市民提供更有效的增值服务，提升乘客满意度，树立有特色的地铁数字化服务形象，推广标准化服务，紧跟地铁网络化发展的要求，提高企业品牌形象，增强企业的公众认可度，为地铁运营服务提供支持。多媒体站台门控制原理及安装示意图如图 2-12、图 2-13 所示。

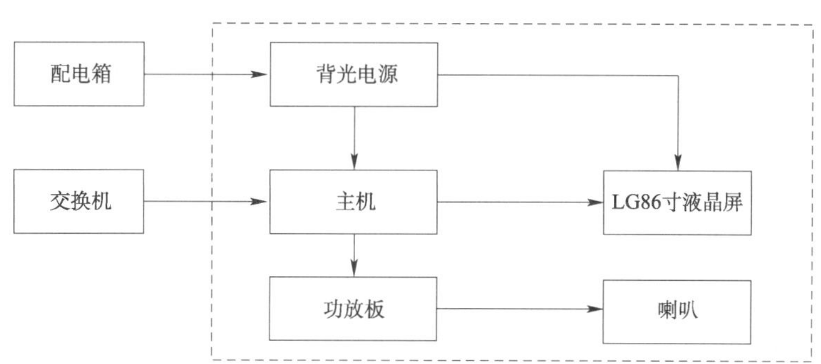

图 2-12　多媒体站台门控制原理

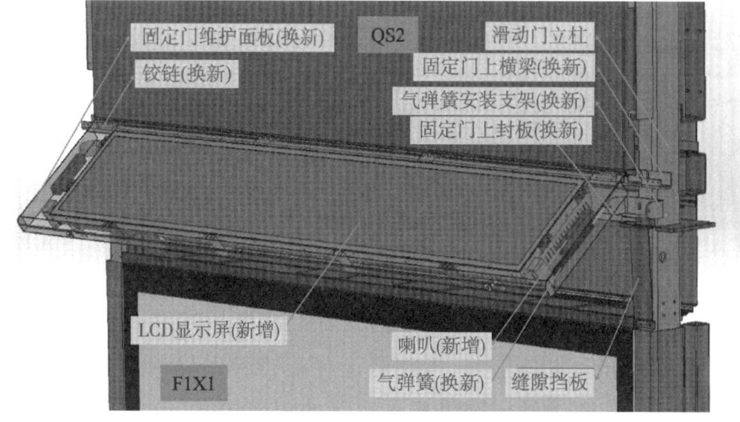

图 2-13　多媒体站台门安装示意图

二、多媒体站台门系统用户场景及架构

多媒体站台门控制系统与地铁客运服务管理平台(NCCC)进行数据融合,符合地铁客运信息化整体规划。同时,对接地铁客运服务管理平台(NCCC)中的客服信息发布系统,具备统一集中的信息管理和发布功能。多媒体站台门控制系统通过对站台终端设备、资源、多媒体站台门版面模板的严格管控,灵活配置播放列表,实现分权限管理多媒体站台门控制功能,提升用户乘车体验。

1. 多媒体站台门控制系统特点

(1)版面模板可视化:支持可视化的编排与制作,有多种显示区域布局方案。

(2)设备可视化监控:支持设备开关机设定、设备磁盘预警、设备播放内容监看。

(3)播表可灵活配置:提供多种播放顺序、播放循环方式、播放内容切换方式、配置方式。

(4)紧急情况及时响应:当发生预期的紧急情况时,可以根据现场实际情况选取不同场景预案,当发生非预期的紧急情况时,可即时人工编辑信息内容。

(5)信息多元化:各类丰富的信息资源可及时播放,准确及时显示列车进站及拥挤度等动态信息。

多媒体站台门控制系统面向乘客和地铁运营管理者。多媒体站台门具备提供地铁电视、列车实时信息以及运营告示、特殊情况告示信息等功能,有效提升了乘客满意度,树立了特色地铁数字化服务新形象。

2. 多媒体站台门乘客场景

乘客候车时,可以通过多媒体站台门(图2-14、图2-15)查看列车到站信息以及车厢拥挤情况,合理选择拥挤度较低的车厢乘车;可以查看最新新闻资讯信息、站点周边告示信息、宣传信息等,为乘客及市民提供增值服务,提升乘客满意度。

图2-14　深圳地铁多媒体站台门

在应急情况下可切换显示紧急信息,管理者可灵活管控车站多媒体站台屏信息。如遇到火灾、毒气等紧急情况时,多媒体站台屏可显示正确的疏散导向标志,迅速进行客运组织,提升客运安全性。

图 2-15　广州地铁多媒体站台门

天气较为恶劣(暴雨、高温)时,站内乘客可在多媒体站台屏上查看站外环境信息,提前预知,以便选择适宜的出行方式。

3. 多媒体站台门管理者场景

管理者可通过多媒体站台门上位系统,对终端设备的播表、播放以及应急信息发布进行管理。多媒体站台屏通过模板管理,可灵活配置版面显示。

根据管理职责不同,分为信息发布人员和信息审核人员。信息发布人员主要负责编制播表、发布多媒体站台屏播放信息,但播放模板、播放资源、播放方式都需要经过上级管理人员审核批准。信息审核人员主要是上级管理层,对多媒体站台屏信息内容和质量进行严格审核,保障播放信息的安全性、可靠性。

站务人员负责对多媒体站台屏设备运行情况以及播放的信息进行现场监控和监管。

4. 多媒体站台门业务架构

多媒体站台门控制系统基于 NCCC 平台对用户和权限进行管理,搭建智慧车站基础管理系统,对设备、资源、模板进行统一管理。多媒体站台门控制系统可对播表编制、播放管理、播放画面监看以及对应急信息发布进行管理。播放信息发布到智能多媒体站台屏供乘客查看,可有效为乘客及市民提供增值服务,疏导乘客均衡候车,提升乘客满意度。

多媒体站台门控制系统业务架构如图 2-16 所示。

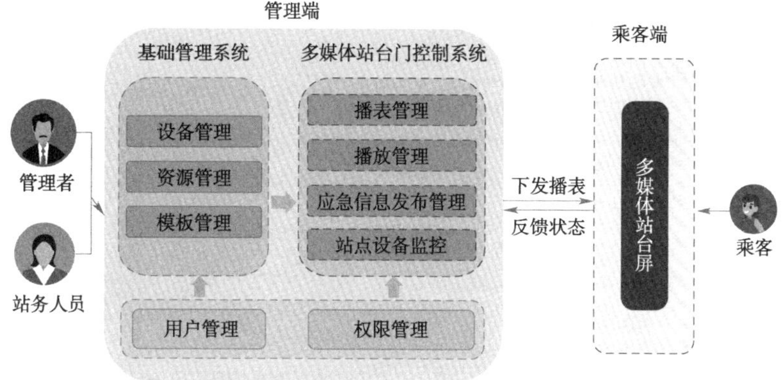

图 2-16　多媒体站台门控制系统业务架构

面向乘客的多媒体站台门系统具备在指定时间、指定地点,以指定方式播放指定内容。播放的内容主要包括:列车进站提醒及运行交路、后续3辆列车的车厢拥挤度、运营告示信息、线网拥挤区段提醒信息、分散排队候车提示、特殊情况告示信息(临时清客、跳停等)、地铁电视、当前时间信息、机场信息等,显示效果图如图2-17、图2-18所示。

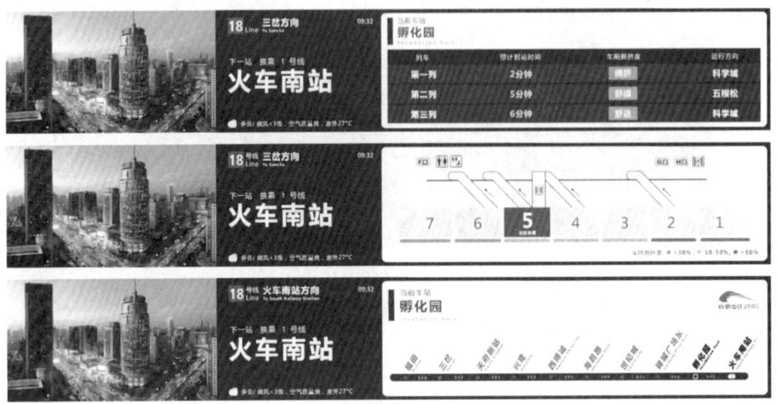

图2-17 多媒体站台门显示效果

图2-18 成都地铁火车南站多媒体站台门实景图

三、多媒体站台门系统功能

多媒体站台门功能清单见表2-1。

多媒体站台门功能清单 表2-1

功能模块	子功能	具体功能
播表管理	播表制定	新增播表
	播表审核	审核播表内容
	播表发布	发布播表内容
		清理磁盘
	播表接收	终端接收播表,反馈接收情况

续上表

功能模块	子功能	具体功能
播放管理	播表信息	查看播表
		添加播表
		删除播表
		切换播表
	下发模板	设置模板切换时间
	播放告警	播放异常提供告警
	在播画面监看	—
应急信息发布管理	应急预案	新增应急预案
		应急预案审核
		应急预案归档
	人工即时编辑	人工即时编辑授权
		新增人工即时编辑发布
站点设备监控	在播画面监看	当前在播画面截屏查看
	查看播表信息	设备下发的播表信息
	设备监控	设备磁盘、联网状态信息
	设备控制	查看设备预设的开关机信息
其他功能	面向运营	预存播表及资源
		管理本地资源
	面向维修	版本更新
		版本回退
		开机自启动

1.播表管理功能

对于非动态内容来说,播表就是设备播放内容的唯一来源,通过设置模板上文本频道、图片频道、视频频道的播放信息,可以设置播表和资源的对应关系。

(1)播表制定功能

按照地铁运营和信息发布的要求制定播放列表。播放列表主要包括显示终端版面播放列表、模板内容播放列表、播放顺序、播放循环方式、播放内容切换方式等。

一个完整的播放列表包括播放窗口的区域划分方式、每个区域的播放内容及方式、播放时间安排等。播放时间可设置工作日、双休日及节假日的不同时段(早间启运、平峰、高峰、晚间停运),根据播放时间自动定时发布各个时段相应的预设的正常信息内容。

播放列表的管理功能,主要包括播放列表的分类、互相嵌套引用、新建、修改、删除、属性管理以及播放列表的查询、权限、操作日志管理等。新建、修改、删除、发布操作的日志记录包括执行的操作情况、执行用户、执行时间等,以供跟踪检查。

(2)播表审核和管理功能

系统能根据需要灵活定义多级播放列表的审核和管理人员。管理人员对待发布的播放列表进行审核。只有具备审核权限的操作员才能审核播放列表。审核的工作包括查看区域划分是否合适、播放内容是否满足要求、播放周期是否正确等。如果播放列表通过审核,该播放列表将被设置一个审核通过的标记。如未通过审核,系统对该列表设置一个未通过审核的标记,并在播放列表制作终端上给予提示,由播表编辑人员进行修改后再提交审核。

经过审核确认的播放列表可进行发布操作,将播表下发至各站点的设备。

(3)播表发布

审核通过后的列表及内容才能由车站发布到各个终端。正常情况下,系统能根据计划库的播放列表配置在工作日、双休日及节假日的不同时段(早间启运、平峰、高峰、晚间停运),自动定时发布各个时段相应的预设正常信息内容。

系统对所有发布的内容具备完整的日志记录,包括每个内容发布状态、传送完成状态、失败警告、自动重新传送记录等功能。

播放列表发布设置采用设备分组来指定播放的位置,默认有站厅组、上行组、下行组,分组的最小单元为控制器。设备分组的配置操作在系统管理工作站中实现。

系统可提前下载数据量较大的媒体文件到车站服务器,或者利用停止运营时间进行传送(停止运营的时间由系统预先设置,到达停运时间系统自动触发下发操作),也可以实时由车站直接发布到站内的各个终端。

播表和资源逐一对应预设置的播放设备,且软硬件之间设置有同步数据监测功能,首先是播表同步,然后是资源检查,如果发现当前设备没有对应的播放资源时,会就近从车站级服务器拉取播放资源存于本地。

发布内容有日志记录,包括内容发布状态、传送完成状态、失败警告、自动重新传送记录功能。

播表发布整体流程如图2-19所示。

图2-19 播表发布整体流程

播表下发给终端多媒体站台屏,实时反馈接收进度和接收状态。当网络连接失败,需检查终端多媒体站台屏网络情况;当磁盘不足,管理者点击【清理磁盘】按钮,则终端会自动清除无播表绑定的无效资源(无效资源一般是凌晨定时清理一次),若清除后磁盘空间依然不足,则需管理者点击【清理播表】手动清理无用播表,以释放磁盘空间。

播表界面设计如图2-20、图2-21所示。

(4)播表接收

终端设备能自动接收、存储来自播放列表的播放内容,解码后在显示终端上播放。对接收失败的信息能够自动重新接收;对传送失败的信息能够自动重新下发;支持断点续传。

所有接收的内容具备完整的日志记录,包括但不限于接收百分比、接收状态、接收时间、未接收或者接收失败记录。

超级管理员

播表管理

播表类型：请选择 播放时间：请选择 — 请选择 播表状态：请选择 查询 重置

已发布 审核中 草稿箱 ⊕新增播表

播表编码	播表名称	播表类型	播表种类	播表大小	播放时间	播表状态	操作
P30201124-01	播表名称1	视频播表	普通播表	500M	2020/11/23	已失效	编辑 删除
P220201124-02	播表名称2	图片播表	普通播表	500M	2020/11/24	[illegible]	编辑 删除
P120201124-03	播表名称3	文本播表	普通播表	500M	2020/11/24	[illegible]	编辑 删除
P320201124-04	播表名称4	视频播表	普通播表	500M	2020/11/25	[illegible]	编辑 删除
P320201124-05	播表名称5	视频播表	普通播表	500M	2020/11/24至2020/11/26	正常	编辑 删除
Y320201124-01	播表名称6	视频播表	预案播表	500M		正常	编辑 删除
Y120201124-02	播表名称7	文本播表	预案播表	500M		正常	编辑 删除
Y220201124-03	播表名称8	图片播表	预案播表	500M		正常	编辑 删除
Y320201124-04	播表名称9	视频播表	预案播表	500M		正常	编辑 删除
Y320201124-05	播表名称10	视频播表	预案播表	500M		正常	编辑 删除

共400条记录 第1/80页 ‹ 1 2 3 4 5 6 7 8 9 › 10条/页 跳至 5 页

图 2-20　播表管理列表界面

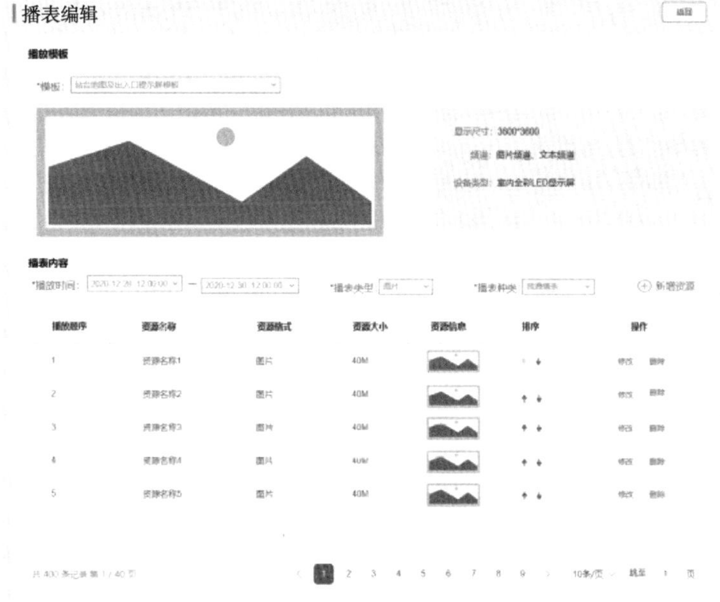

图 2-21　新增播表界面

2. 播放管理功能

车站的显示屏播出列表，根据计划库的播放列表将信息发送至车站显示终端播出，可实现不同显示控制器控制的显示设备播出相同或不同内容。

(1)终端设备下发模板，可预设模板切换时间。

一个终端设备只能有一个有效模板，如需要切换播放模板则需手动下发已审核通过的模板,设置新旧模板切换时间。

(2)查看设备播放列表信息,添加已审核的播表、删除已下发的播表。

查看设备播放的播表信息,可根据需要添加已审核的播表、删除已下发的播表、切换播表。

(3)正常播表按照播放顺序进行播放,可手动切换播表。

车站服务器能够自动检测整个系统的工作状态,包括播放控制器及各类显示终端,操作人员可通过图形化的界面即时查看系统设备工作状态,当有设备发生故障,记录故障类型、故障是否消除及操作人信息。错误和告警的处理须经专人确认,故障经处理或排除后系统报警状态才可消除。

车站服务器将各类日志数据自动导出至指定目录,生成恰当格式文件,与第三方开发管理软件实现标准接口功能,并生成日志报表。

播放管理界面如图2-22所示。

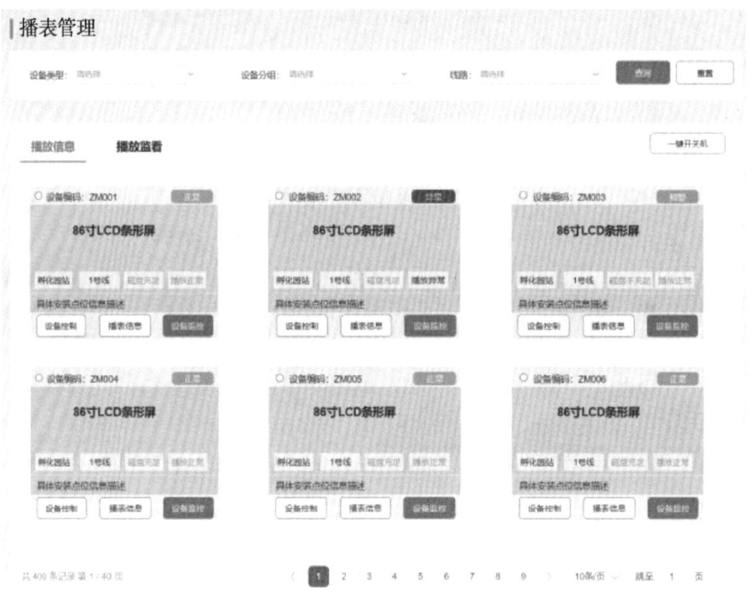

图2-22 播放管理界面

3. 应急信息发布管理功能

(1)应急信息发布功能包括应急预案编辑和人工即时编辑。

(2)车站管理人员需要提供车站特有应急预案场景显示信息。根据每个车站的特殊性,车站有权限利用多媒体站台门系统新增应急预案资源,应急预案需通过审核后才可以被使用。

(3)当发生应急预案场景之外的情况时,值班站长被授权后,可通过后台管理系统的人工编辑功能实现对显示屏播放内容的控制。

应急预案管理流程如图2-23所示。

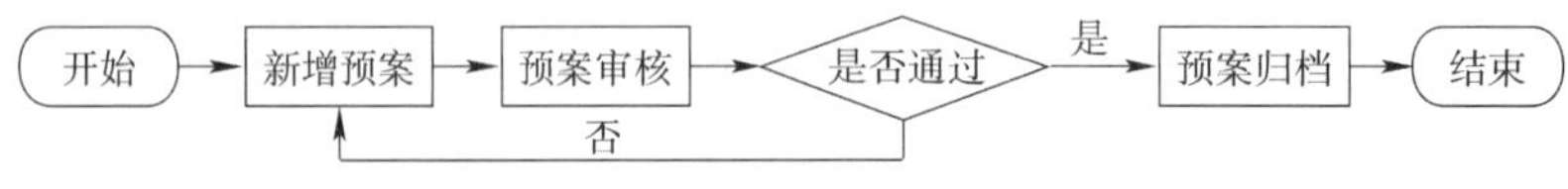

图2-23 应急预案管理流程

应急预案管理界面如图 2-24 所示。

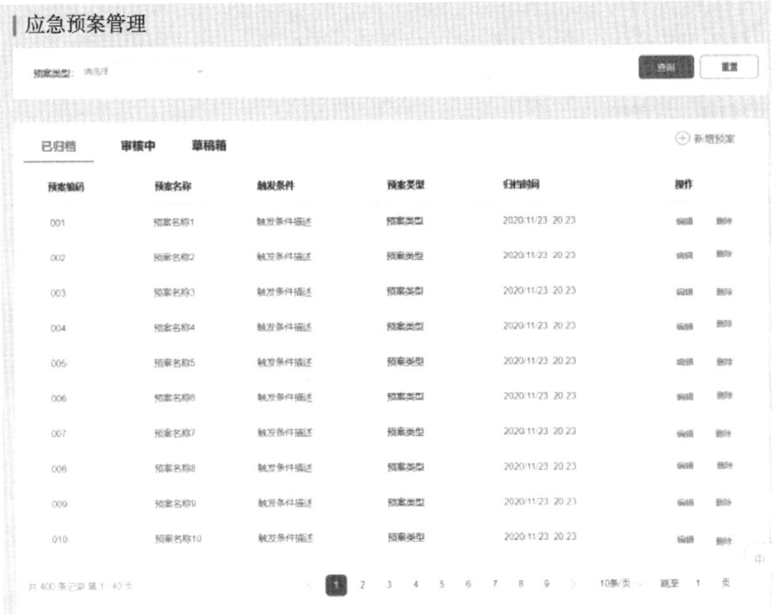

应急预案管理

预案类型：请选择　查询　重置

已归档　审核中　草稿箱　⊕ 新增预案

预案编码	预案名称	触发条件	预案类型	归档时间	操作
001	预案名称1	触发条件描述	预案类型	2020/11/23 20:23	编辑 删除
002	预案名称2	触发条件描述	预案类型	2020/11/23 20:23	编辑 删除
003	预案名称3	触发条件描述	预案类型	2020/11/23 20:23	编辑 删除
004	预案名称4	触发条件描述	预案类型	2020/11/23 20:23	编辑 删除
005	预案名称5	触发条件描述	预案类型	2020/11/23 20:23	编辑 删除
006	预案名称6	触发条件描述	预案类型	2020/11/23 20:23	编辑 删除
007	预案名称7	触发条件描述	预案类型	2020/11/23 20:23	编辑 删除
008	预案名称8	触发条件描述	预案类型	2020/11/23 20:23	编辑 删除
009	预案名称9	触发条件描述	预案类型	2020/11/23 20:23	编辑 删除
010	预案名称10	触发条件描述	预案类型	2020/11/23 20:23	编辑 删除

共 400 条记录 第 1 / 40 页　1 2 3 4 5 6 7 8 9　10条/页　跳至 1 页

图 2-24　应急预案管理界面

4. 站点设备监控功能

设备监控软件能够监视全线或本站的设备运行情况，控制设备的运行状态，对设备的故障具有实时告警功能。网络监控软件可按设备地理位置管理设备。具体的设备监控功能如下：

(1) 管理人员和站务人员可查看当前站点设备情况以及播放情况。车站的显示屏播出列表会根据计划库的播放列表将信息发送至车站显示终端，实现不同显示控制器控制的显示设备播出相同或不同内容。

(2) 在播画面监看可实时调看本车站各 LCD 控制器在播画面效果，监看 LCD 控制器在播画面可在任意指定的工作站上操作实现，并按照所属站点或者分组等筛选条件查看播放情况，同时可对选中的设备或者分组设置进行播表的同步操作，更新当前的播放内容。

(3) 设备播放警告功能。车站服务器能够自动检测整个系统的工作状态，包括播放控制器及各类显示终端，操作人员可通过图形化的界面即时查看系统设备工作状态，当有设备发生故障，车站服务器自动记录设备故障并报警，包含故障位置、故障设备、故障类型、故障是否消除及操作人信息。错误和告警的处理须经专人确认，故障经处理或排除后系统报警状态才可消除。

站点设备监控界面如图 2-25 所示。

5. 其他功能

(1) 预存播表及资源

站台门匾显示屏的软件系统能接收多媒体站台门控制系统下发的播放任务列表以及与任务相关的资源并预存到本地。

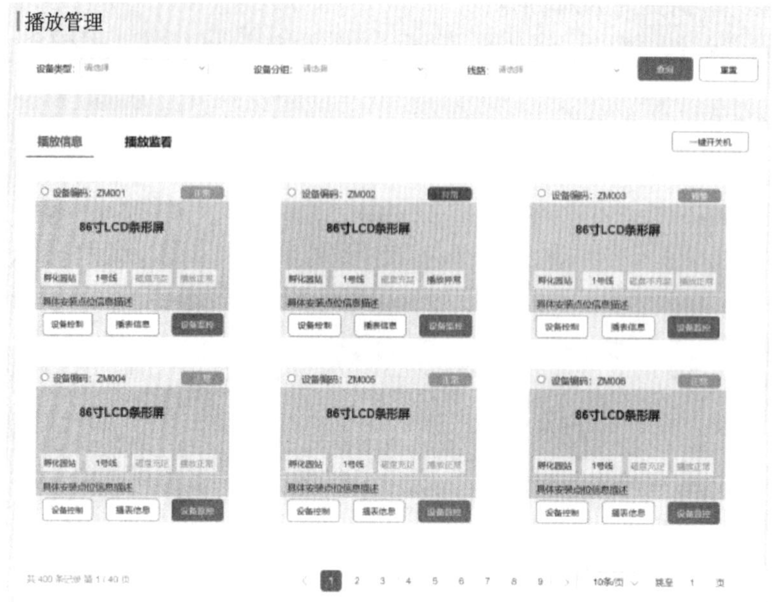

图2-25　站点设备监控界面

站台门条形屏的软件系统能接收多媒体站台门控制系统下发的紧急预案状态下的播放任务列表并将与任务相关的资源预存到本地,当发生紧急情况时可实现实时切换系统播放的内容。

(2)管理本地资源

站台门条形屏的软件系统能定期清理本地终端上长时间未使用或过期的文件。

(3)版本更新

站台门条形屏的软件系统具备通过网络下载安装及更新软件的功能,设备应能保存至少新旧两种版本的软件。应能在所设置的软件过期时间前自动切换到新软件。

(4)版本回退

站台门条形屏的软件系统具备版本保存功能,必要时,能通过参数设置使旧版本软件取代新版本软件重新生效。

(5)开机自启动

当硬件设备由于故障、断电等原因重启,站台门条形屏软件系统程序能自动启动运行。

四、多媒体站台门故障应急处置措施

多媒体站台门常见故障按照系统架构可以分为三类:智能导乘系统故障、基础管理系统故障、NCCC平台管理系统故障。

1. 故障判断

对于单个功能性失效故障类型,若发生播表无法制定、审核,应急信息无法发布,无法查看实时播放信息,则故障点在智能导乘系统内。若发生设备、资源、模板无法管理的情况,则故障点在基础管理系统上。若发生用户无法登录、无权操作设备的情况,则故障点发生在NCCC平台管理系统。

2. 应急处置

智能导乘系统属于多媒体站台门系统中的就地控制末端设备，末端设备的故障多为通信卡滞或末端设备板卡故障，可尝试对末端设备断电重启或检查通信是否畅通来实现应急故障处置。基础管理系统属于多媒体站台门的中枢神经系统，将上层设备的决策内容转换成末端设备可以读取的指令。基础管理系统故障可通过检查系统存储、资源、模板是否完整进行排查。若出现存储、资源及模板缺失，可对基础管理系统软件进行重装或维护，实现应急处置。NCCC 平台管理系统属于多媒体站台门的大脑。若 NCCC 平台管理系统出现宕机、无法下发指令等故障，受上层系统封装限制，建议联系系统供应商提供技术支持。

3. 后续措施

按照多媒体站台门系统维修手册，对多媒体站台门三级系统的功能进行全点位测试，确保三类系统功能完整无缺失。

课堂交流

请到地铁车站调研地铁车站多媒体站台门系统。思考地铁车站多媒体站台门系统和普通站台门系统有哪些不同。请组成 5 ~ 6 人的学习小组，将收集的视频资料、图文资料等制作成条理清晰、图文并茂、页面美观的 PPT 进行课堂分享。

任务实施及评价

多媒体站台门应用及故障应急处置

学院		专业	
姓名		学号	
小组成员		组长姓名	

一、工作任务场景

以地铁车站值班员的身份进入智慧车站系统下的多媒体站台门工作环境,进入多媒体站台门管理界面进行日常播表和应急信息的发布。

二、前置知识

1. 简述多媒体站台门的主要展示内容。

2. 简述地铁车站使用多媒体站台门的目的和预期效果。

3. 简述多媒体站台门发布应急信息的流程。

三、任务实施

任务实施内容
1　多媒体站台门系统认知
1.1　能够区分多媒体站台门系统与传统站台门系统
1.2　了解多媒体站台门的发展前景及行业需求
1.3　了解多媒体站台门的硬件组成
2　多媒体站台门的应用场景
2.1　了解多媒体站台门乘客场景内容
2.2　了解多媒体站台门管理者场景
2.3　使用多媒体站台门系统完成播表的制定、审核、发布和接收
2.4　利用多媒体站台门系统完成播表模板下发、查看播放告警、监看在播画面
2.5　利用多媒体站台门系统完成应急信息的发布
3　多媒体站台门扩展功能认知
3.1　能够完成多媒体站台门设备磁盘、联网状态信息
3.2　查看设备预设的开关机信息,预存播表及资源
3.3　管理本地资源,能够完成系统版本更新、回退
4　故障应急处置
4.1　能够判断多媒体站台门的故障类型
4.2　快速定位故障类型后,独立完成故障应急处置
4.3　了解应急处置的后续措施

续上表

四、评价反馈

（一）评价标准

项目	项目内容
接受工作任务	明确工作任务，理解任务在企业工作中的重要程度
前置知识	本次实训前需要掌握的知识程度
能力评价	多媒体站台门系统操作
	日常播表及应急信息发布
	多媒体站台门故障应急处置
	故障应急处置后续措施
素养评价	工作计划性强，安排得当
	团队合作能力强，善于沟通合作
	自主学习能力强，勇于克服困难
	严谨认真，积极参与课堂
	演示文稿制作精美，汇报演讲能力强
评价反馈	自我评价：能对自身表现情况进行客观评价，能在任务实施过程中发现自身问题
	小组互评：客观、公正，能指出其他组的问题

（二）自我评价

请根据在课堂中的实际表现进行自我评价和自我反思。

序号	评价标准	
1	接受工作任务	☆ ☆ ☆ ☆ ☆
2	前置知识	☆ ☆ ☆ ☆ ☆
3	能力评价	☆ ☆ ☆ ☆ ☆
4	素养评价	☆ ☆ ☆ ☆ ☆
自我反思：		

（三）小组互评

请小组之间根据在课堂中的实际表现进行小组互评。

序号	评价标准	
1	接受工作任务	☆ ☆ ☆ ☆ ☆
2	前置知识	☆ ☆ ☆ ☆ ☆
3	能力评价	☆ ☆ ☆ ☆ ☆
4	素养评价	☆ ☆ ☆ ☆ ☆

续上表

(四)教师评价

项目	项目内容	分值	得分
接受工作任务	明确工作任务,理解任务在企业工作中的重要程度	5	
前置知识	本次实训前需要掌握的知识程度	5	
能力评价	多媒体站台门系统操作	10	
	日常播表及应急信息发布	10	
	多媒体站台门故障应急处置	10	
	故障应急处置后续措施	10	
素养评价	工作计划性强,安排得当	5	
	团队合作能力强,善于沟通合作	5	
	自主学习能力强,勇于克服困难	10	
	严谨认真,积极参与课堂	10	
	演示文稿制作精美,汇报演讲能力强	10	
评价反馈	自我评价:能对自身表现情况进行客观评价,能在任务实施过程中发现自身问题	5	
	小组互评:客观、公正,能指出其他组的问题	5	
得分(满分100)			

视野拓展

科技强国:我国建成全球最大的5G网络

"5G"是对第五代移动通信技术(5th-Generation Mobile Communication Technology)的简称,又被称为"第五代移动电话行动通信标准",是基于4G(第四代移动通信技术)技术延伸的移动通信技术。5G网络的主要优势在于,数据传输速率远远高于以前的蜂窝网络,最高可达10Gbit/s,比当前的有线互联网要快,比先前的4GLTE蜂窝网络快100倍。截至2024年底,我国已完成425.1余万座5G基站建设,约占全球总数的60%,5G终端连接数突破10亿,约占全球的50%。我国已经建成全球范围内覆盖最广、基站数目最多的5G网络,处于世界领先水平。5G技术的广泛应用,加速了数字中国和智慧社会建设,为经济社会发展注入新动能。在此背景下,运用5G技术为城市轨道交通智慧赋能已成为轨道交通发展的重要趋势。

中华民族要复兴,科技兴国、科技强国是重中之重。一个科技的进步往往会使整个行业得到跨越式发展。科技兴国、科技强国的理念和持之以恒的学习态度,是我国建设富强、民主、文明、和谐社会的必经之路,是实现我国跨越式发展的重要一环。

任务三　智慧车站自动售票系统运行与维护

学习目标

1. 掌握智能售票系统的架构及功能。
2. 掌握智能售票系统的业务流程和使用场景。
3. 当智能售票系统出现异常情况时,能判断故障，并具有应急处置的能力。
4. 对维保和应急故障处置工作负责，认真履行岗位职责。

任务导入

某城市轨道交通线网规模与日俱增，线路延伸至老城区。 某地铁车站客运对象以老龄乘客为主。 张爷爷端午小长假乘坐地铁出行，由于需要换乘两次，张爷爷担心自己无法在自动售票机上准确选取目的地车站。 当他走到售票机屏幕前，智能售票机却主动发起语音问询“欢迎选择某某地铁，请问您要去哪里? ”并开启麦克风等待乘客说话。 张爷爷通过语音操作准确购取了前往目的地的车票。

南京地铁智能售票机购票场景如图 2-26 所示。

a)

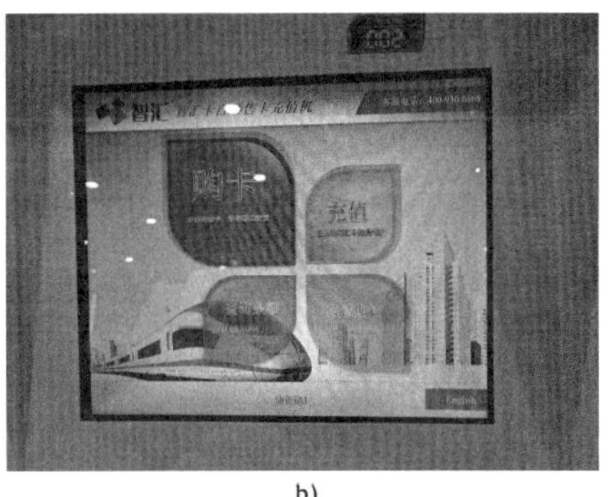

b)

图 2-26　南京地铁智能售票机

本任务需要掌握智能售票机与传统售票机的差异。 以传统售票机为基础，在操作方式上，增加语音的形式；在功能支持上，增加通过目的地查询车站的功能，纪念票售取功能，提供更多样的操作方式和更丰富的功能。

知识课堂

一、智慧车站自动售票系统

智能售票机在具备现有自动售票机功能的基础上新增语音查询、拼音查询两种购票模式,在结构上更加精细小巧,缩小了占地面积。通过智能售票机、智能客服中心等自动化、智能化设备与技术替代人工作业,提高地铁员工复合能力,更加便于精准投放。

乘客用符合日常习惯的方式说出目的地,系统判断出目的地后,结合地图数据查询距离用户目的地最近的地铁站,当有多个可能的目的地时提供路线选择列表以便用户选择,并展示所有目的地的详细换乘路径,包括换乘站所在线路、换乘站点名、换乘次数等信息。若仅有一个可能的目的地则直接进入等待支付状态。

智能售取票系统功能包括设备基础数据管理、售票管理、纪念票预订及取票管理、故障报警管理、设备运行状态监控管理、单程票及纪念票统计分析管理,并与自动售检票系统联动等。该功能加强了信息技术与一线生产流程贴合度,提高了一线生产效率,实现设备设施全寿命周期管理目标。加强基础数据共享,完善设备设施全流程信息化管理,为线网运营提供有力保障。上海地铁智能售票机如图2-27所示。

a)

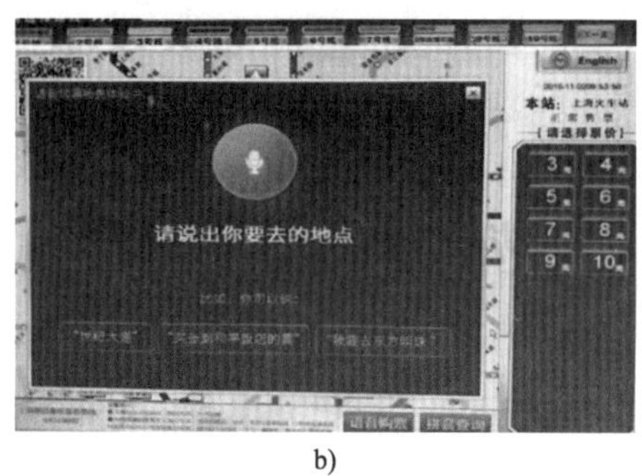

b)

图2-27 上海地铁智能售票机

二、智慧车站自动售票系统架构

智慧车站自动售票系统以现有客运管理平台(NCCC)作为支撑平台,在NCCC平台建设智慧语音售票管理系统,并以智慧车站基础管理系统、平台管理系统作为后台支撑系统。在前端建设智慧语音售票终端系统、地铁App、智慧客服中心,构成用户终端。智慧车站自动售票系统业务架构如图2-28所示。

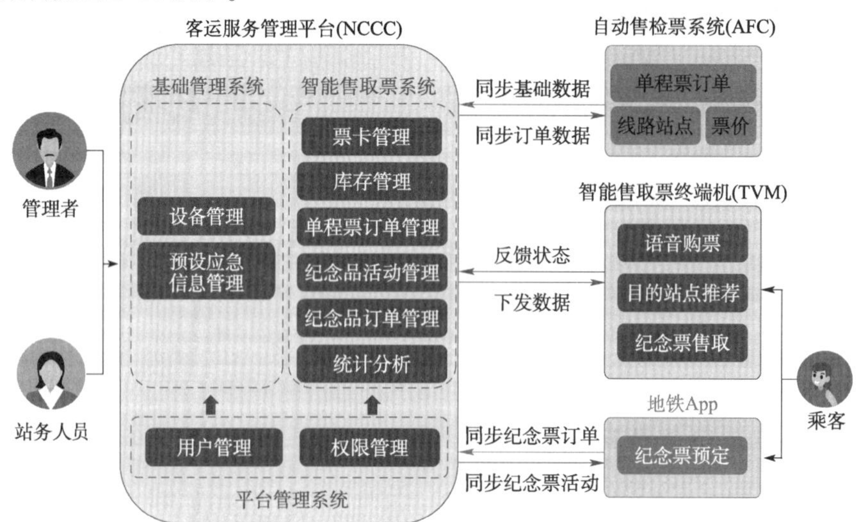

图2-28 智慧车站自动售票系统业务架构

三、智慧车站自动售票系统功能

1. 后台管理功能

(1)设备基本管理:系统管理员可对售票机信息进行管理,包括新增设备信息、修改设备信息、删除设备信息、查询设备信息。

(2)票卡管理:售票机设备支持售卖单程票和纪念票,系统管理员可录入各设备放置的票卡数量;当售票机设备放置的票卡数量发生变化时,可通过票卡管理实时监测各设备剩余票卡数量。

(3)纪念票管理:系统管理员可通过纪念票管理查看当前已完成纪念票预订的信息,查看已完成取票的历史记录信息。

(4)设备监控管理:系统实时收集各设备状态信息、报警信息,并在设备监控管理中进行实时数据展示。

(5)纪念票抢购活动管理:系统管理员可针对站点设置投放纪念票数量,并设置纪念票抢购活动时间范围,系统根据活动时间或纪念票预订库存为0时,自动结束抢购活动。

(6)统计分析:建立时间、设备类型、票种(单程票、纪念票)的统计维度,进行投入设备数量、售卖票卡数量、纪念票最快售卖时间等不同场景的数据统计分析。

(7)系统设置:能够进行组织机构管理、人员管理、权限管理。

2. 售票机功能

(1)单程票购买功能:根据乘客设置的行程或票价以及剩余票卡数量,完成售票流程。

(2)纪念票购买功能:根据乘客选择的不同纪念票种类以及剩余票卡数量,完成售票流程。

(3)纪念票取票功能:乘客出示纪念票预订凭证,完成纪念票取票流程。

3. 语音购票功能

语音购票机由自动售票机、摄像头、麦克风及工控机构成,如图2-29所示。麦克风模块用于采集用户语音,通过USB与工控机相连。摄像头模块用于给语音识别系统提供图像信息,通过USB与工控机相连。工控机负责运行语音识别、拼音查询模块等软件,实现语音查询、拼音查询和电子控制单元(ECU)通信等功能,接入摄像头及麦克风阵列的输入信号,与既有自动售票机设备采用串口交互相关数据。

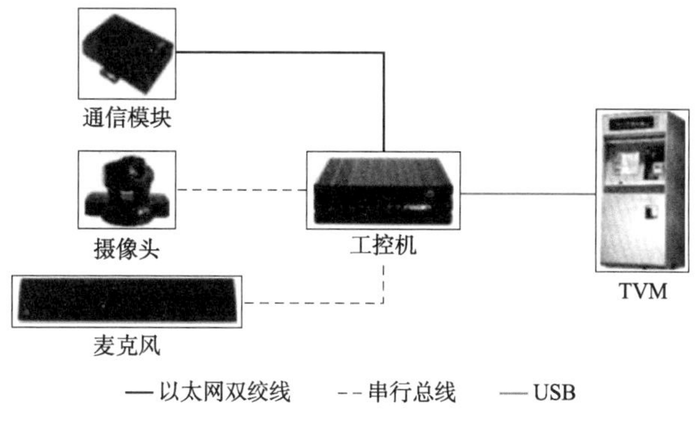

图2-29 智慧车站语音购票系统架构

语音购票机具有以下功能：

(1)具备语音查询、拼音查询和触摸屏选择三种购票模式；

(2)能够在强噪声环境下准确识别并将乘客语音用文字显示出来；

(3)能理解乘客的意图,判断出乘客的出行目的地车站名称；

(4)结合云端地图数据搜索出距离乘客目的地最近的地铁站；

(5)能提供从当前站点到目的地车站的详细换乘路径信息；

(6)能自动检测乘客接近,无须乘客唤醒或者手动触发语音状态；

(7)能提供拼音首字母的目的地模糊查询功能；

(8)乘客可以关闭语音查询模式或拼音查询模式,使用触摸屏选择模式完成购票；

(9)模块状态监控功能可实时监视语音购票模块设备运行状态,可将故障报警信息和监控数据上传自动售检票(AFC)系统,便于用户监控及历史记录查询。

4. 地铁官方 App 功能优化

(1)纪念票预订功能:在地铁官方 App 上开发相应功能,实现乘客在 App 上预订纪念票,预订成功后可选择取票站点和领取时间。

(2)纪念票预订活动管理:在管理后台系统,管理员可针对不同站点设置投放纪念票的种类和数量,并设置纪念票抢购活动时间范围,抢购活动发布后系统可根据活动时间或纪念票库存情况自动结束活动。

四、智慧车站自动售票机查询模式

设备支持在强噪声环境下通过摄像头和麦克风阵列检测用户接近,准确接收和识别语音,理解用户意图后,对目的地做模糊查询,推荐距离目的地最近的车站并提供相关的换乘信息。系统应包含语音查询和触摸选择两种购票模式,其中触摸选择为既有选择方式。广州地铁18号线自动售票机如图2-30所示。

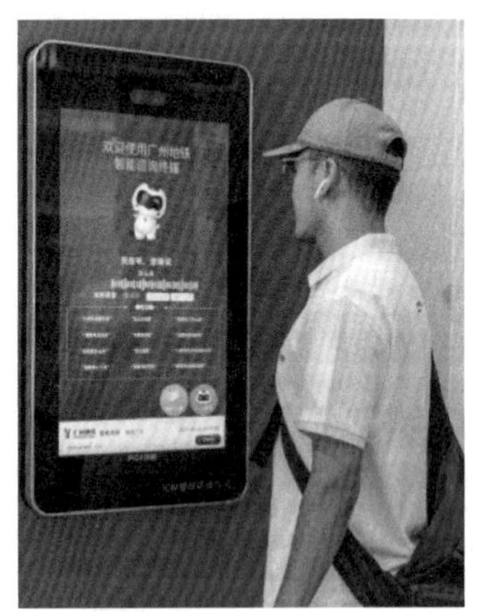

图2-30 广州地铁18号线自动售票机

1. 语音查询模式要求

模式激活:系统检测到乘客靠近售票机,或用户点击语音购票按钮会进入语音查询模式。

模式关闭:当乘客离开售票机时,点击关闭按钮或屏幕语音窗口以外区域会关闭语音查询模式。

模式禁用:当语音模块工作异常或启动失败,售票机自动禁用语音模式并隐藏语音购票按钮,直到语音模块恢复正常。

2. 拼音查询状态

模式激活:点击拼音购票按钮进入拼音查询模式。

模式关闭:点击关闭按钮会关闭语音查询模式。

模式禁用:当语音模块工作异常或启动失败,售票机自动禁用拼音模式并隐藏拼音购票按钮,直到语音模块恢复正常。

用户通过点击屏幕上的字母键盘输入目的地拼音首字母,屏幕上会随着输入逐字提示候选地点。用户选中目的地后,以列表形式显示目的地列表和换乘路径详细信息。

五、智慧车站自动售票系统使用场景

智能售票机默认模式下无须开启麦克风,当乘客满足正面、一定距离内、持续一定时间地出现在售票机前,可触发售票机的感应机制,发起语音询问。智慧车站自动售票系统如图 2-31 所示。

图 2-31　智慧车站自动售票系统

在乘客购票的同时,可打断语音。该系统能满足不使用语音的乘客或当语音模块故障的时候能用其他方式操作。当乘客离开或一段时间内无语音时,售票机会自动关闭麦克风,回到默认模式。其业务流程如图 2-32 所示。

针对上述功能,智能售票机的常用使用场景有以下 7 种。

1. 触达感应区

乘客小李看到车站新出的售票机,感到好奇,当他走近售票机屏幕前,智能售票机主动发起语音问询“欢迎选择 × × 地铁,请问您要去哪?”开启麦克风等待乘客说话。

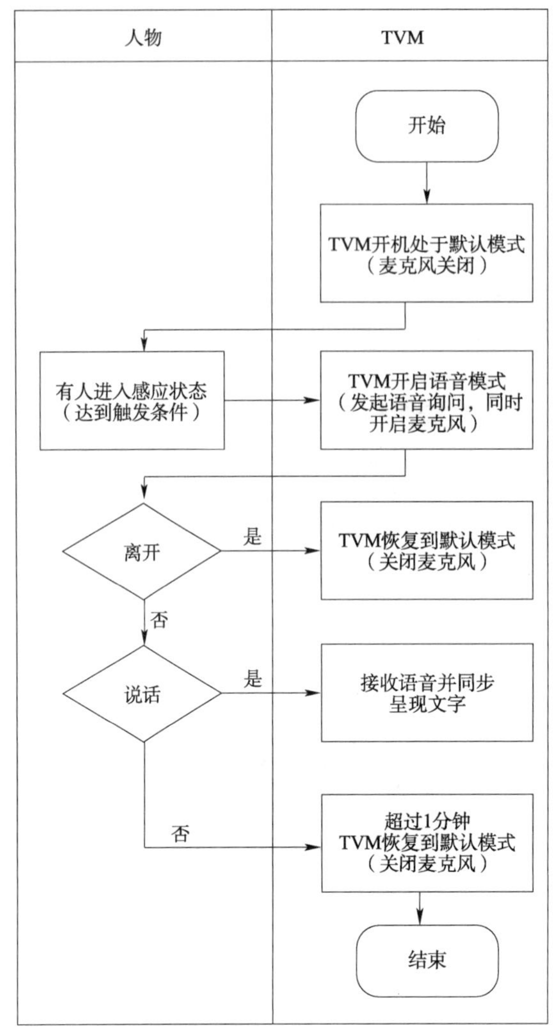

图2-32 智慧车站自动售票系统业务流程

2. 未达经过感应区

乘客小李并没有购票意愿，当他从售票机正面经过时，因为距离太远，并没有引起售票机的主动询问。

3. 短时间经过感应区

乘客小李并没有购票意愿，当他近距离从售票机正面经过时，因感应时间太短，并没有引起售票机的主动询问。

4. 乘客打断询问开始说话

乘客小李已经多次使用过售票机，售票机询问语言还未说完，他已经说出了自己想去的地方，售票机接收到语音输入，立即停止询问。

5. 乘客并未使用语音

乘客小李已经多次使用过售票机，售票机询问语言还未说完，小李直接点击了目的地车站。

6. 乘客离开

乘客小李走到售票机前，售票机开始语音询问，这时小李突然不买票离开了，系统判断无感应后，关闭麦克风，跳转到等待页面恢复默认模式。

7. 乘客未离开但不说话

乘客小李走到售票机前等待朋友，售票机开始语音询问，售票机等待1分钟后关闭了麦克风，跳转到等待页面恢复默认模式。智慧车站智能售票机如图2-33所示。

图2-33 智慧车站智能售票机

六、智慧车站自动售票系统故障应急处置措施

1. 故障判断

某台售票机突发故障，等待维修，车站工作人员登录管理端切换为故障模式，随即屏幕呈现“暂停使用”，经过维修恢复后，车站工作人员再次登录管理端切换为正常模式，随即恢复使用。

2. 处置措施

管理员验证身份后，切换售票机使用模式。

实际案例

为提高购票效率，从2021年4月1日起，大兴机场线全线自动售票机(图2-34)上线语音购票功能，成为北京市首条实现语音购票的轨道交通线路。目前，语音购票支持中文普通话、上海话、四川话等。

购票流程如下：

第一步：点击“语音购票”按钮，进入语音功能界面。

第二步：说出要去往的目的地，可包含要购票的张数，比如“大兴机场”或“两张去大兴机场的车票”，语音内容会实时在屏幕上文字回显。若说错

大兴机场智能售票机

目的地或没有找到对应结果,可直接再说一次,或点击“重新说”按钮,再说一次。

第三步:选择路径方案,点击“确认”按钮,进入购票界面。

第四步:确认购票信息,可对票种或张数再次修改,确认后选择“现金支付”或“扫码支付”。

a)

b)

图2-34 大兴机场自动售票机

课堂交流

请收集其他城市地铁智慧售票系统的案例,并分组制作汇报PPT。

任务实施及评价

智慧车站自动售票系统应用及故障应急处置

学院		专业	
姓名		学号	
小组成员		组长姓名	

一、工作任务场景

以地铁车站站务员的身份引导乘客使用自动售票系统进行语音购票，并在自动售票系统或其上位系统发生故障时，进行应急操作，降低系统故障对地铁运营造成的影响。

二、前置知识

1. 简述智慧车站自动售票系统与传统地铁车站售票系统的差异。

2. 简述智慧车站自动售票系统的核心功能。

3. 简述智慧车站自动售票系统的复位对象有哪些。

三、任务实施

任务实施内容
1　智能售票机检测
1.1　能够在 NCCC 平台调出管理界面
1.2　对各智能售票系统正常工作模式进行判断
1.3　同步票卡订单数据
1.4　同步纪念票订单
2　智能售票机系统业务功能使用
2.1　了解智能售票系统的业务架构
2.2　了解智能售票系统的功能架构
2.3　熟悉智能售票系统的后台管理功能
2.4　能够根据系统功能，发布纪念票抢票信息
2.5　能够进行组织机构和管理人员权限设置

续上表

任务实施内容
3 智能售票机系统乘客端功能使用
3.1 掌握智能售票机语音购票的流程
3.2 掌握不同场景下的智能售票机工作状态
4 故障应急处置
4.1 某台售取票机突发故障时,能够有效进行应急处置
4.2 多台售取票机故障时,能够正确判断故障点
4.3 NCCC 平台故障时,能够正确重启系统,并进入管理界面

四、评价反馈

(一)评价标准

项目	项目内容
接受工作任务	明确工作任务,理解任务在企业工作中的重要程度
前置知识	本次实训前需要掌握的知识程度
能力评价	自动售票系统的操作与使用
	故障的判断
	自动售票系统应急处置
	自动售票系统与传统售票系统功能切换
素养评价	工作计划性强,安排得当
	团队合作能力强,善于沟通合作
	自主学习能力强,勇于克服困难
	严谨认真,积极参与课堂
	演示文稿制作精美,汇报演讲能力强
评价反馈	自我评价:能对自身表现情况进行客观评价,能在任务实施过程中发现自身问题
	小组互评:客观、公正,能指出其他组的问题

(二)自我评价

请根据在课堂中的实际表现进行自我评价和自我反思。

序号	评价标准	
1	接受工作任务	☆ ☆ ☆ ☆ ☆
2	前置知识	☆ ☆ ☆ ☆ ☆

续上表

序号	评价标准	
3	能力评价	☆ ☆ ☆ ☆ ☆
4	素养评价	☆ ☆ ☆ ☆ ☆
自我反思：		

(三)小组互评

请小组之间根据在课堂中的实际表现进行小组互评。

序号	评价标准	
1	接受工作任务	☆ ☆ ☆ ☆ ☆
2	前置知识	☆ ☆ ☆ ☆ ☆
3	能力评价	☆ ☆ ☆ ☆ ☆
4	素养评价	☆ ☆ ☆ ☆ ☆

(四)教师评价

项目	项目内容	分值	得分
接受工作任务	明确工作任务，理解任务在企业工作中的重要程度	5	
前置知识	本次实训前需要掌握的知识程度	5	
能力评价	自动售票系统的操作与使用	10	
	故障的判断	10	
	自动售票系统应急处置	10	
	自动售票系统与传统售票系统功能切换	10	
素养评价	工作计划性强，安排得当	5	
	团队合作能力强，善于沟通合作	5	
	自主学习能力强，勇于克服困难	10	
	严谨认真，积极参与课堂	10	
	演示文稿制作精美，汇报演讲能力强	10	
评价反馈	自我评价：能对自身表现情况进行客观评价，能在任务实施过程中发现自身问题	5	
	小组互评：客观、公正，能指出其他组的问题	5	
得分(满分100)			

视野拓展

互联网+支付方式的变革:票卡虚拟化

随着智能手机的普及以及生物识别技术的发展,在票卡形式方面,车票不再是传统意义上的实体卡片,它演变为乘客乘坐轨道交通的虚拟凭证,如手机二维码、手机蓝牙、人体生物特征(如人脸、掌/指静脉、虹膜等)等。

新型支付方式

例如,成都地铁智慧票务功能是通过将摄像头采集的面部信息与实名注册照片进行比对的方式实现乘客过闸通行,发型、眼镜等改变一般情况下是不会影响人脸识别的。若发现人脸识别较慢或识别不成功,可以在成都地铁App"乘车"模块点击"刷脸乘车管理",更新面部信息。同时,成都地铁智慧票务功能支持戴口罩识别,戴口罩识别的安全性、准确性、时效性满足使用场景要求,如图2-35所示。

图2-35 成都地铁人脸识别闸机

深圳地铁11号线智慧边门系统,年满60周岁及以上的老人、残疾人等人士可使用边门检票机免费乘坐深圳地铁,该刷脸乘车服务基于人工智能技术,采用双目活体检测功能,老人只要通过智慧客服系统进行人脸注册成功后,即可通过人脸、指静脉、身份证等多模式组合验证实现刷脸过闸,人脸验证最快仅需0.3秒,如图2-36所示。

图2-36 深圳地铁智慧边门系统

任务四 智慧车站自动扶梯预警系统运行与维护

学习目标

1. 掌握智慧车站自动扶梯预警系统架构及功能。
2. 掌握智慧车站自动扶梯预警系统预期效果。
3. 当智慧车站自动扶梯系统出现异常情况时，能判断故障，并具有应急处置的能力。
4. 在面对复杂问题时，能够冷静分析、独立思考。

任务导入

在某城市，与该城市大型铁路客运站接驳的地铁车站迎来一年一度的春运大客流，车站出入口的电扶梯输送客流量明显增加，造成电扶梯电机温度明显上升，存在停梯风险。智慧车站自动扶梯预警系统（图2-37）即时对自动扶梯电机温度进行超高报警，车站值班员发现高温报警后立即前往现场查看，并引导乘客乘坐其他扶梯或使用步梯。当扶梯上的乘客全部运送至出入口外后，值班员关停扶梯，摆放铁马，通知专业人员前往现场检查设备。自动扶梯预警系统在电机损坏停止运行前，发出预警信息，帮助工作人员提前预判设备风险，有效阻止了因设备故障造成的客伤事件的发生。

图2-37　智慧车站自动扶梯预警系统

本任务需要掌握自动扶梯预警系统的远程巡检功能及预警功能，通过对自动扶梯各项数据的分析和监控，提前预判自动扶梯的安全隐患，降低客伤风险，全面提升车站管理、服务、应急、智能化水平。

知识课堂

一、传统自动扶梯运维状况

现阶段，自动扶梯系统运行期间，重点故障表现为扶手带速度异常、踏板防盗、扶梯基坑水位超高(出入口扶梯)及扶梯启停失败等。在地铁运营线路增加及服务品质提升的双重影响下,电梯设备的数量将迅速增加,传统依靠人的维保模式将带来更多不可控的管理因素,且随着监管及维保力量的不断稀释,维保质量及设备健康状态将难以有效管控。同时,各车站及同一车站的不同电梯设备的使用频率、承载情况均存在较大差异,在现有设备健康状况评估力度有待细化的情况下,维保力量无法精准投放,从技术力量的配比及人员利用率两方面增加了运维成本。

根据电梯行业关于电梯设备“全生命周期管理”及“物联网+维保”新模式的相关要求,地铁车站标准化数据平台的构建显得尤为重要。标准化数据平台需兼容既有及后续品牌电梯设备物联网监控数据的接入,并通过对现有综合监控系统监测点进行补充强化,结合生产管理系统对电扶梯设备进行实时状态监测、健康评估、状态预警,对维保、大中修等工作提出精准建议,逐步实现电梯设备的智慧化维保及全生命周期管理。

二、智慧车站自动扶梯预警系统架构

1. 智慧车站自动扶梯预警系统硬件架构

自动扶梯运行状态预警系统主要由车站级综合监控服务器、中央级数据交换中心和监测终端组成,总体结构如图2-38所示。

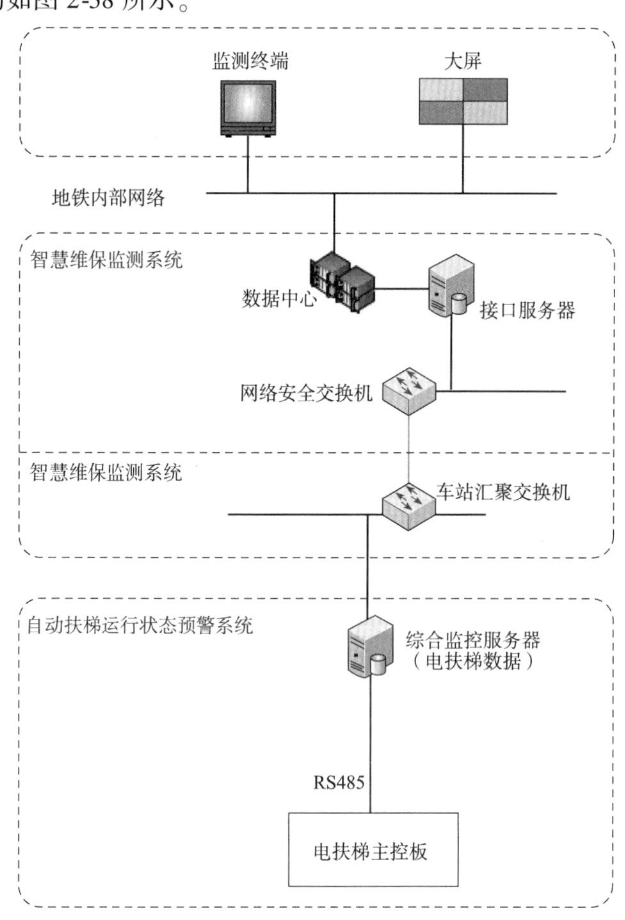

图2-38 自动扶梯运行状态预警系统结构

自动扶梯运行状态预警需要对地铁车站原有自动扶梯主控制柜中相应部件进行升级，并通过 RS485 线将数据传至综合监控服务器，综合监控服务器将数据接入接口服务器，经接口服务器软件分析后将结果上传至智慧维保监测系统。自动扶梯数据主要从控制主板上采集，控制主板位置如图 2-39 所示。智慧车站自动扶梯预警系统在对既有设备改造时需保留原有电扶梯硬线急停功能，同时将原有监控硬线调整为 RS485 通信线使用。

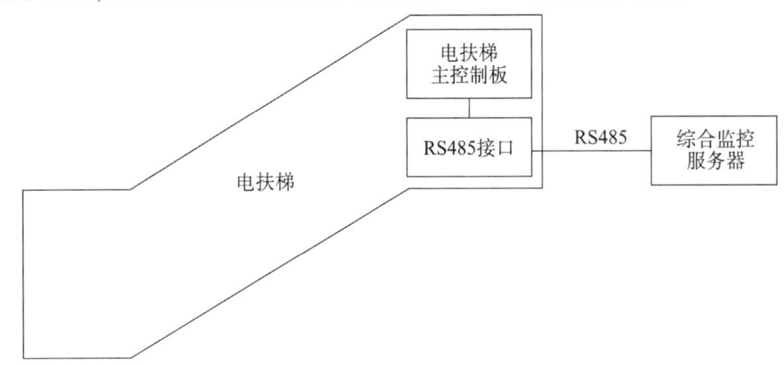

图 2-39　自动扶梯预警系统控制主板位置

2. 智慧车站自动扶梯预警系统接口

(1)接口分界

自动扶梯运行状态预警系统与智慧维保监测系统接口以车站汇聚交换机为界面。车站汇聚交换机由智慧维保监测系统提供并进行统一配置，接口采用 RJ45 以太网接口。

(2)接口协议

自动扶梯运行状态预警系统与智慧维保监测系统接口协议采用标准 TCP/IP 协议，智慧维保中心作为客户端，自动扶梯运行状态预警系统作为服务端。

(3)接口功能

接口功能见表 2-2。

自动扶梯预警系统与智慧维保监测系统接口功能表　　表 2-2

序号	自动扶梯	监测内容
1	特殊操作模式	停止运行模式
2	梳齿板和地板盖	梳齿板开关
3		楼层转换触点
4	驱动和制动器	制动衬检测
5		驱动链触点
6		电机转速
7		电机温度
8		驱动变频器
9	导轨和围裙板	裙边偏转触点
10	扶手和扶手带系统	扶手入口检测器
11		扶手带速度

续上表

序号	自动扶梯	监测内容
12	梯级和踏板链	梯级和踏板速度
13		梯级和踏板位置
14		梯级、踏板和传感器
15	远程监控	自动扶梯运行状态
16	内部系统	安全链中段
17		控制柜温度
18		电源
19		紧急急停模块

三、智慧车站自动扶梯预警系统功能

1.远程巡检

地铁车站自动扶梯系统在运行期间,车站控制室及调度大厅可以通过智慧车站系统远程监视设备运行状态,实现设备的远程巡检,如图2-40所示。

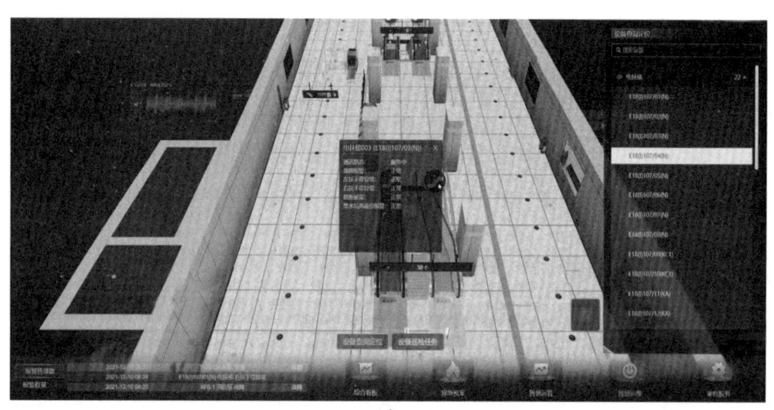

a)

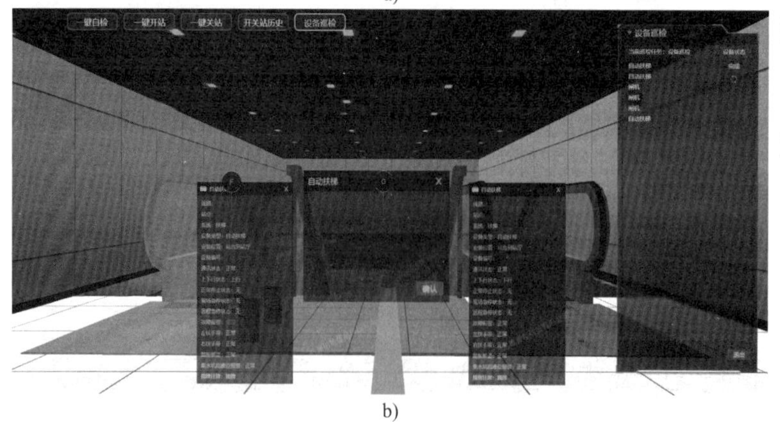

b)

自动扶梯远程巡检功能

图2-40 自动扶梯远程巡检

自动扶梯远程巡检内容见表2-3。

自动扶梯远程巡检内容　　表2-3

序号	自动扶梯	检测设备	检测内容
1	特殊操作模式	通过电扶梯控制主板采集扶梯运行情况，无须增加单独采集设备	停止运行模式
2	梳齿板和地板盖		梳齿板开关
3			楼层转换触点
4	驱动和制动器导轨和围裙板		制动衬检测
5			驱动链触点
6			电机转速
7			电机温度
8			驱动变频器
9	扶手和扶手带系统		裙边偏转触点
10			扶手入口检测器
11	梯级和踏板链		扶手带速度
12			梯级和踏板速度
13			梯级和踏板位置
14	远程监控		梯级、踏板和传感器
15	内部系统		自动扶梯运行状态
16			安全链中段
17			控制柜温度
18			电源
19			紧急急停模块

2. 故障快速定位

根据系统远程巡检信息在线监测，维保人员可精确定位故障原因(图2-41)，提高维修效率。

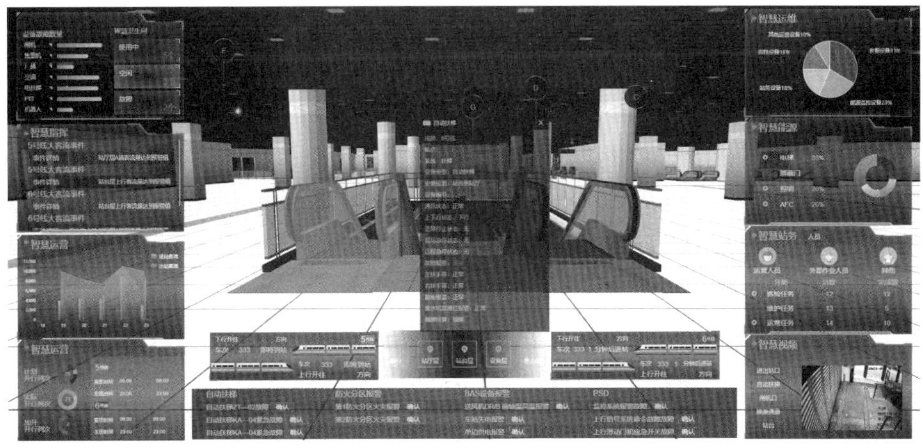

图2-41　故障快速定位

故障快速定位

3. 系统预警

系统预警功能如图2-42、表2-4所示。

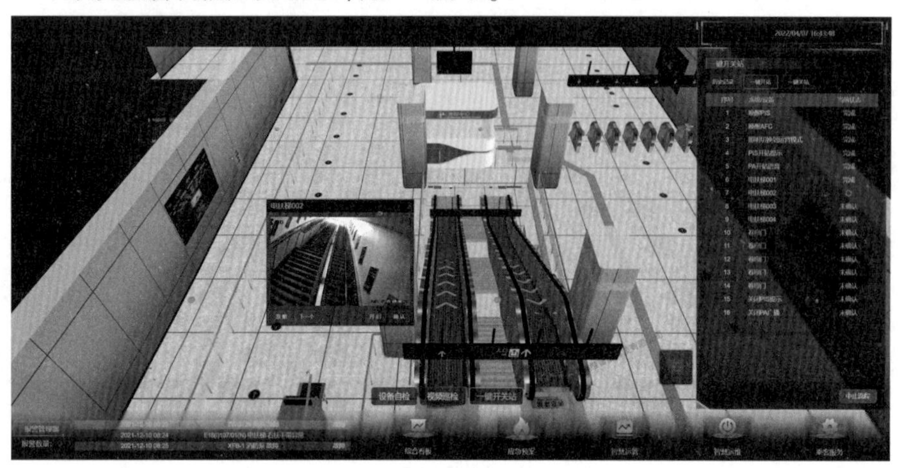

扶梯故障报警

图2-42　系统预警功能

系统预警功能　　表2-4

序号	电扶梯	监测内容	监测模型	预警信息
1	梳齿板、地板盖	梳齿板开关	开关量动作	电扶梯开启情况下将预警“电扶梯运行停止”
2		楼层转换触点	开关量动作	
3	驱动和制动器	制动衬检测	开关量动作	
4		驱动链触点	开关量动作	
5		电机转速	转速超限	
6		电机温度	温度超限	
7		驱动变频器	变频器故障	
8	导轨和围裙板	裙边偏转触点	开关量动作	
9	扶手和扶手带系统	扶手入口检测器	开关量动作	
10		扶手带速度	速度超限	
11	梯级和踏板链	梯级和踏板速度	速度超限	
12		梯级和踏板位置	开关量动作	
13		梯级、踏板和传感器	开关量动作	
14	内部系统	安全链中断	开关量动作	
15		控制柜温度	温度超限	
16		电源	电源异常	
17		紧急急停模块	开关量动作	
18	梳齿板、地板盖	梳齿板开关	开关量动作	
19		楼层转换触点	开关量动作	

续上表

序号	电扶梯	监测内容	监测模型	预警信息
20	驱动和制动器	制动衬检测	开关量动作	电扶梯未开启情况下将预警“无法开启”
21		驱动链触点	开关量动作	
22		电机转速	转速超限	
23		电机温度	温度超限	
24		驱动变频器	变频器故障	
25	导轨和围裙板	裙边偏转触点	开关量动作	
26	扶手和扶手带系统	扶手入口检测器	开关量动作	
27		扶手带速度	速度超限	
28	梯级和踏板链	梯级和踏板速度	速度超限	
29		梯级和踏板位置	开关量动作	
30		梯级、踏板和传感器	开关量动作	
31	远程监控	自动扶梯运行状态	只监不控，不影响设备运行	
32	内部系统	安全链中断	开关量动作	
33		控制柜温度	温度超限	
34		电源	电源异常	
35		紧急急停模块	开关量动作	

四、智慧车站自动扶梯预警系统预期效果

1. 优化修制修程

电扶梯预警系统修制修程对比如表2-5所示。

电扶梯预警系统修制修程对比 表2-5

序号	巡检内容	优化前	优化后
1	停止运行模式	系统巡检	系统巡检
2	梳齿板开关	无	系统巡检
3	楼层转换触点	无	系统巡检
4	制动衬检测	无	系统巡检
5	驱动链触点	无	系统巡检
6	电机转速	无	系统巡检
7	电机温度	无	系统巡检
8	驱动变频器	无	系统巡检
9	裙边偏转触点	无	系统巡检
10	扶手入口检测器	无	系统巡检

续上表

序号	巡检内容	优化前	优化后
11	扶手带速度	无	系统巡检
12	梯级和踏板速度	无	系统巡检
13	梯级和踏板位置	无	系统巡检
14	梯级、踏板和传感器	无	系统巡检
15	自动扶梯运行状态	无	系统巡检
16	安全链中段	无	系统巡检
17	控制柜温度	无	系统巡检
18	电源	无	系统巡检
19	紧急急停模块	系统巡检	系统巡检

2. 优化成本

通过系统监测设备关键参数分析替代传统人工巡检模式,对设备实时跟踪,了解设备运行情况,减轻了人工巡检统计及巡检工作量,降低了人力、管理成本。

3. 提升效率

自动扶梯运行状态预警系统通过实时状态监测,进行数据分析,提高了自动扶梯紧急故障的预警能力,为检修提供更有针对性的数据支撑。

五、智慧车站自动扶梯预警系统故障应急处置措施

针对自动扶梯预警系统故障,造成设备远程巡检及预警功能失效的情况,当班人员须按照以下流程进行判断与处置。

(1)自动扶梯预警系统报“电扶梯运行停止”或“无法开启”时,现场人员通过综合监控系统查看报警信息,通过电扶梯预警功能对照表快速定位故障点,现场进行设备修复。

(2)智慧维保监测系统显示自动扶梯预警系统离线。若智慧维保监测系统显示包含自动扶梯预警系统的多个系统离线,则故障点出现在综合监控服务器与智慧维保监测系统,此时可通过重启综合监控服务器尝试修复。若智慧维保监测系统仅显示自动扶梯预警系统离线,则故障点出现在电扶梯控制板与综合监控服务器之间,此时需排查电扶梯控制板与综合监控之间的通信状态。

(3)在自动扶梯预警系统显示故障且无法恢复时,自动扶梯运行期间无法实现预警功能。车站工作人员通知扶梯维保单位进行设备状态监控并现场值守。

实际案例

人工智能走进武汉地铁5号线,危险乘扶梯行为可自动识别报警

2021年12月26日,“无人驾驶”的武汉地铁5号线正式开通,这条“聪明”的地铁线,首次运用了众多人工智能科技。在地铁5号线的换乘站——徐家棚站内,有一台智慧自动扶梯监

测系统，可通过人工智能技术(AI)轻松识别危险乘梯行为(图2-43)，并实现及时预警，有效降低扶梯安全事故发生的概率，守护乘客的出行安全，这也是武汉地铁首次运用该项技术。

图2-43 武汉地铁5号线AI扶梯预警

当乘客携带大件行李在扶梯入口停留时，布设在附近的摄像头就会及时捕捉这一危险动作，并发出“大件行李请走直梯！”的语音劝阻，大屏幕还会播放当前发生危险行为的实时画面，声画同步，警示效果立体生动。同时，现场视频数据也会实时反馈到系统终端，帮助地铁管理人员更好地进行现场调控。

这套AI监测系统由国内自主研发，拥有更高的识别准确率和安装便捷性。目前通过AI技术可以识别跌倒、逆行、扶梯入口处人员拥挤、大物体滞留、婴儿车5类可导致乘梯危险的状况。在没有危险乘梯行为发生时，系统界面还将循环播放近期识别的危险行为画面，对路过的乘客起到有效的警示作用。为了充分保障乘客的隐私权，此套系统画面中出现的人脸均进行模糊处理。

根据中国电梯协会的统计，乘梯事故大部分是不当的乘梯行为导致的，因逆行、大物体滞留等不当行为引发的事故尤其多。智慧乘梯监测系统的应用，能够有效识别多种危险乘梯行为，并第一时间干预，降低事故的发生率。

任务实施及评价

智慧车站自动扶梯预警系统应用及故障应急处置

学院		专业	
姓名		学号	
小组成员		组长姓名	

一、工作任务场景

以地铁公司电扶梯检修工的身份进入智慧车站自动扶梯预警系统工作环境，按照自动扶梯维保要求，开展自动扶梯日常检修、历史记录导出、设备运行状态检查及应急处置工作。

二、前置知识

1. 简述地铁车站传统的自动扶梯操作、运作及维保方式。

2. 简述现阶段自动扶梯重点故障内容。

3. 简述自动扶梯预警系统的架构及功能。

三、任务实施

任务实施内容
1　对既有自动扶梯系统的认知
1.1　了解现阶段自动扶梯重点故障内容
1.2　了解现阶段自动扶梯运维重难点
1.3　了解现阶段电梯行业对电梯设备的相关要求
2　对智慧车站自动扶梯预警系统架构的认知
2.1　熟悉自动扶梯预警系统的总体架构
2.2　熟悉自动扶梯预警系统的接口类型
2.3　独立操作综合监控系统进入自动扶梯预警系统监控页面
3　智慧车站自动扶梯预警系统检修及功能使用
3.1　对传统的电扶梯系统不同部位开展检测工作
3.2　独立完成传统电扶梯系统及智慧车站自动扶梯预警系统操作
3.3　利用自动扶梯预警系统的不同检测手段，对电扶梯系统的各个零部件开展检测工作
3.4　能够通过上位系统在电扶梯不同工况下调出在线监测的预警内容
3.5　掌握地铁车站新增自动扶梯预警系统后的预期效果
4　对智慧车站自动扶梯预警系统接口的认知
4.1　掌握智慧车站电扶梯预警系统的接口分界
4.2　掌握智慧车站电扶梯预警系统的接口协议

续上表

任务实施内容
4.3 掌握智慧车站电扶梯预警系统的接口功能
5 对智慧车站自动扶梯预警系统应急处置措施的认知
5.1 掌握通过智慧维保监测系统预警信息确定电扶梯故障点的方法
5.2 掌握智慧车站自动扶梯预警系统离线的应急处置措施和故障点的判断
5.3 掌握设备故障且无法恢复的应急处置措施

四、评价反馈

(一)评价标准

项目	项目内容
接受工作任务	明确工作任务,理解任务在企业工作中的重要程度
前置知识	本次实训前需要掌握的知识程度
能力评价	智慧车站自动扶梯预警系统操作
	智慧车站自动扶梯预警系统检测的部位和内容
	智慧车站自动扶梯预警系统故障应急处置
	故障处置后续措施
素养评价	工作计划性强,安排得当
	团队合作能力强,善于沟通合作
	自主学习能力强,勇于克服困难
	严谨认真,积极参与课堂
	演示文稿制作精美,汇报演讲能力强
评价反馈	自我评价:能对自身表现情况进行客观评价,能在任务实施过程中发现自身问题
	小组互评:客观、公正,能指出其他组的问题

(二)自我评价

请根据在课堂中的实际表现进行自我评价和自我反思。

序号	评价标准	
1	接受工作任务	☆ ☆ ☆ ☆ ☆
2	前置知识	☆ ☆ ☆ ☆ ☆
3	能力评价	☆ ☆ ☆ ☆ ☆
4	素养评价	☆ ☆ ☆ ☆ ☆
自我反思:		

(三)小组互评

请小组之间根据在课堂中的实际表现进行小组互评。

序号	评价标准	
1	接受工作任务	☆ ☆ ☆ ☆ ☆
2	前置知识	☆ ☆ ☆ ☆ ☆

续上表

序号	评价标准	
3	能力评价	☆ ☆ ☆ ☆ ☆
4	素养评价	☆ ☆ ☆ ☆ ☆

(四)教师评价

项目	项目内容	分值	得分
接受工作任务	明确工作任务,理解任务在企业工作中的重要程度	5	
前置知识	本次实训前需要掌握的知识程度	5	
能力评价	智慧车站自动扶梯预警系统操作	10	
	智慧车站自动扶梯预警系统检测的部位和内容	10	
	智慧车站自动扶梯预警系统故障应急处置	10	
	故障处置后续措施	10	
素养评价	工作计划性强,安排得当	5	
	团队合作能力强,善于沟通合作	5	
	自主学习能力强,勇于克服困难	10	
	严谨认真,积极参与课堂	10	
	演示文稿制作精美,汇报演讲能力强	10	
评价反馈	自我评价:能对自身表现情况进行客观评价,能在任务实施过程中发现自身问题	5	
	小组互评:客观、公正,能指出其他组的问题	5	
得分(满分100)			

视野拓展

居安思危多备虑:"黑天鹅"事件、"灰犀牛"事件

"黑天鹅"事件是指难以预测,但突然发生时会引起连锁反应、带来巨大负面影响的小概率事件。它存在于自然、经济、政治等各个领域,具有发生概率很小、高度不可预测性、一旦发生会带来严重后果等特征。"黑天鹅"事件虽然属于偶然事件,但如果处理不好就会导致系统性风险,产生严重后果。

"灰犀牛"事件主要指明显的、高概率的却又屡屡被人忽视、最终有可能酿成大危机的事件。此类事件在社会各个领域都会出现,发酵之前往往不被重视,或者被当作一种正常的现象,以致错失了最好的处理或控制风险的时机,最后可能导致极其严重的后果。

智慧车站自动扶梯预警系统的远程巡检功能及预警功能,通过对自动扶梯各项数据的分析和监控,可以提前预判自动扶梯的安全隐患,降低客伤风险,尽量避免地铁车站自动扶梯发生"黑天鹅"事件、"灰犀牛"事件。

任务五 一键开关站系统运行与维护

学习目标

1. 区分智慧车站一键开关站系统与传统开关站运作模式。
2. 掌握智慧车站一键开关站系统架构及功能。
3. 智慧车站一键开关站系统出现异常情况时,能判断故障，并具有应急处置的能力。
4. 具有统筹全局，灵活处置的能力。

任务导入

某城市地铁线路开展了一键开关站试点项目。 将某地铁车站既有综合监控系统功能接入车站一体化管控系统，为车站管理人员提供统一的车站管理界面，实现一键开关站智能功能，实现全站的统一管理，提升车站的运营服务质量，保障车站的运营安全，提高车站人员复合能力，降低运营综合成本，起到示范性作用，如图 2-44 所示。

a)

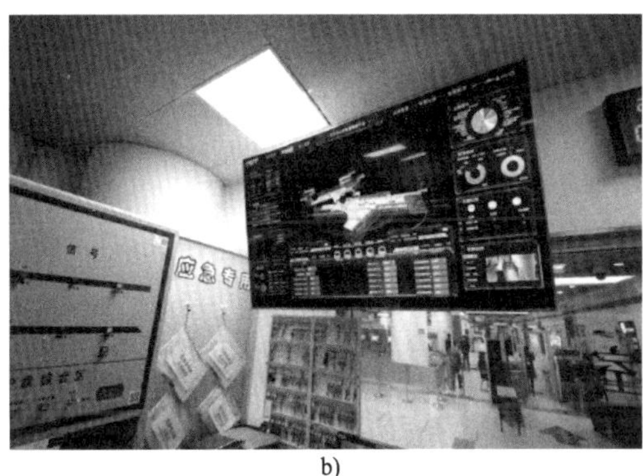
b)

图 2-44　天津地铁智慧车站示范站

本任务需要掌握综合监控信息互联互通一体化融合、智慧开关站等功能，通过自动化控制技术和智能化分析技术的应用和信息化系统集成，全面提升车站管理、服务、应急、智能化水平。

知识课堂

一、传统开关站运作模式

传统开关站由行车值班员、客运值班员、值班站长、售票岗等根据调度命令,在首班载客车到站前 30 分钟开始开站程序,在末班车结束前 30 分钟开始关站程序。开关站程序主要包括手动开启扶梯、卷帘门设备,检查广播、PIS、CCTV、一类导向、照明、通风、AFC、边门等设备运行状态。具体的传统开关站操作流程见表 2-6。IBP 盘操作站台门开关,确保应急情况下不影响行车,开关站耗时较长,效率偏低。

传统开关站操作流程

表2-6

开关站程序	责任人	内容
开站	行车值班员	首班载客列车到站前30分钟,根据电调命令,开启环控系统、照明、导向、PIS、CCTV等,注意检查公共区导向灯箱是否正确
	客运值班员	在首班载客列车到站前30分钟完成TVM加币、加票工作,并检查AFC设备是否处于正常运营状态
	值班站长	在首班载客列车到站前30分钟内完成扶梯、升降梯开启工作
	站台岗/值班员/值班站长	接发通勤车
	保洁人员	在首班载客列车到站前15分钟完成卫生间清扫工作
	售票岗	首班载客列车到站前12分钟到岗,锁闭边门
	值班站长/行车值班员	值班站长于首班载客列车到站前10分钟完成出入口开启工作,卷帘门有地锁的车站注意打开地锁,以免损坏设备;其中,IBP盘有开启出入口卷帘门功能的车站,由行车值班员在确保安全的前提下操作IBP盘按钮开启出入口卷帘门,开启前应严密监控出入口环境,确保无安全隐患
	站台岗	首班载客列车到站前10分钟领齐备品到岗
	值班站长	检查照明、通风、导向、电扶梯、AFC、边门、PIS、CCTV等设备情况,人员到位情况,卫生情况
关站	行车值班员	在相应方向尾班车发出前30分钟,播放“尾班车预告”广播,每5分钟播放一次
		在相应方向尾班车进站前1分钟,播放“尾班车进站”广播,播放2次
	值班站长	在末班载客车服务时间前15分钟到公共区进行尾班车服务工作
	行车值班员	在末班载客车服务时间前5分钟关闭自动售票机,通知各岗位,各岗位人员须告知乘客相关信息,停止该方向售票
	值班站长	本站末班车开出后,检查车站的各个角落,保证站内无乘客及车站以外人员。清站时做好岗位之间衔接,保证不留死角,对易滞留人员的处所(如厕所、生活区通道、出入口、站台四角)进行重点清理
		末班载客列车开出后30分钟内,关停扶梯
		末班载客车开出后15分钟,关闭出入口和连通地面的升降梯,出入口卷帘门须用地锁的车站注意加锁
	行车值班员	末班载客列车结束前30分钟内关闭车站大系统,运营结束后,根据电调命令,执行相应的照明、导向模式
	值班站长	确认清站、出入口关闭,扶梯、照明、TVM、PIS、CCTV关闭等情况

二、智慧车站一键开关站系统架构

一键开关站利用既有综合监控系统与各子系统接口实现开关站功能,系统结构如图2-45所示。

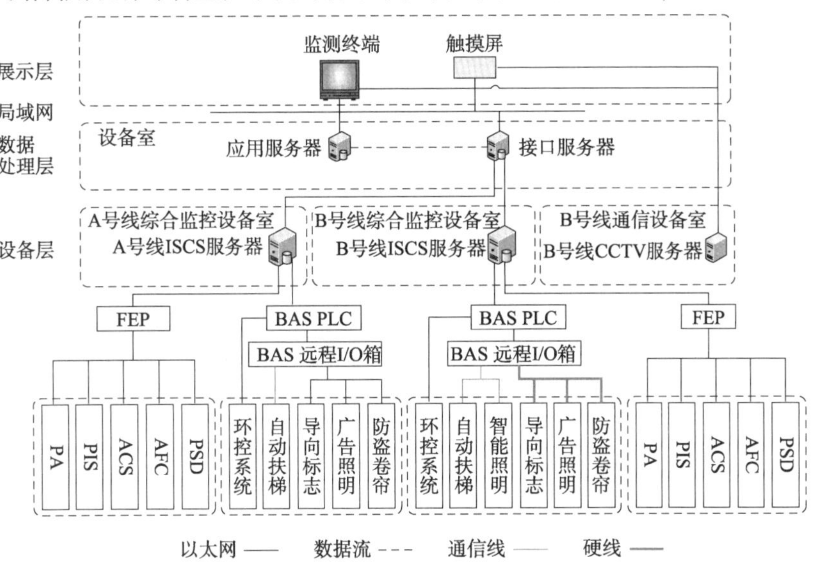

图2-45　一键开关站系统结构

1. 一键开关站系统硬件组成

(1)综合监控系统(ISCS)接口

智慧车站系统放线至线路综合监控系统网络交换机处。智慧车站系统为客户端,原线路综合监控系统为服务端,采用标准ModbusTCP协议。综合监控系统上传本线路所有数据信息,负责对本线路数据协议的转换,将转换后的信息发送给智慧车站系统。综合监控系统接受控制指令后执行并反馈执行结果。智慧车站系统接收各线路上传的运营数据,用以监视各线路相关服务指标的执行情况,并为各种统计分析、决策、规划积累基础数据,根据控制点位信息下发控制。

(2)防盗卷帘门接口

车站防盗卷帘门系统增加终端控制箱,采用硬线连接,接口类型为无源常开触点。终端控制箱接收控制信号后开启/关闭/停止防盗卷帘,信号自保持。智慧车站系统通过输入、输出开关量信号实时展示卷帘门状态,并能够执行开、关门命令。防盗卷帘门接口如图2-46所示。

图2-46　防盗卷帘门接口

一键开关站——卷帘门

(3)扶梯接口(图2-47)

车站综合监控系统BAS PLC与自动扶梯之间通过RS485或硬线连接,负责智慧车站协议或无源开关量信号转换,通过智慧车站工作站实现对扶梯运行、停止状态的控制,监视运行状态。电扶梯通过与智慧车站的通信接口,上传自动扶梯的状态到车站综合监控系统,根据指令完成扶梯的自检并唤醒、休眠和停机。

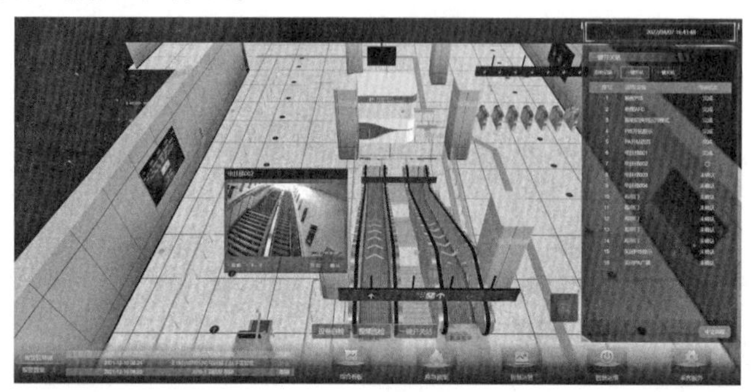

一键开关站——扶梯

图2-47 扶梯接口

(4)自动售检票系统接口(图2-48)

利用车站综合监控系统与自动售检票系统既有接口,根据车站开关站需求,自动向自动售检票系统发送控制指令。自动售检票系统在接受控制指令后执行末端设备的休眠、唤醒功能。

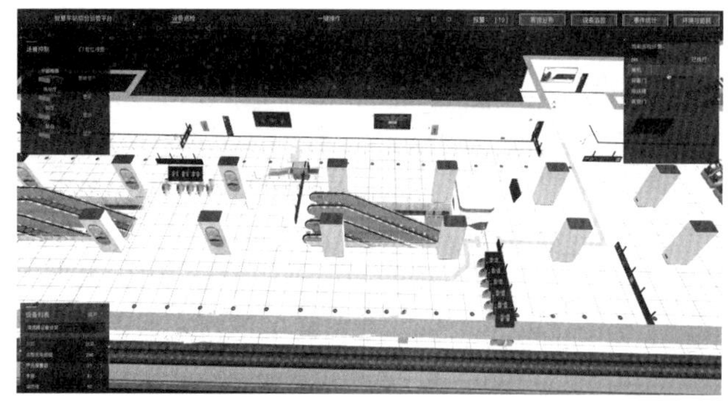

图2-48 AFC系统接口

(5)PIS、PA系统接口(图2-49、图2-50)

利用车站综合监控系统与AFC系统既有接口,在运营期间与非运营期间执行PIS系统的休眠、唤醒功能。根据车站开关站需求,自动向PIS系统发送控制指令。PIS、PA系统接受控制指令并执行设备休眠、唤醒功能。

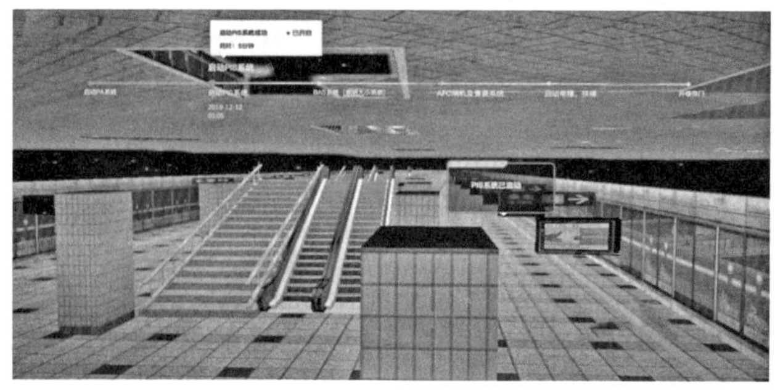

图2-49 PIS系统接口

图 2-50　PA 系统接口

2. 一键开关站系统软件组成

基于智慧车站系统的一键开关站模块,包含综合监控系统软件工程改造,新增电扶梯、防盗卷帘门控制功能,增加 AFC、PIS 系统设备休眠、唤醒功能。

3. 一键开关站接口界面划分

智慧车站一键开关站系统接口界面见表 2-7。

智慧车站一键开关站系统接口界面　　表 2-7

序号	项目	接口关系			
		负责专业 1	内容	负责专业 2	内容
一、智慧车站系统接口					
1	ISCS 服务器接口	ISCS 系统	—	一键开关站监测终端	—
二、ISCS 系统接口					
1	接入 ISCS 系统的子系统(BAS、PA、PIS、AFC、PSD)	ISCS 专业	ISCS 系统交换机或 FEP(前端处理器)至接入系统设备接线端子侧(不含端子)以外的线缆及设备维护与管理	接入系统(BAS、PA、PIS、AFC、PSD)	接入系统设备接线端子侧(含端子)的设备维护与管理
2	IBP 盘	ISCS 专业	IBP 接线端子(含)至盘面线缆的维护	硬线接入 IBP 盘的系统设备	IBP 接线端子(不含接线端子)至接入 IBP 盘的系统设备及线缆维护
三、BAS 系统接口					
1	环控系统	BAS 专业	环控柜端子(不含端子)以外的线缆及设备维修与管理	环控通风	负责管控柜端子及末端风机风阀执行器及本体(含接线端子)的维修与管理

续上表

序号	项目	接口关系			
		负责专业1	内容	负责专业2	内容
2	智能照明、智能导向、广告照明	BAS专业	至智能照明、智能导向、广告照明接线端子(不含端子)外侧的线缆及设备维护	智能照明、智能导向、广告照明	智能照明、智能导向、广告照明接线端子侧(含端子)的设备维护与管理
3	电梯及自动扶梯	BAS专业	至电梯及自动扶梯控制箱接线端子(不含端子)以外的线缆及设备维修与管理	电扶梯专业	负责电梯及自动扶梯控制箱接线端子侧(含端子)的设备维护与管理

三、智慧车站一键开关站系统功能

1. 一键开站功能

(1)开站条件检测:检测各系统设备是否进入正常工作模式,唤醒AFC、PIS设备,检查各系统报警情况(重要设备),检测智能边门状态,提醒边门未关闭信息,进行站台门系统工作状态自动检测,判断IBP、PSL状态是否处于禁止状态。

(2)播放开站广播,提醒出口和自动扶梯人员远离设备;联动开站PIS显示,提醒站内人员远离设备。

一键开关站实操视频

(3)检查并开启车站照明,由场景节能模式转入正常照明,开启广告灯箱一类导向,开启飞顶灯,系统自检区间照明和区间疏散指示灯状态是否正常;远程开启车站其他装饰类或商业电器,如LED屏、广告屏、各类艺术墙背景灯和商业设施用电。

(4)检查并开启车站运营正常环控模式。

(5)CCTV联动自动扶梯画面,确认无人后自动开启。多画面多组扶梯为一组,依照扶梯编号顺序显示扶梯监视画面,车站工作人员视频监控确认每组扶梯状态安全后,人工远程开启该组扶梯,并设置较长时间的变频运行过程。扶梯显示故障信息时不启动故障电梯。

(6)CCTV联动出入口画面,确认无人后自动开启卷帘。

2. 一键关站功能

(1)CCTV轮巡车站各区域,确定车站无乘客后,播放关站广播,提醒出口和自动扶梯人员远离设备;联动关站PIS显示,提醒站内人员远离设备。

(2)CCTV轮巡出入口画面,关闭防盗卷帘门。

(3)公共区照明切换至1/4模式、关闭广告灯箱照明、关闭飞顶灯;远程关闭车站其他装饰或商业电器,如LED屏、广告屏、各类艺术墙背景灯和商业设施用电。

(4)大系统模式切换至停运模式。

(5)休眠非运营期不需投用设备,如 AFC、PIS;释放边门门禁。

(6)CCTV 轮巡扶梯,确认无人后关闭扶梯。

四、智慧车站一键开关站系统预期效果

一键开关站系统的统一调度和程序控制,可以根据车站具体情况及设备动作标准,快速准确地完成车站开关的相关流程和设备动作确认。站务人员能在车控室操作和确认,快速准确地完成车站开关站前置条件检查和设备启停,减少了车站工作人员现场开关设备的时间,提高了效率。

(1)安全方面,一键开关站能执行车站关站后及运营前功能,对乘客安全乘车无影响。电扶梯在线监测,不降低电扶梯的安全性。视频分析功能单独设置一台视频分析服务器,对安全无影响。

(2)稳定性方面,一键开关站是综合监控系统新增的子功能,在开关站执行过程中可选择需执行的功能且执行过程中可选择中断,对综合监控系统功能无影响。

(3)效率性方面,对全站机电设备集中监控,提升车站集中管理和客运组织的协调效率。实现全站扶梯、出入口防盗卷帘门远程启停,AFC、环控系统、PA/PIS、智能照明、站台门系统工作状态的自动检测和一键开关功能,大大提升车站开关站效率。如对扶梯设备进行补强后,能在故障发生时,自动获取故障信息,并将故障信息推送给管理及维保人员,实现现场情况远程掌控,可视情况安排支援人员,大大提高设备恢复的效率,同时可初步估计故障恢复时间。视频分析功能可实现扶梯乘客异常行为分析,为车站安全运营提供可靠保障。

五、智慧车站一键开关站系统故障应急处置措施

针对一键开关站系统故障,无法实现系统自动开关站功能的情况时,当班人员需按照以下流程进行检测分析。

(1)故障判断

通过现场检查防盗卷帘、PA、PIS、环控系统、车站照明、电扶梯等末端设备是否按照预定程序执行开站、关站流程,判断故障点位置。若全部末端设备无法执行开关站程序,则故障点在智慧车站与 ISCS 接口处;若部分设备无法执行开关站程序,则故障点在 ISCS 及其子系统处。

(2)应急处置

首先断开智慧车站一键开关站系统与 ISCS 服务器接口(必要时可手动断开接线),其次通过综合监控工作站依次执行开站、关站程序,若末端设备仍无法按照预设程序动作,则车站人员根据“传统开关站操作流程”对末端设备进行现场操控。

(3)后续措施

按照智慧车站系统维修手册,依次对一键开关站系统监测终端、应用服务器、接口服务器、ISCS 服务器重启,检查系统网络通信状态,检查末端设备通信状态。

课堂交流

请通过列表对比智慧车站一键开关站和传统开关站的区别。

任务实施及评价

一键开关站应用及故障应急处置

学院		专业	
姓名		学号	
小组成员		组长姓名	

一、工作任务场景

分别以综合监控系统检修工和地铁车站值班站长的身份进入智慧车站一键开关站系统工作环境,按照实际生产需求,开展地铁车站检查、一键开关站日常操作及应急处置工作。

二、前置知识

1. 简述地铁车站传统开关站的操作流程。

2. 简述综合监控系统与一键开关站之间的关系。

3. 简述一键开关站相对于传统开关站操作上的优势。

三、任务实施

任务实施内容
1　开站检测
1.1　在设置的开站时间段内能够正常进入开站功能操作界面
1.2　对各系统正常工作模式进行判断
1.3　AFC、PIS 设备是否成功唤醒
1.4　通过综合监控系统检查各系统报警情况(重要设备)
1.5　成功调出综合监控门禁页面;能够识别智能边门状态,检查是否有边门未关闭信息提示
1.6　站台门系统工作状态自动检测
1.7　判断 IBP、PSL 状态是否处于禁止状态
2　开始进行一键开站操作
2.1　播放开站广播,操作广播监听判断开站广播是否正常播放,内容应为“提醒出口和自动扶梯人员远离设备”
2.2　通过 CCTV 检查,联动开站的 PIS 显示,提醒站内人员远离设备
2.3　检查自动开启的车站照明,由场景节能模式转入正常照明
2.4　判断是否开启广告灯箱一类导向,飞顶灯开启
2.5　查看系统自检区间照明和区间疏散指示灯状态是否正常

续上表

任务实施内容
2.6　查看是否远程开启车站其他装饰类或商业电器，如 LED 屏、广告屏、各类艺术墙背景灯和商业设施用电
2.7　检查并开启车站运营正常环控模式
2.8　CCTV 联动自动扶梯画面，确认无人后自动开启，确认开启状态；多画面多组扶梯为一组，依照扶梯编号顺序显示扶梯监视画面，车站工作人员视频监控确认每组扶梯状态安全后，人工远程开启该组扶梯，并设置较长时间的变频运行过程。扶梯显示故障信息时不启动故障梯
2.9　CCTV 联动出入口画面，确认无人后自动开启卷帘
3　关站检查
3.1　在设置的关站时间段内能正常进入一键关站操作界面
3.2　CCTV 轮巡功能正常，可进行轮巡功能操作
3.3　检测各系统设备是否是正常工作模式
4　开始进行一键关站操作
4.1　播放关站广播，操作广播监听判断开站广播是否正常播放，内容应为“提醒出口和自动扶梯人员远离设备”
4.2　检查是否联动 PIS 显示关站，提醒站内人员远离设备
4.3　CCTV 轮巡出入口画面，无人时关闭防盗卷帘门
4.4　检查公共区照明正常切换至 1/4 模式、关闭广告灯箱照明、关闭飞顶灯
4.5　检查是否远程关闭车站其他装饰或商业电器，如 LED 屏、广告屏、各类艺术墙背景灯和商业设施用电
4.6　确认大系统模式切换至停运模式
4.7　确认非运营期不需投用设备休眠状态，如 AFC、PIS；释放边门门禁
4.8　CCTV 轮巡扶梯，确认无人后关闭扶梯
5　故障的判断
5.1　单个末端系统设备故障的判断：现场检查防盗卷帘、PA、PIS、环控系统、车站照明、电扶梯等末端设备是否按照预定程序执行开关站流程，判断故障点位置，准确描述故障设备位置
5.2　下发开关站命令执行失败或无法执行：全部末端设备无法执行开关站程序，判断故障点在智慧车站与 ISCS 接口处或在 ISCS
5.3　部分设备无法执行开关站程序：判断故障点在 ISCS 及其子系统处
5.4　通知机电调度，准确描述现场情况和对故障的初步判断
6　故障的应急操作
6.1　操作断开智慧车站一键开关站系统与 ISCS 服务器接口，必要时通过断开线路连接
6.2　通过车控室综合监控工作站依次执行开站、关站程序
6.3　若末端设备仍无法按照预设程序动作，则车站人员根据“传统开关站操作流程”对末端设备进行现场操控
7　后续处置
7.1　按照智慧车站系统维修手册，依次对一键开关站系统监测终端、应用服务器、接口服务器、ISCS 服务器重启，检查系统网络通信状态，检查末端设备通信状态

续上表

四、评价反馈

(一)评价标准

项目	项目内容
接受工作任务	明确工作任务,理解任务在企业工作中的重要程度
前置知识	本次实训前需要掌握的知识程度
能力评价	一键开关站系统操作
	开关站设备动作状态确认
	一键开关站故障应急处置
	故障处置后续措施
素养评价	工作计划性强,安排得当
	团队合作能力强,善于沟通合作
	自主学习能力强,勇于克服困难
	严谨认真,积极参与课堂
	演示文稿制作精美,汇报演讲能力强
评价反馈	自我评价:能对自身表现情况进行客观评价,能在任务实施过程中发现自身问题
	小组互评:客观、公正,能指出其他组的问题

(二)自我评价

请根据在课堂中的实际表现进行自我评价和自我反思。

序号	评价标准	
1	接受工作任务	☆ ☆ ☆ ☆ ☆
2	前置知识	☆ ☆ ☆ ☆ ☆
3	能力评价	☆ ☆ ☆ ☆ ☆
4	素养评价	☆ ☆ ☆ ☆ ☆

自我反思:

续上表

（三）小组互评

请小组之间根据在课堂中的实际表现进行小组互评。

序号	评价标准	
1	接受工作任务	☆ ☆ ☆ ☆ ☆
2	前置知识	☆ ☆ ☆ ☆ ☆
3	能力评价	☆ ☆ ☆ ☆ ☆
4	素养评价	☆ ☆ ☆ ☆ ☆

（四）教师评价

项目	项目内容	分值	得分
接受工作任务	明确工作任务，理解任务在企业工作中的重要程度	5	
前置知识	本次实训前需要掌握的知识程度	5	
能力评价	一键开关站系统操作	10	
	开关站设备动作状态确认	10	
	一键开关站故障应急处置	10	
	故障处置后续措施	10	
素养评价	工作计划性强，安排得当	5	
	团队合作能力强，善于沟通合作	5	
	自主学习能力强，勇于克服困难	10	
	严谨认真，积极参与课堂	10	
	演示文稿制作精美，汇报演讲能力强	10	
评价反馈	自我评价：能对自身表现情况进行客观评价，能在任务实施过程中发现自身问题	5	
	小组互评：客观、公正，能指出其他组的问题	5	
得分（满分100）			

视野拓展

四两拨千斤

“四两拨千斤”之说最早见于王宗岳《太极拳论》一文，原文意指太极拳技击术是一种含高度功力技巧，不以拙力胜人的功夫。一键式开关有异曲同工之妙。

成都地铁17号线所有车站升级设置了“一键开关站功能”。该功能在既有线“一键开关站”功能的基础之上，优化了开关站的联动项目和流程，将原来需要人工前往现场开启或关闭的电扶梯及车站卷帘门联动至一键开关站的全流程，同时升级了自动售票系统、门禁设备自检功能和人机操作界面。

工作人员只需在综合监控工作站操作一键开站或关站控制指令，便可开启或关闭车站环控系统、照明、导向、电扶梯、卷帘门等设备，实现了远程化、智能化的车站运作新尝试，续航智慧运维新模式。

成都地铁17号线一键开关站

任务六 换乘车站融合系统运行与维护

学习目标

1. 区分智慧车站换乘融合与传统换乘站之间的差异。
2. 掌握智慧车站换乘融合架构及功能。
3. 智慧车站换乘融合设备出现异常情况时，能判断故障，并具有应急处置的能力。
4. 具有统筹协调的能力。

任务导入

某城市轨道交通新建线路因建设需要，对先期建成的 1 号线车站部分进行了换乘改造，实现了该换乘车站的智慧化融合（图 2-51）。 具体为，将原 1 号线车站部分的车控室监控功能集成至新建车控室中，设置车站值班员 1 名，其他岗位人员相应减少，做到了“减人不减服务”。例如，在完成改造后的第一个“五一”长假前最后一个工作日下班高峰期，1 号线站厅发生大客流现象，值班员立即在新线车控室启用人工广播，对客流管制信息进行全站通报，车站客流在广播通报下有序移动，有效避免了客流积压等异常情况的发生。

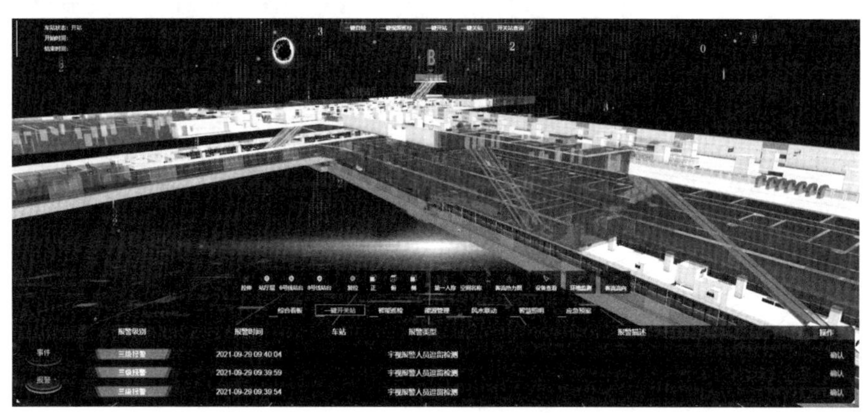

图 2-51 换乘融合界面

本任务需要掌握智慧车站换乘融合工作原理和作用，能根据融合后车站的架构和接口界面等信息对设备有效使用和维保，全面提高站务人员对全站状态感知，更有效指导设备的运维管理。

知识课堂

一、传统换乘站现状

传统换乘车站是以线路为单位，按规划建设线路分期分线独立建设。特别是综合监控系统不同集成商的组态软件出现在同一个换乘站中,使得客运管理部门只能按照换乘站的不同线路单位独立配置值班员。换乘站综合监控系统现状见表2-8。两线换乘站至少两个班组同时上岗,管理各自线路部分的业务,且两组人员不经过培训无法直接上岗,使得车站出勤人员较多,工作效率还有很大的提升空间。此外,多线路换乘的车站还要按比例增加人员。

换乘站综合监控系统现状　　表2-8

序号	车站数量	换乘方式	综合监控系统
1	两线车站	站厅换乘	综合监控、FAS、BAS设备分线设置(两线共用设备由先建线监控),但有两线互联互通火灾信息的接口
2	两线车站	垂直换乘	综合监控、FAS、BAS设备分线设置(两线共用设备由先建线监控),但有两线互联互通火灾信息的接口
3	三线车站	站厅换乘	综合监控、FAS、BAS设备分线设置(三线共用设备由先建线监控),但有三线互联互通火灾信息的接口
4	两线车站	通道换乘	综合监控、FAS、BAS设备分线设置(两线共用设备由先建线监控),但有两线互联互通火灾信息的接口
5	三线车站	通道换乘/垂直换乘	综合监控、FAS、BAS设备分线设置(三线共用设备由先建线监控),但有三线互联互通火灾信息的接口
6	两线车站	T形换乘	综合监控、FAS、BAS设备分线设置(两线共用设备由先建线监控),但有两线互联互通火灾信息的接口
7	两线车站	L形换乘	综合监控、FAS、BAS设备分线设置(共用设备由先建线监控),但有线路间互联互通火灾信息的接口

二、智慧车站换乘融合架构

智慧车站换乘融合以综合监控系统为基础搭建,而各线综合监控系统又因分期建设而独立设置,所以网络相对独立。换乘站融合可充分利用FEP(前端处理器)实现,且FEP每个网口均为独立网卡,也实现了网络的物理隔离。因线路FEP数据处理及数据接入的局限性,各线路集成商配置的FEP均不相同,功能也有所不同。为实现换乘站各线路监控系统的全部数据互通、互控功能,在换乘站每条线路增设1台接口服务器用于数据转发,同时将换乘站各线路网络打通,解决换乘站不同线路综合监控系统的通信问题。换乘站坐席值班控制室如图2-52所示。

图2-52　换乘站坐席值班控制室

智慧车站换乘融合

1. 接口界面

接口界面如图2-53所示,每台接口服务器必须配置4张独立网卡,通过设置VLAN实现网络隔离,避免线路间网络干扰。

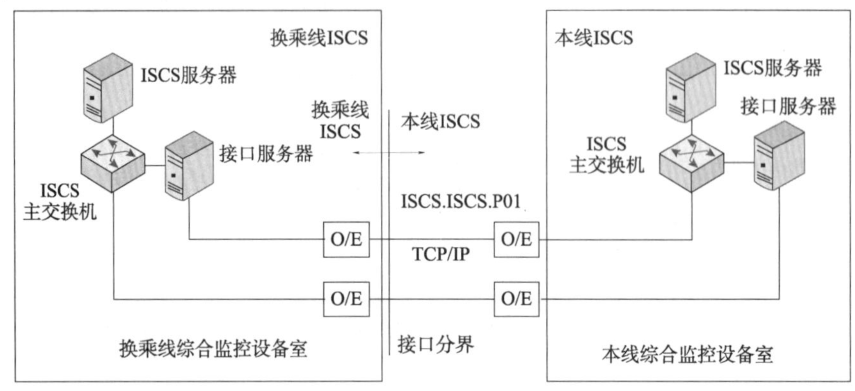

图2-53 两线换乘站接口界面

2. 物理接口

换乘站线路A(作为换乘站车控室功能整合线路)的ISCS与换乘站线路B的ISCS集成商按照以下接口要求一览表(表2-9)提供有关的接口设备。

物理接口表 表2-9

接口编号	接口类型	数量	接口位置	换乘线路AISCS集成商	换乘线路BISCS集成商
ISCS. ISCS. P01	RJ45接口	2	换乘线路A ISCS服务器柜	提供网络电缆(带编号)、光纤及光电转设备,连接至换乘线ISCS综合监控设备房接口服务器,并完成端接。按规定协议配置本侧接口服务器,实现数据转发功能	提供接口服务器、光缆终端盒的安装位置;提供为光电转换器供电的220VAC电源。按规定协议配置本侧接口服务器,实现数据转发功能并配合调试

3. 接口协议

换乘站分期分线路建设。考虑到换乘站各线路综合监控系统集成商采用的软件平台不同,换乘站ISCS互联互通接口软件通信协议原则上应采用国际标准的、通用的、开放的软件通信协议,现普遍采用基于TCP/IP的Modbus标准协议(表2-10)。

软件接口协议表 表2-10

网络及物理接口	推荐协议或标准
RJ45接口	标准Modbus TCP/IP

4. 接口功能

本线(被融合线路)与换乘线路(融合线路)综合监控系统互联,实现本线综合监控从换乘线综合监控系统获取各子系统设备状态信息(注:CCTV功能已通过子系统内互调视频资源方式实现,不在 ISCS 互联互通接口功能中实现),并在综合监控界面中显示。

当需要全站机电设备协同动作时,由本线综合监控系统转发换乘线路综合系统控制命令,指挥所属线路部分机电设备参与协同工作。换乘线综合监控从本线综合监控系统获取各子系统设备状态信息,并在综合监控界面中显示,当需要全站协同动作时,由换乘线路综合监控系统发送全站的控制指令。

5. 双向控制功能

换乘站各线路 ISCS 实现双向控制(图 2-54),采用如下方案。

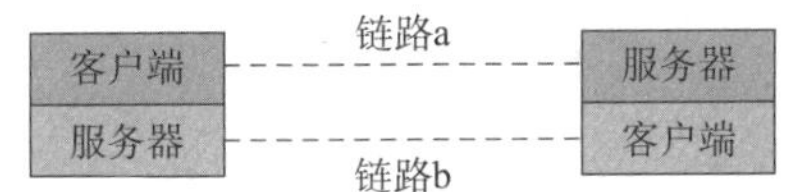

图 2-54　两线换乘站各线路 ISCS 双向控制图

(1)双方通过一个物理接口、同一 IP 建立两条独立的通信链路,互不影响。

(2)链路 a:换乘线路 A ISCS 作为客户端, 换乘线路 B ISCS 作为服务器,此时本线控制换乘线各子系统,读取换乘线 B 各子系统设备状态信息。

(3)链路 b:换乘线路 B ISCS 作为客户端, 换乘线路 A ISCS 作为服务器,此时换乘线 B ISCS 控制本线各子系统设备,读取本线各子系统设备状态信息。

(4)配置线路对换乘线路控制权限获取及下发功能,按同优先级考虑(因管理需要而设置,默认为主从控制方式)。即任一线路均可主动获取换乘线路控制权,在紧急事件处理完毕后再下发控制权限。

6. HMI 展示及报警功能

由于换乘站融合后取消至少一个班组人员,将值班人员合并,所以换乘站工作站的 HMI 界面(人机界面)功能较单线路工作站 HMI 界面复杂,是将换乘站不同线路所属全部子系统中的所有设备图标、报警信息汇集并显示,被融合线路和融合线路的子系统设备在 HMI 界面用虚线框明确区分,以便于使用人员判断。换乘站站台门部分 HMI 如图 2-55 所示。

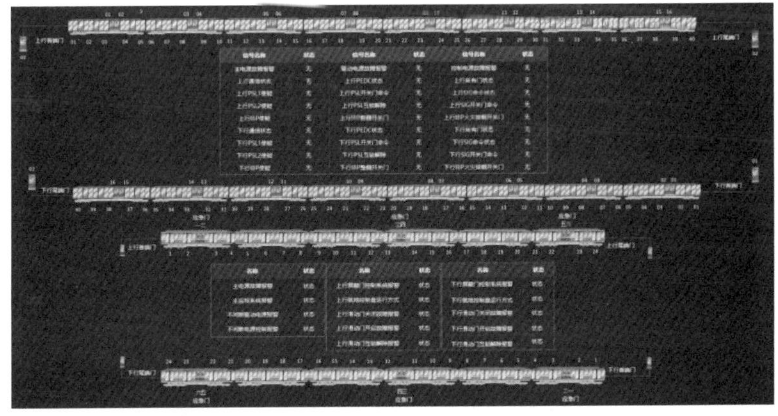

图 2-55　换乘站站台门部分 HMI

换乘站融合主要是在图形化显示和监控集中层面,报警级别划分及报警信息内容与既有线线路保持一致。通过在实时报警和历史报警中添加分线路筛选功能,实现按线路对各子系统过滤及报警信息查询。重点设备故障集中告警如图 2-56 所示。

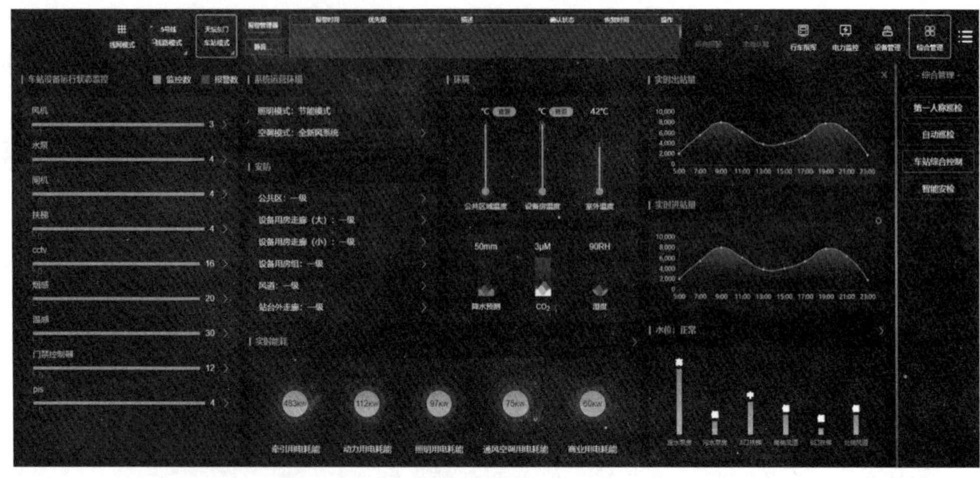

图2-56　重点设备故障集中告警

7.接口点表

为便于车站设备的故障排查和计划性维修，换乘站各线ISCS(综合监控系统)集成商按车站、子系统提供线路ISCS使用的所有点位信息，所以接口点表按照既有线方式编制，即统一为一张接口点表，不再分线路编制，便于维保人员查询和检维修。

三、智慧车站换乘融合功能

1.机电设备全面监控

实现换乘站“一个平台、统一管理”的目标。将换乘站作为一个统一的车站管理，统一配置全景巡站、一键开关站、设备故障辅助决策系统、车站用电智能计量、综合监控集中控制全站等功能，如综合监控系统对全站机电设备下发统一模式控制命令、对PIS和PA一次下发后全站统一播放等。机电设备监控界面如图2-57所示。

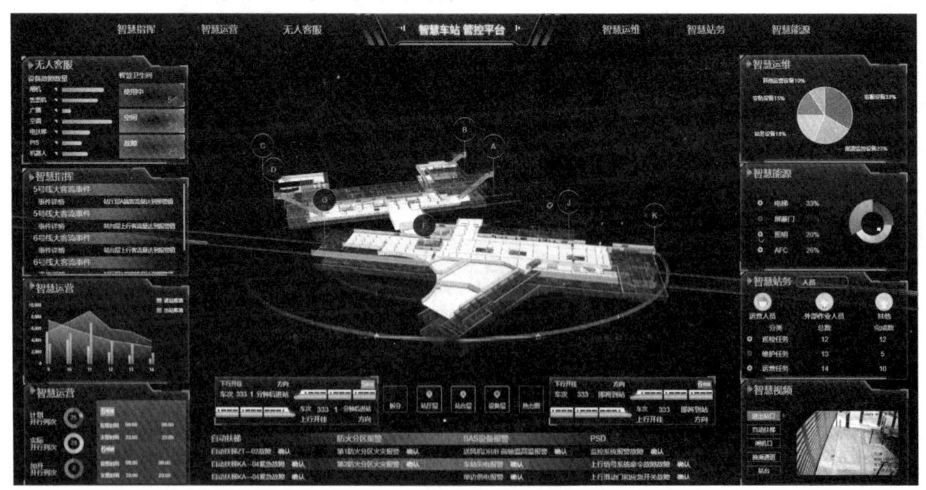

机电设备全面监控

图2-57　机电设备监控界面

2. 状态判断自动化，减少人员干扰

从客运、站务使用部门的需求汇总梳理，可分为通信与非通信（主要由综合监控系统集成或互联）两功能块部分的设备实现互通，将换乘站的全部设备分为监控、监视与不接入三类，功能需求具体见表2-11。

换乘站融合功能统计　　表2-11

序号	系统名称	功能需求	目的	备注
1	PIS	画面集中显示	具备监控功能	—
2	PA	画面集中显示	具备监控功能	—
3	CCTV	画面集中显示	具备监控功能	可CCTV互设终端
4	AFC	画面集中显示	具备监控功能	—
5	AFC IBP释放	画面集中显示	AFC全站释放	—
6	门禁	画面集中显示	具备监控功能	—
7	环控	画面集中显示	具备监控功能	—
8	给排水	画面集中显示	具备监控功能	—
9	照明	画面集中显示	具备监控功能	—
10	消防	画面集中显示	具备监视功能	—
11	站台门	画面集中显示	具备监视功能	—
12	防淹门	画面集中显示	具备监视功能	—
13	人防门	画面集中显示	具备监视功能	—
14	电扶梯	画面集中显示	具备监视功能	—
15	瓦斯探测	画面集中显示	具备监视功能	—

四、智慧车站换乘融合预期效果

智慧车站换乘融合是以“不同线路以一个车站运营”目标，将换乘站不同线路的设备作为一个站点整体的系统化设备考虑，将下位的机电、通信等专业设备纳入一个综合监控平台集中监控；经过对换乘站的多个车站控制室（尤其是线路分离的车站控制室）设备进行整合后，把站务人员操作的设备集中于一个车控室管控，一套综合监控系统HMI界面图形化显示换乘车站的全部受控机电、通信等专业设备状态，降低使用人员操作难度，加强人员的通用性，更明显地减少换乘站的人员数量。

五、智慧车站换乘融合故障应急处置措施

融合换乘站设备故障，无法实现全站设备监控系统功能时，车站人员须按照以下流程进行应急处置。

1. 故障判断

融合后的换乘站在站务使用端(放置于车控室的综合监控工作站)界面显示为一套系统,但下位设备以线路为单位分离;利用HMI界面显示的图标(或颜色)状态及报警信息初步判断。若一条线路的监控功能全部无效,则故障处于线路信息传输网络或通信网关(一般由于软件接口通信失败造成)处,应重点查询。对于单线路所辖子系统或单设备故障,使用人员根据设备所属线路向机电调度提报故障,并如实填写工单,机电调度按设备所属专业指派维保人员修复。

2. 应急处置

当全部功能无法使用时,应立即回归传统的"单线路监控"模式,及时启用单线路的备用工作站,通过查看各线路的线路级综合监控掌握设备状态,保证车站的主要设备状态监控正常,即时联系生产人员维修恢复换乘站的融合集中监控功能。

3. 后续措施

按照换乘站各接入子系统的接口分界、接口通信数据进行检查,对综合监控系统的软件进程检查或重启、网络通信状态或服务器(或FEP)重启(如出现宕机)等。

课堂交流

假如你是某车站的一名值班站长,现在新建线路13号线由于换乘改造的需要,要对换乘的11号线车站进行同步改造,以实现该换乘车站的智慧化换乘融合。作为值班站长,在"五一"长假放假前夕的下班高峰时期您将怎样做,能有效避免客流积压的情况出现。

刘小明同学作为值班站长,他提出解决方案如下:由于将原11号线车站部分的车控室监控功能集成至13号线车控室中,当11号线车站站厅发生大客流现象,车站值班员立即在13号线车控室启用人工广播,对客流管制信息进行全站通报,车站客流在广播通报下有序移动,这样可以有效避免客流积压等异常情况的发生。

请同学们讨论,这样做是否有效。

任务实施及评价

换乘车站融合应用及故障应急处置

学院		专业	
姓名		学号	
小组成员		组长姓名	

一、工作任务场景

以机电设备检修工的身份配合项目改造单位开展换乘站融合施工，按照项目方案及接口设计原则，开展融合后的换乘站机电设备调试工作。

二、前置知识

1. 简述传统地铁换乘站机电设备现状。

2. 简述地铁换乘站融合的目的。

3. 简述换乘站融合后的预期效果。

三、任务实施

任务实施内容
1　系统功能检测
1.1　使用账号和密码登录系统，并根据生产需要调出要求的功能操作界面
1.2　根据 HMI 显示，对换乘站内部监控网络状态进行判断
1.3　通过集中告警/专项巡查等检查重要设备状态
2　重点设备故障集中告警操作
2.1　根据重点设备故障集中告警中的设备名称知晓设备的维保专业
2.2　在工作站调取重点设备故障集中告警页面，根据颜色显示，判断对应设备状态
2.3　根据显示异常的报警，快捷操作查看报警设备的详细信息
2.4　根据报警信息即时通知对应线路的机电调度人员处置
3　各功能子系统页面查看
3.1　顺利操作查看换乘站全部的子系统，如 FAS/BAS/ACS/PSD 等页面
3.2　根据预设要求进行对应操作，如启动指定线路的水泵、选定区域的 PA 播放、指定区域的 CCTV 等
3.3　根据 ISCS 报警信息快捷进入设备所在子系统页面

续上表

任务实施内容
4　故障处置及设备巡查
4.1　熟悉换乘站维保界面的线路划分
4.2　出现故障时,查看设备属性信息,特别是归属线路信息等
4.3　出现紧急情况时,按照信息推送要求,规范及时推送信息
5　应急情况处置
5.1　熟悉机电专业常出现的应急事件和影响范围,知晓初期处置方案和要立即监控的设备
5.2　向维保人员正确完整表达故障信息,判断设备所属线路、故障信息等级,并根据等级要求推送至信息群
5.3　熟悉换乘站内重要设备的位置和就地操作方式方法,当控制命令下发失败时,立即组织现场操作
6　故障的应急操作
6.1　当出现换乘站监控系统对下位设备监控失败时,应立即回归传统的"线路监控"模式,保证正常的生产工作有序进行
6.2　若某子系统功能无法正常使用时,则通过综合监控工作站显示状态进行预判,然后上报所属线路故障,正确填写工单等
7　后续处置
7.1　按照换乘站各接入子系统的接口分界和数据进行检查,对综合监控系统的软件进程检查、网络通信状态或服务器(或FEP、网关)重启等

四、评价反馈

(一)评价标准

项目	项目内容
接受工作任务	明确工作任务,理解任务在企业工作中的重要程度
前置知识	本次实训前需要掌握的知识程度
能力评价	换乘站融合的内容
	换乘站融合的目的
	智能导乘屏故障应急处置
	换乘站融合后的差异
素养评价	工作计划性强,安排得当
	团队合作能力强,善于沟通合作
	自主学习能力强,勇于克服困难
	严谨认真,积极参与课堂
	演示文稿制作精美,汇报演讲能力强
评价反馈	自我评价:能对自身表现情况进行客观评价,能在任务实施过程中发现自身问题
	小组互评:客观、公正,能指出其他组的问题

续上表

（二）自我评价

请根据在课堂中的实际表现进行自我评价和自我反思。

序号	评价标准	
1	接受工作任务	☆ ☆ ☆ ☆ ☆
2	前置知识	☆ ☆ ☆ ☆ ☆
3	能力评价	☆ ☆ ☆ ☆ ☆
4	素养评价	☆ ☆ ☆ ☆ ☆
自我反思：		

（三）小组互评

请小组之间根据在课堂中的实际表现进行小组互评。

序号	评价标准	
1	接受工作任务	☆ ☆ ☆ ☆ ☆
2	前置知识	☆ ☆ ☆ ☆ ☆
3	能力评价	☆ ☆ ☆ ☆ ☆
4	素养评价	☆ ☆ ☆ ☆ ☆

（四）教师评价

项目	项目内容	分值	得分
接受工作任务	明确工作任务，理解任务在企业工作中的重要程度	5	
前置知识	本次实训前需要掌握的知识程度	5	
能力评价	换乘站融合的内容	10	
	换乘站融合的目的	10	
	智能导乘屏故障应急处置	10	
	换乘站融合后的差异	10	
素养评价	工作计划性强，安排得当	5	
	团队合作能力强，善于沟通合作	5	
	自主学习能力强，勇于克服困难	10	
	严谨认真，积极参与课堂	10	
	演示文稿制作精美，汇报演讲能力强	10	
评价反馈	自我评价：能对自身表现情况进行客观评价，能在任务实施过程中发现自身问题	5	
	小组互评：客观、公正，能指出其他组的问题	5	
得分（满分100）			

任务七 城市轨道交通全景巡站系统运行与维护

学习目标

1. 能区分全景巡站系统与传统巡站系统的差异。
2. 掌握全景巡站系统业务需求及功能。
3. 当全景巡站系统出现异常情况时,能判断故障,并具有应急处置的能力。
4. 始终将安全放在首位,严格遵守安全操作规程,确保人员和设备的安全。

任务导入

某城市连接市内主要旅游景点的城市轨道交通线路,引入并全面使用全景巡站系统。在端午小长假各站陆续启动大客流预案运行的关键时期,车站人员在全景巡站系统工作站的报警提示下,及时发现某站站台A端一台电扶梯自动停梯,且发生客流拥挤,此时站台岗在站台B端,车站值班员立即通知附近的电扶梯维保人员赶赴处置,并及时调配车站各岗位人员加强对站台客流引导,有效避免因设备故障引发大客流拥挤现象。

本任务需要掌握全景巡站系统监控内容、异常状态预判报警后应急处置等,通过全景巡站系统的多重现场信息先期感知、多类信息综合分析与处理,全面提升车站人员对车站运行状态的全面掌控能力。

知识课堂

一、传统巡站工作

传统巡站是指车站人员根据岗位工作制度要求,定时、定点对特定区域环境或设备状态目视检查。简言之,巡检人员在拟定的巡检时间和巡检路线开展目视巡检工作,并手动填写表格信息。其缺点是,通过表征发现异常并做出正确判断,要求巡检人员具有较高的业务技能水平,特别是个人经验占较大成分;巡检期间监督人员对现场人员动态无法掌控。当发现异常时,只能依靠现场人员描述进行二次判断,人员的经验也占较大成分。

车站作为多专业、多设备的复杂集合体,加之处于特殊环境中,巡检时要多项工作并行,如在车站巡视时,需要观察售票机前人员排队情况、出入口处人员密集程度、防火卷帘下方是否有杂物等,巡视任务繁杂且效率不高。如出现大客流,巡视人员既要引导乘客有序乘车,保障客运服务质量,还要按时按点完成巡视工作,两者很难有效兼顾,对现场情况无法做到全面实时掌握。表2-12为巡站工作内容。

巡站工作内容 表 2-12

巡视范围	对车站站厅、站台、出入口、票务中心(客服中心)、设备区通道、管理用房等车站属地管理区域巡视,巡视周期不超过2小时
巡视内容	消防设备设施的状态,检查消火栓、灭火器箱上的封条是否完好;对于封条损坏的箱体,检查内部设备设施是否齐全
	电扶梯运行状态,包括扶梯有无异响,梯级上有无异物等
	帮助乘客,特别注意帮助老、弱、病和有困难的伤残乘客,回答乘客询问,给予乘客正确指引
	留意乘客携带的物品,发现携带违禁物品("三品",超长、超重物品等)的乘客,要及时劝其改乘其他交通工具,并对乘客耐心解释
	留意是否有精神异常、酗酒的乘客,禁止其进站乘车,及时向车控室汇报,必要时请求警务人员或其他同事协助,并注意自我保护
	留意是否有故意损坏或盗窃车站设备设施的行为,发现后及时制止,留下肇事人
	巡视各种设备设施、告示、贴纸、宣传栏等状态,发现问题及时报车控室
	留意地面卫生,通知保洁人员及时清理水渍、杂物等,设置警示牌,防止乘客摔倒

二、全景巡站系统业务需求

全景巡站系统利用车站安装的各类高清摄像头,使车站范围内视频覆盖无死角,进行全站视频信息汇集处理,改变了传统的"现场巡视 + 个人经验"的巡站方式。该系统的主要职能包括日常巡视、安全监控与异常预判三大方面。某地铁车站全景巡站系统架构如图 2-58 所示。

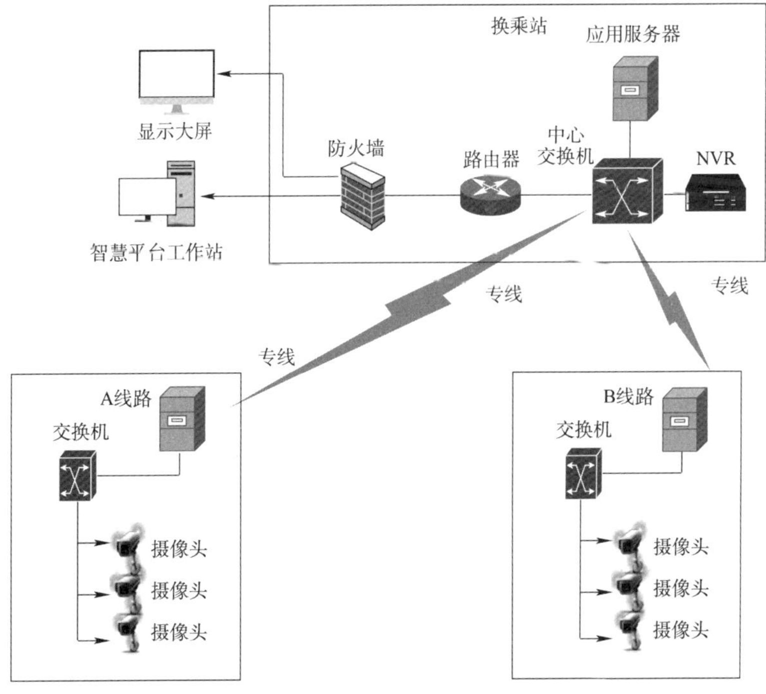

图 2-58 车站全景巡站系统架构

1. 视频替代人工巡视

全景巡站系统利用车站视频监控系统（CCTV）监控功能，针对巡站内容和范围组合分配后生成不同的应用场景，各场景对应配置路线（即根据需要将不同位置摄像头与视频图像组合），做到可视化远程巡站，结合声、光、电等提示方式，达到代替人工目视巡站，降低巡站工作对经验的要求。

例如，大客流时若某出入口出现偶发性客流密集现象，如此时离下次巡站时间点的间隔较长，无疑会延缓该异常情况的发现时机，进而导致单个出入口乘客排队时间长，容易引发客服投诉、不安全事件等，而视频巡站则只需调看该区域的摄像头获取实时视频即可。

2. 全站状态精准监控

全景巡站系统利用大数据处理和人工智能技术，根据预设筛选条件对获取的视频图像进行处理，自动判断发现异常并以直观、突出方式向使用人员展示。全景巡站系统代替了传统的“现场目视检查＋视频人工判断”方式，消除了车站CCTV、机电设备分属于不同专业的管理，消除了车站人员需要花费大量精力去现场查看、视频调取等弊端，减少了遗漏重要信息的可能。全景巡站流程如图2-59所示。

图2-59　全景巡站流程

3. 日常业务自动化办理

全景巡站系统与其他信息系统融合将提升自动化效果。利用GIS、BIM等技术，将车站实景虚化后向使用人员提供更直观、更清晰的信息展示，减少现场无关的环境因素干扰；自动进行报表和记录制作等，省去重复性工作以节省使用人员精力，避免人为差错，达到减员增效的效果。

三、全景巡站系统功能

1. 车站三维总览

全景巡站系统以车站BIM模型进行三维建模，将空间位置信息、重要设备信息及工况信息内置，结合运营权限实现不同岗位人员对车站场景的差异化展示，便于根据名称、属性等关键词快速搜索定位到所需要的空间和设备。将车站直观显示在使用者眼前，实现人员对车站的全景总览，如图2-60、图2-61所示。

全景巡站系统

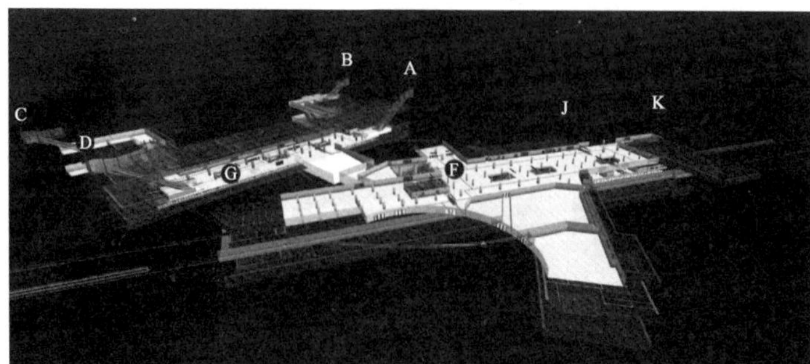

图2-60　车站三维模型

车站三维场景总览

图 2-61 设备空间分布

2. 巡检路线配置

通过对摄像头进行整体规划并形成预设巡检路线(图 2-62),对自动售票机、闸机、自动扶梯、站台门等现场情况远程巡视,掌握自动售票机、人工票亭、站台门处人员排队情况及出入口人员滞留情况,了解自动扶梯、闸机等设备运行情况,并结合图文方式进行直观显示。通过在平台中根据需要建立巡检任务,可以按照预定路线、时间,对车站手动操作一键视频巡检和无人值守的视频自动巡检。主要功能概括如下:自定义巡检路线并配置摄像头,实现分层、分区域进行巡检;设置待显示的设备状态信息,结合场景漫游以弹窗方式显示现场视频;自定义巡检速度并以第一人称视角,按照路线进行巡检,巡检过程中视线范围内的设备将以弹窗方式显示其状态信息。

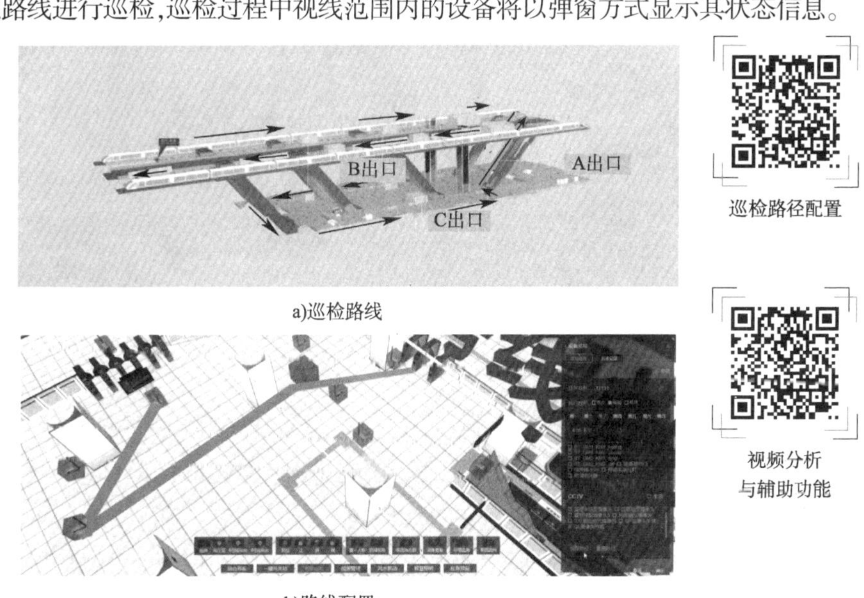

a)巡检路线

b)路线配置

图 2-62 巡检路线示意与路线配置

3. 视频分析与辅助功能

利用图像判断与视频分析功能(图 3-63、图 3-64),对 CCTV 视频数据进行实时分析和监视,如摔倒、扶梯逆行、异常侵入、站台门过线、卷帘门附近人员停靠、遗留物、积水、奔跑、隔栏递物、吸烟等。在异常时产生告警弹窗突出显示,并自动截取推送发生区域视频,保存异常发生区域的视频/图片证据,预防恶性事件发生,辅助运营管理并第一时间通知监测人员关注该视频信息。

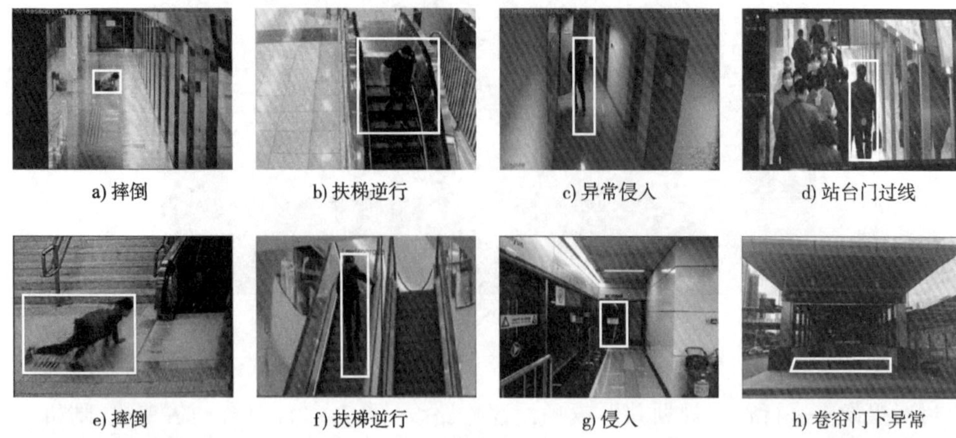

a) 摔倒　b) 扶梯逆行　c) 异常侵入　d) 站台门过线

e) 摔倒　f) 扶梯逆行　g) 侵入　h) 卷帘门下异常

图2-63　判断图像

图2-64　视频分析

4. 客流状态感知及提示

在车站CCTV视频采集数据的基础上,结合智慧AFC系统的数据佐证,利用大数据分析得出客流数据,绘制车站客流分布热力图,用不同颜色与图形标记进行区分,动态展示目前在公共区分布的客流状态、客流人员密度,如图2-65所示。该功能自动联动或手动操作信息发布、语音广播系统提醒乘客,并提供客流疏散预案推荐、车站人员调度推荐。

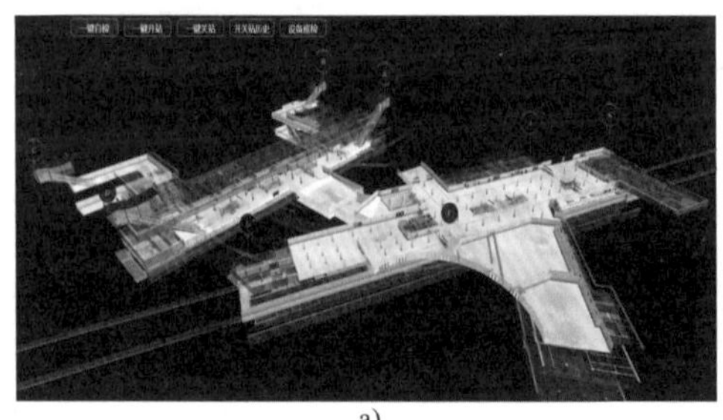

a)

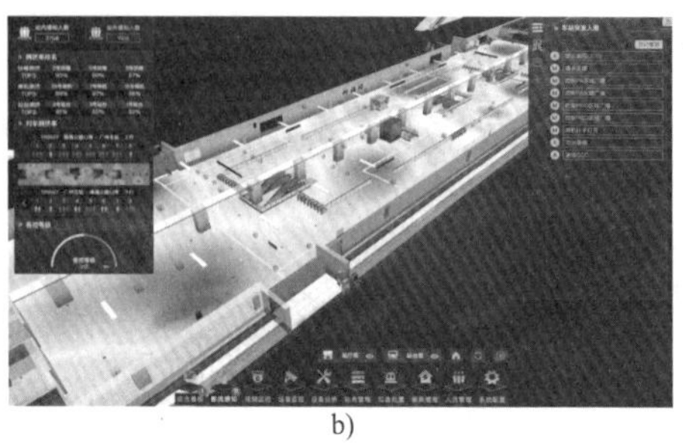

b)

图2-65　车站客流热力图

5. 车站三维定位功能

车站三维定位

全景巡站系统车站三维定位功能主要分为上岗人员定位与车站设备定位两部分，其中车站设备的精确定位为主动搜索定位功能。使用者输入名称、关键字等信息，系统搜索设备所在区域视频并显示，如图 2-66 所示。

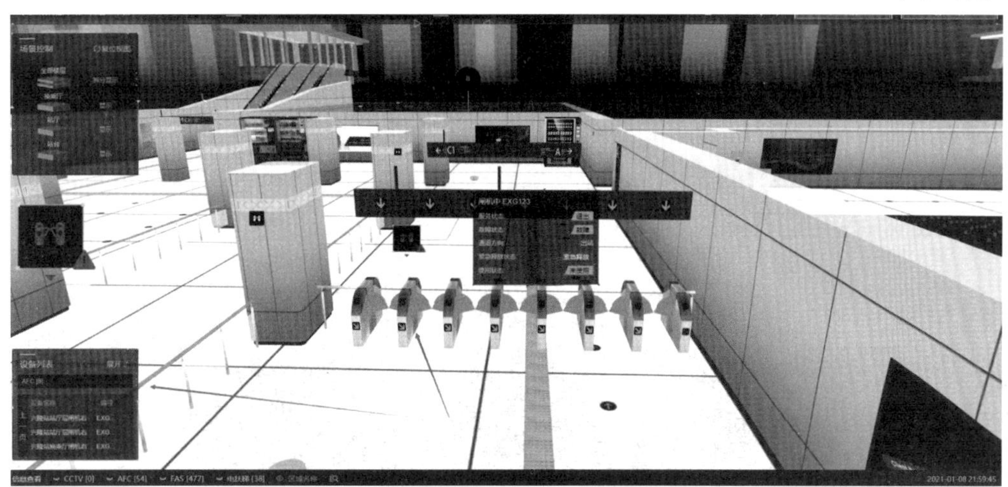

图 2-66　主动搜索定位

报警定位一键直达功能是指当影响运营、行车安全的设备发生故障并声光告警时，利用告警信息进行一键查询，自动定位故障设备位置，并同步调用故障设备处的监控摄像头，便于使用者查看现场情况。被动报警定位如图 2-67 所示。

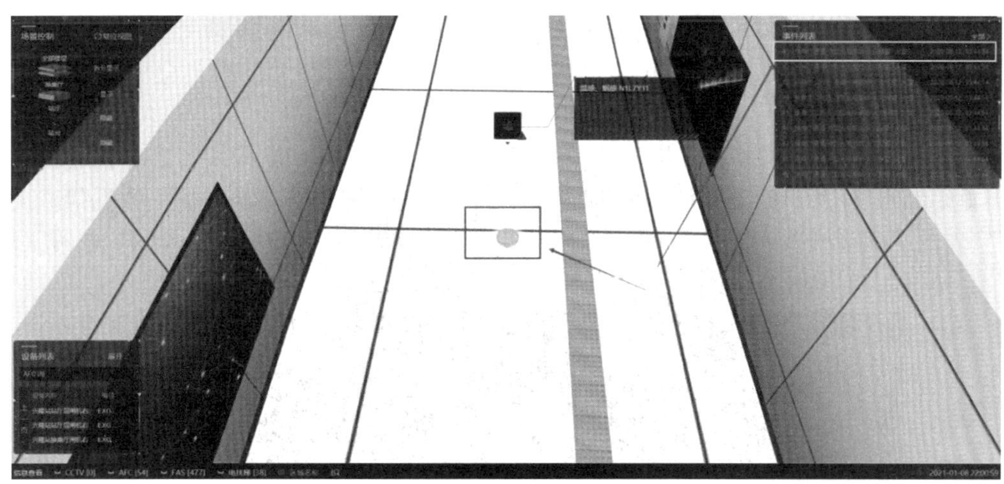

图 2-67　被动报警定位

上岗人员精确定位是利用在车站固定位置预置传感器与车站各岗位上岗人员穿戴的无线设备，结合车站全景三维场景实时显示上岗人员在车站的具体位置，以利于车站管理人员对上岗人员的实时管控，以及异常情况下人员就近调度等。人员定位系统架构如图 2-68 所示。上岗人员定位如图 2-69 所示。

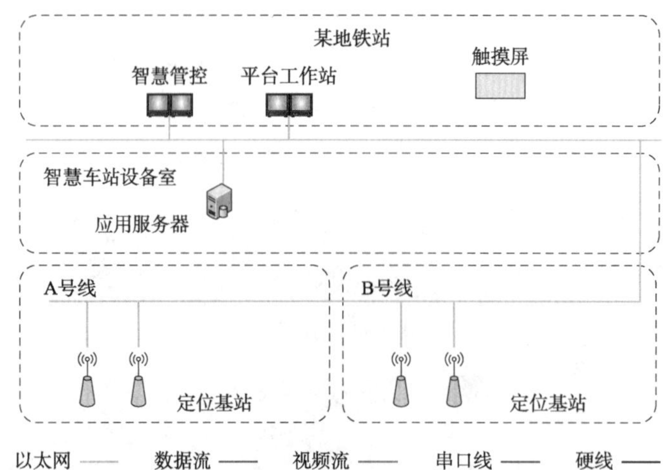

图 2-68　人员定位系统架构

图 2-69　上岗人员定位

6. 自动化辅助功能

自动化辅助功能即巡检报表电子化,自动生成巡检任务名称、巡检人员姓名信息、巡检时间(开始至结束,年月日时分秒)、设备状态及数据信息,自动上传或导出相关数据等。此外,还可实现电子交接班事项的跟踪,对车站内部/委外人员进行排班布岗,展示当日、当月工班岗位情况,如图 2-70 所示。

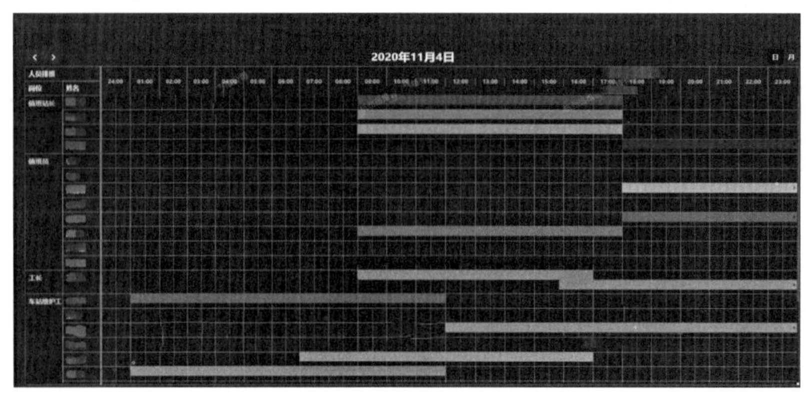

图 2-70　电子化排班

四、全景巡站系统预期效果

全景巡站系统主要是在车站 CCTV 数据分析基础上,将报警设备与具体位置以 3D 形式融合展示,辅以标记加声音提示、立体方式显示,便于使用者快速定位查找,减轻使用人员的判断、查找与分析压力。

(1)方便直观展示车站信息

车站人员及设备在三维模型下展示空间位置信息、工况信息,立体展现车站结构、机电系统设备,方便车站人员全面掌握站内环境变化、系统设备工作状态。

(2)直观显示客流信息

综合运用视频分析、智慧 AFC 系统数据,实时反映站内区域的乘客密度变化,可以实时掌控车站情况,合理配置资源,提高客运组织效率,保障运营安全,提升服务水平。

(3)巡检过程可视化

通过自定义设备巡检路线,对车站区域环境与设备远程进行可视化巡检,避免了人员巡检的弊端,提升了车站环境或设备巡检质量,实现从结果管控转换为过程实时管控。

五、全景巡站系统故障应急处置措施

全景巡站系统出现故障而无法实现系统功能时,当班人员按照以下流程进行应急处置。

1. 故障判断

全景巡站系统主要依据 CCTV 与综合监控系统数据,除本系统硬件故障外,故障多产生于系统传输网络、子系统设备等。当出现故障时,可通过全景巡站系统显示界面初步判断各接入子系统的故障点位置。若全部视频图像出现问题,重点关注传输线路或视频服务器;若其他故障,则很可能是本系统的点位故障,如单个摄像头故障、单画面卡滞等。

2. 应急处置

当全景巡站系统全部功能无法使用时,应立即回归传统的“人员定时定点巡检”模式,保证车站安全巡视检查工作有序进行,并即时联系生产人员和维修资源调度。

3. 后续措施

按照全景巡站系统使用维修手册,依次检查全景巡站系统与 CCTV、综合监控等接入系统的接口数据状态,对全景巡站系统软件进程检查、网络通信状态或服务器进行重启等。

课堂交流

在国庆长假期间各站启动预案运行的关键时期,某站台重要点位的自动扶梯停梯,此时已产生客流拥挤。你作为车站人员如何能有效避免大客流,并及时推送事件处置措施信息?

任务实施及评价

城市轨道交通全景巡站系统应用及故障应急处置

学院		专业	
姓名		学号	
小组成员		组长姓名	

一、工作任务场景

某地铁站邻近展览中心,因召开大型博览会,以值班站长身份结合车站大客流应急预案,利用全景巡站系统编制新的大客流现场处置方案。

二、前置知识

1. 简述传统巡站工作内容。
2. 以值班站长身份设置巡站路线。
3. 简述车站突遇大客流处置流程。

三、任务实施

任务实施内容
1　全景巡站系统操作
1.1　熟悉车站的重要设备状态信息(面向站务人员查看的设备),异常情况的处置流程
1.2　熟练调取全景巡站的功能操作界面,通过界面显示判断系统是否处于正常工作模式
1.3　熟练进入车站三维总览界面,依据说明书配置生成车站视频巡视路线;通过自动巡站和手动巡站工作模式设置功能,将系统切换至自动巡站模式,并启动自动巡站
1.4　通过巡站模式的场景漫游,查看区域摄像机视频图像;发现显示异常报警时,回放异常区域的视频,并即时通知对应人员处置;启动手动巡站功能,调取指定区域的视频图像
1.5　利用名称、关键字等信息搜索定位设备,判断显示区域的异常情况;熟悉故障设备显示标记,操作一键定位功能;操作多个视角切换,实现不同区域摄像头快速切换
1.6　使用人员定位功能,调取查看被定位人员信息
1.7　根据视频分析与辅助功能报警,熟练切换至对应区域视频,操作视频回放,并做出准确应对措施,尤其是客伤等情况的处置
1.8　调取客流状态感知及提示页面,根据提示内容顺利启动相应处置流程,尤其是大客流、人员密集的处置
1.9　熟练使用电子化交接班功能,对交接班事项进行跟踪;对车站内部/委外人员进行排班布岗,展示当日、当月工班岗位情况
1.10　按需生成各类自动化报表、趋势图等,下载转存生成的表格、报警记录等
2　故障的判断
2.1　通过观察视频图像窗格的显示状态判断故障类型
2.2　单个摄像头故障、单画面卡滞现象,可初步判断为末端设备本体故障
2.3　全部视频图像出现问题时,重点关注传输线路或视频服务器
3　故障应急处置
3.1　单个末端设备本体故障,可以通过调取相邻区域摄像头实现视频覆盖
3.2　当全景巡站系统全部功能无法使用时,应立即回归传统的“人员定时定点巡检”模式,保证车站的安全巡视检查工作有序进行,即时联系生产人员和维修资源调度

续上表

4　故障处置后续措施
4.1　按照全景巡站系统使用维修手册，依次检查全景巡站系统与 CCTV、综合监控等接入系统的接口数据状态，检查全景巡站系统软件进程、网络通信状态，重启服务器等

四、评价反馈

（一）评价标准

项目	项目内容
接受工作任务	明确工作任务，理解任务在企业工作中的重要程度
前置知识	本次实训前需要掌握的知识程度
能力评价	全景巡站系统操作
	故障的判断
	故障应急处置
	故障处置后续措施
素养评价	工作计划性强，安排得当
	团队合作能力强，善于沟通合作
	自主学习能力强，勇于克服困难
	严谨认真，积极参与课堂
	演示文稿制作精美，汇报演讲能力强
评价反馈	自我评价：能对自身表现情况进行客观评价，能在任务实施过程中发现自身问题
	小组互评：客观、公正，能指出其他组的问题

（二）自我评价

请根据在课堂中的实际表现进行自我评价与自我反思。

序号	评价标准	
1	接受工作任务	☆ ☆ ☆ ☆ ☆
2	前置知识	☆ ☆ ☆ ☆ ☆
3	能力评价	☆ ☆ ☆ ☆ ☆
4	素养评价	☆ ☆ ☆ ☆ ☆

自我反思：

续上表

(三)小组互评

请小组之间根据在课堂中的实际表现进行小组互评。

序号	评价标准	
1	接受工作任务	☆ ☆ ☆ ☆ ☆
2	前置知识	☆ ☆ ☆ ☆ ☆
3	能力评价	☆ ☆ ☆ ☆ ☆
4	素养评价	☆ ☆ ☆ ☆ ☆

(四)教师评价

项目	项目内容	分值	得分
接受工作任务	明确工作任务,理解任务在企业工作中的重要程度	5	
前置知识	本次实训前需要掌握的知识程度	5	
能力评价	全景巡站系统操作	10	
	故障的判断	10	
	故障应急处置	10	
	故障处置后续措施	10	
素养评价	工作计划性强,安排得当	5	
	团队合作能力强,善于沟通合作	5	
	自主学习能力强,勇于克服困难	10	
	严谨认真,积极参与课堂	10	
	演示文稿制作精美,汇报演讲能力强	10	
评价反馈	自我评价:能对自身表现情况进行客观评价,能在任务实施过程中发现自身问题	5	
	小组互评:客观、公正,能指出其他组的问题	5	
得分(满分100)			

视野拓展

统筹与协同

[清]陈澹然《寤言二·迁都建藩议》:“不谋万世者,不足谋一时;不谋全局者,不足谋一域。”不从全局的角度来筹谋的人,也不能在某一领域取得成就;不从长远的利益出发,不从一生的角度去考虑问题,也不能筹划好一时之事。这句话告诫我们要立足全局,树立发展观念。

这句话一是体现了整体和部分是辩证统一的关系,二者相互依存,只有从整体去考虑问题,才能明确各部分的职能,对每个部分在各阶段进行合理分配,才能促进整体的发展;二是体现了事物总是处于不断变化发展中,只有树立长远的发展观念,才能获得最后的成功,否则荣极一时也只是昙花一现。闯王李自成就是因为在推翻明王朝之后,没有统筹全局,没有树立长远的发展观,对部下只顾自己利益而耽于享乐之事置若罔闻,才被清军坐享胜利。

同时,我们也应该认识到“不谋一域者也不足谋全局,不谋一事者亦无法谋一世”。整体与部分是不能割裂的,部分的缺失同样会影响整体的发展,脚踏实地将每一阶段的事情做好才谈得上长远的发展。

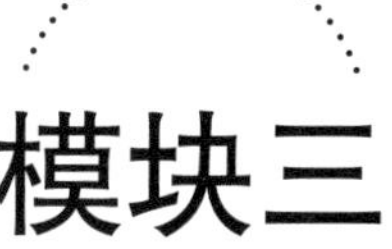

模块三

城市轨道交通智慧维保系统运行与维护

任务一 城市轨道交通智慧健康检测及全生命周期监控系统运行与维护

学习目标

1. 区分智慧健康检测及全生命周期监控系统与传统机电设备检测系统。

2. 掌握智慧健康检测及全生命周期监控系统业务需求及功能。

3. 当智慧健康检测及全生命周期监控系统出现异常情况时,能判断故障，并具有应急处置的能力。

4. 具有工程思维和精益求精的工匠精神。

任务导入

某市城市轨道交通 1 号线自建成运营以来已超过 10 年，运维期间运营企业 直为掌控设备运行状态、备件采购数量缺少整体展示手段所困扰。 例如，该线机电设备健康状态在书面描述时无准确数据支撑，备件采购完全依赖于上年度采购数量。 该线路引入智慧健康检测及全生命周期监控系统，并耗时 6 个月将开通以来的海量数据完全迁移至该系统中，同步打通公司备件物资采购、故障维护更换及大中修更换部分的数据孤岛。 在制定下年度的备件采购计划之际，刚转正定岗的机电工程师依据自动生成的健康趋势图，结合历年设备更换数量和型号，在较短时间内拟定了次年的采购数量和型号，并未因原岗位工程师离职及原设备厂家老型号停产等问题拖慢采购进程。 制定的计划有翔实的数据支撑，有效避免了各职能部门审批采购计划时大量的解释工作。

本任务需要掌握智慧健康检测及全生命周期监控系统的应用范围和作用，能对不同设备的健康状态查询调阅，通过对系统内设备信息增删改查等综合分析与判断，全面提升维保人员对设备状态的掌控，更有效地指导设备的运维管理。

知识课堂

一、传统机电设备健康检测及全生命周期监控

对设备健康检测及全生命周期监控的传统方式是建立在手动录入“台账”之上,是不同“台账”的集合体。以机电专业为例,涉及的资料有竣工图纸及设备履历、大中修材料及备件采购更换等。各环节分别由不同阶段的负责人员向档案管理部门归档造册,人为形成同设备的数据孤岛。在出现单系统性的设备停产更换时,需要多部门人员协同努力,对各孤立部分资料查阅后再进行拼接并做出判断。

虽然各机电专业设备的故障信息、派工出勤及更换件记录实现了电子化,但是各环节仍然需要人工介入,无法根据末端设备的健康信息实现自动记录、自动派工以及趋势生成、生命周期内数据统计等功能。因此,根据设备生命周期内的健康状态进行联动管控,如指导修程优化、备件仓储管理及状态管控提前介入等,就显得尤为重要。

智慧健康检测及全生命周期监控系统是“基于大数据的二次应用”,即利用专用工业软件对设备及相关子系统的静态和动态数据进行筛选、关联与组合。智慧健康检测及全生命周期监控系统通过收集各接入子系统的监控数据,采集机电设备的运行状态、故障数据,同时配合关联设备图纸、设备履历及仓储数据,实现自动派工、自动获取相关数据,掌握设备全生命周期状态。智慧健康检测及全生命周期监控系统构成如图3-1所示。

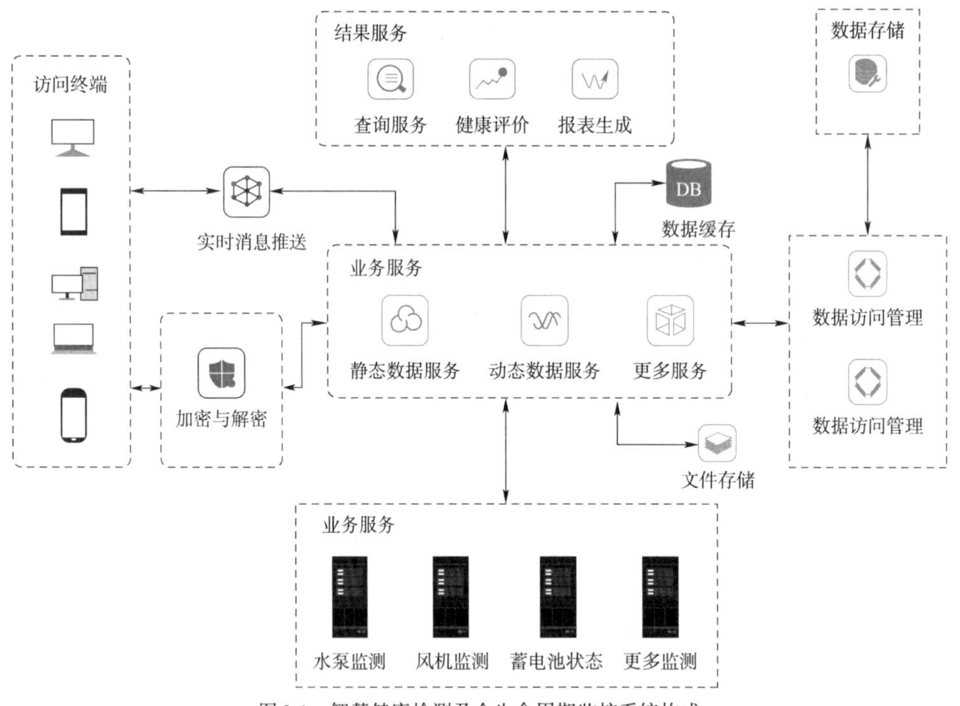

图3-1 智慧健康检测及全生命周期监控系统构成

二、智慧健康检测及全生命周期监控系统业务需求

智慧健康检测及全生命周期监控系统是将各专业设备的相关信息全面纳入监控之中。监

控周期为自系统建成投用开始,到完成运营后退出报废为止。智慧健康检测及全生命周期监控系统的业务需求如下。

1. 提升机电设备监控的全面性

智慧健康检测及全生命周期监控系统可对环控通风、低压动照、给排水、站台门等专业设备以及设备所涉及子系统软硬件的结构化和非结构化数据进行存储和归类分析。纳入监控的信息除机电设备实时运行参数状态、重要异常报警信息外,还包含该设备及子系统的视频分析资料、建设图纸、影像资料、法律、法规、标准等非结构化内容数据关联存储,突发事件记录或事件报告及相关音视频电子资料等数据的存储。目的是尽可能做到设备生命周期内数据信息全面精准,提升机电设备健康状态检测所需数据的实时性。

2. 自动化状态判断减少干扰

智慧健康检测及全生命周期监控系统能自动对机电设备上传的各标准信息进行全面判断,实现远程巡检、故障快速定位及预警,自动生成工单流转、换件联动物资采购、处置信息自动推送至各指定用户(如 OCC)。系统还能根据设备状态进行维修差异化推荐,如时间周期差异化(如夏季汛期、冬季干枯,水泵在雨季应采用增量修程,在旱季应采用减量修程)推荐,客流联动维修时间差异化(如客流大站即时修,反之则夜间修)推荐。

按照设备可靠度自动指导差异化维修,即同类设备/产品指标较好的可采用减量修程,反之则有针对性地增量调整。

上述功能均自动下发,降低了人工判断误差,规避了人员技能等因素对检修质量的影响。

3. 全系列业务自动闭环

全部机电设备自投用开始被赋予唯一编码(类似于身份证号,图 3-2),后期全部工作围绕设备的唯一编码开展,如出现故障或状态异常,将上传运营设备编码、故障信息、异常状态信息,自动判断故障等级高低,依据其结果自动触发故障修工单或状态修工单,实现故障修工单、状态修工单的自动派工或生产调度手工派工,完成派工后自动填入设备履历,同步完成仓储数据、绘制趋势图等,避免人为差错,节约设备维保成本。

资产详细信息

基本信息

唯一识别码		资产专用名称	电客车	物资编码	15000690	物资名称	电客车
型号规格	dkz68	品牌/厂家		合同号		合同名称	
计量单位	列	供应商		资产属性		资产分类	电客车
数量	1.00	原值/单价	0.00	不含税单价		含税单价	
资产来源		增加方式	在建工程转入	资产状态	在用	公司经营项目	
来源线路		来源线段	一期	应用线路		应用线段	全线
管理权属单位	运营二分公司-车辆检修二	使用/保管责任人		折旧截止时间		开始折旧时间	
归口管理部门		位置类型	C04001001	位置一		位置二	运用库
位置三	各股道(一期电客车)	位置补充说明		铭牌张贴位置		用途	生产用
出库单号		开始使用日期		进资产台账时间	20190130142236	领用人	
出厂日期		出厂编号		管理/经营公司		产权所属公司	
其他特征参数		单位(面积/长度)		预计使用月限		已使用月限	0
已提折旧	0.00	分公司归口管理部门	运营二分公司-车辆分部	原唯一码	1100011464	是否竣工决算	

图 3-2　设备的唯一编码图示

三、智慧健康检测及全生命周期监控系统功能

1. 设备在线监测功能

智慧健康检测及全生命周期监控系统对设备状态的监控及实时数据获取,基于现有综合监控系统和各专业子系统的专用在线监测功能模块(如水泵在线监测、弓网状态监测),涵盖信号、车辆、电扶梯、给排水等,涉及各专业设备,并预留后期扩容需求。

智慧健康检测及全生命周期监控系统可以对收集汇总的各类数据进行筛选和归类,经二次数据处理和跨专业分析后,打破各专业的数据壁垒,实现多重验证,自动联动相应业务功能,例如汛期监控不只限于给排水,还联动视频监控。

2. 基于在线监测的故障及修程管理

当设备出现故障或状态异常时,自动将运营设备故障信息、异常状态信息推送给智慧健康检测及全生命周期监控系统,系统根据接收到的设备故障信息、异常状态信息及其等级高低的不同,自动触发故障修工单或状态修工单,实现故障修工单、状态修工单的自动派工或生产调度手工派工。系统自动推荐不同的适应场景,全程记录故障处置所有流程;同步启动维修后设备结果及运行现状监测。针对各专业的计划性检修,系统通过图文表格方式定义计划维修周期和设备明细,根据修程项目和要求自动形成检修项目表格及步骤,减少对人员技能经验的要求。故障维修监控页面如图3-3所示。

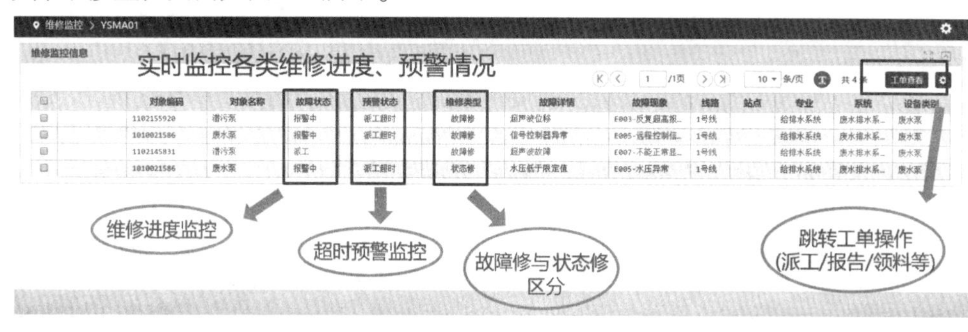

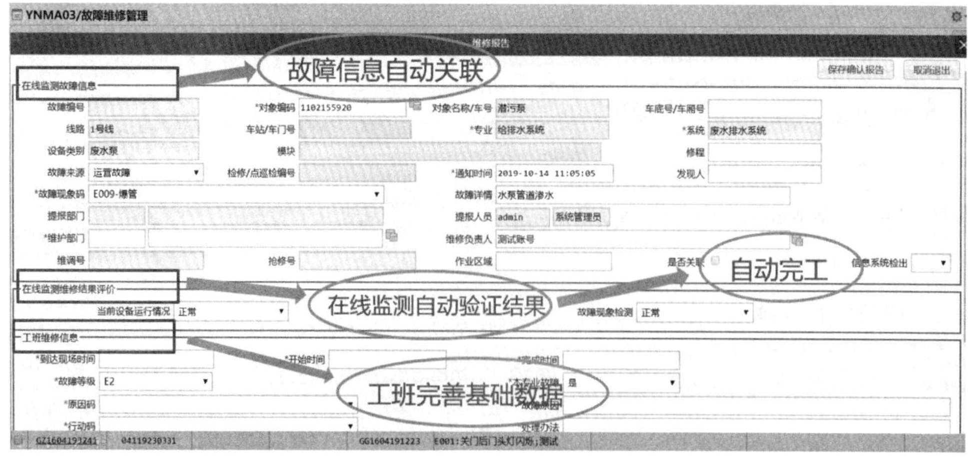

图3-3 故障维修监控页面

3. 联动仓储数据更新

智慧健康检测及全生命周期监控系统能根据设备故障现象，自动抓取系统中同类故障的历史数据以供分析，提供工单领料的辅助建议，显示可能需要用到的物料、预计使用量和可选的物资库。维修完成后，系统自动同步备件消耗、仓储数据修改，为采购提供精准的数据支持，且所有故障产生的领料、现场物资库出入库记录，系统均记录相应操作日志。具体如图 3-4 所示。

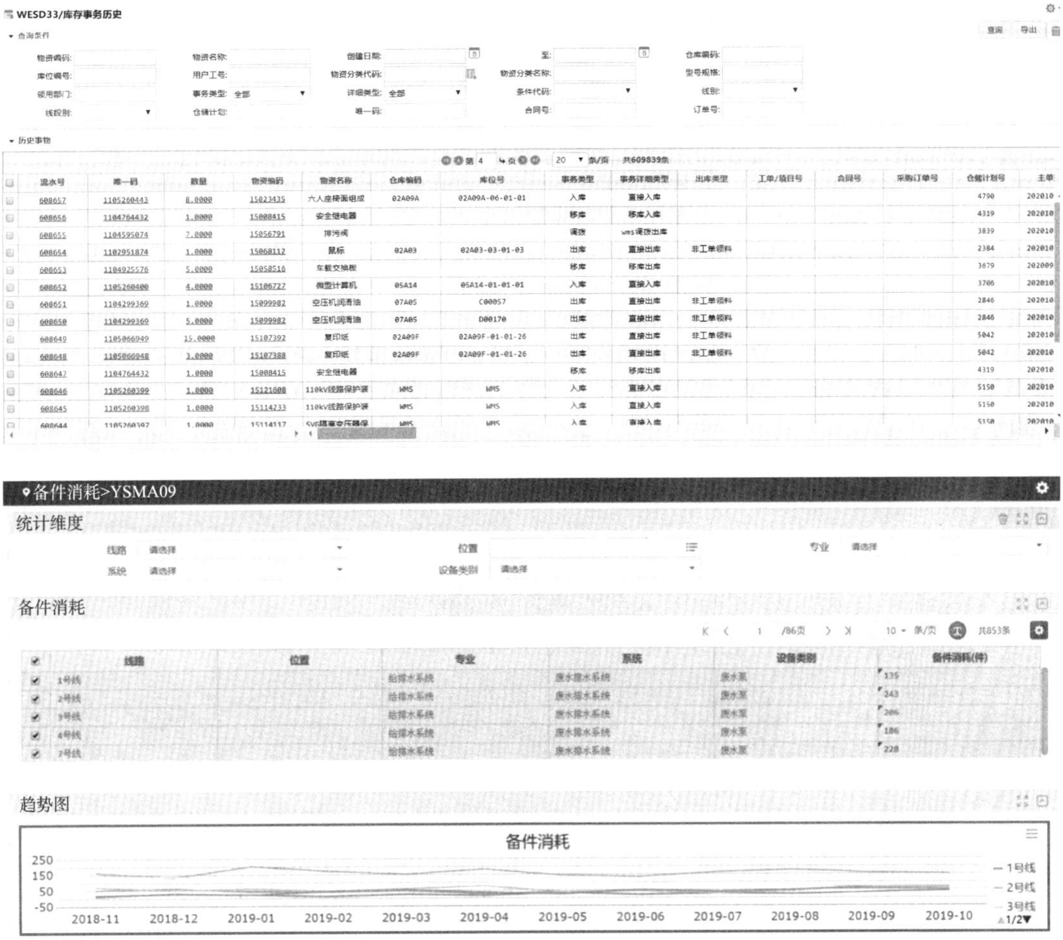

图 3-4　备件物资消耗分析图

4. 设备健康评价管理

智慧健康检测及全生命周期监控系统对各专业设备实施健康评价：对不同专业设备分类分级管理，并对健康状态进行评分，直观显示各专业设备的健康度。正常设备维持基础分值，当出现不同等级故障或状态异常时，智慧健康检测及全生命周期监控系统根据划分等级进行扣分，等级越高扣分越多，不同分数区间以颜色区分并排序显示，直观告知对运营造成的影响。设备健康评价及监控页面如图 3-5 所示。

例如，正常运行设备健康基础分预置为 100 分，出现一类故障、二类故障、状态修、三类故障时，分别扣 40 分、20 分、10 分、5 分，扣完为止。相应设备健康等级评分的颜色区分：60 分以下时显示红色,61～80分时显示橙色,81～90分时显示黄色,91～100分时显示无色,被标记的数据按照红色、橙色、黄色、无色进行排序。

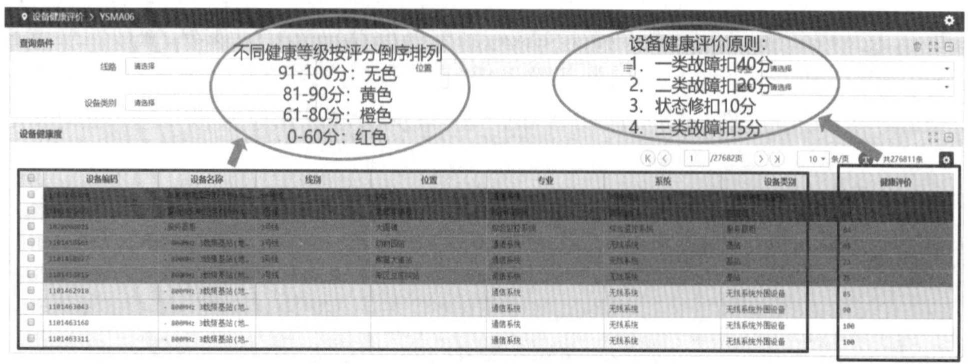

图3-5　设备健康评价及监控页面

5. 自动化辅助分析功能

智慧健康检测及全生命周期监控系统将原手动填写、分析的各报表电子化,自动生成趋势图表等(图3-6),如基于设备、维修业务流程的数据,系统实现相关统计报表自动预填入,为各专业的管理需求提供服务。电子化报表包含以下信息:任务名称、专业信息、时间范围(开始至结束,年月日时分秒)、设备状态及数据信息,还支持异常设备信息一键筛选,报表自动上传或导出等。关键子系统故障趋势分析如图3-7所示。

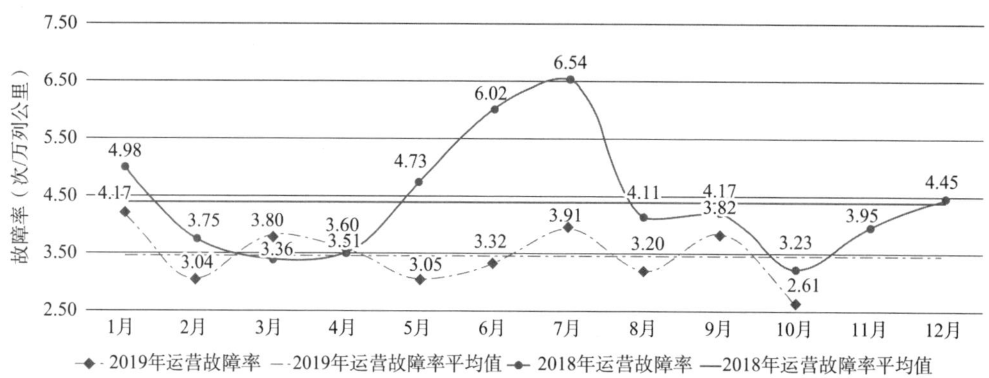

图3-6　某地铁线路运营故障率趋势分析

四、智慧健康检测及全生命周期监控系统预期效果

智慧健康检测及全生命周期监控系统主要是利用综合监控系统、各专业设备专用的在线监测系统提供基础数据,待全部专业数据汇聚形成运营相关设备数据库后,抓取指定设备(或指定子系统)的全部数据信息,在对抓取到的信息按时间和需求进行筛选、分析、关联的基础上,找到各设备间隐藏规律(如天气与设备故障的关联),对设备自投用伊始至退出的全生命周期内状态全面掌控,依据各阶段状态量化形成设备的状态信息。向维保人员展示的信息通用直观,易于设备信息的传递,不重度依赖维保经验,亦减少对物资采购、成本核算的专业知识要求。

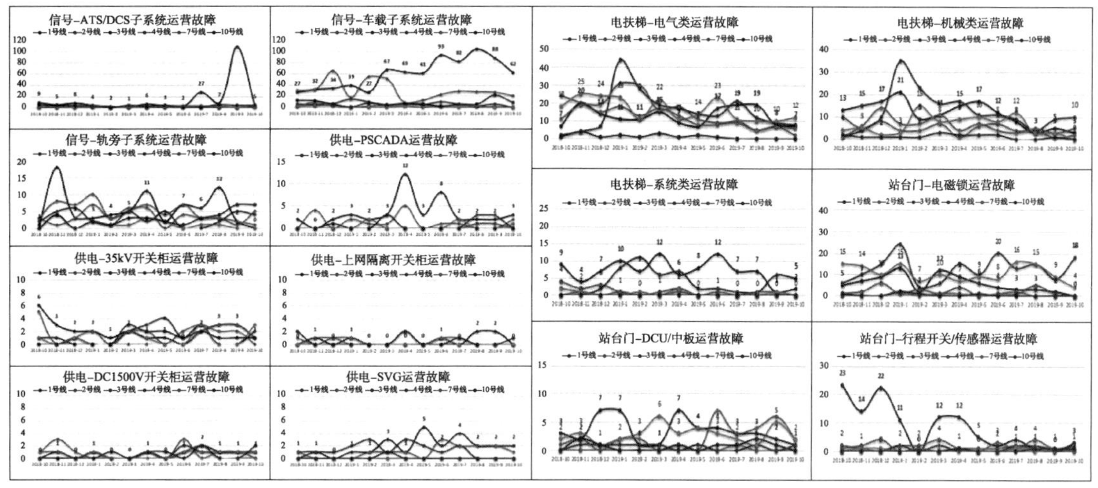

图 3-7　关键子系统故障趋势分析

五、智慧健康检测及全生命周期监控系统应急处置措施

智慧健康检测及全生命周期监控系统不直接参与一线生产，仅用于生产辅助决策。因此，系统故障造成的影响范围可控，当无法实现系统功能时，使用人员可根据下述办法处置。

1. 故障判断

智慧健康检测及全生命周期监控系统主要依据综合监控系统、各专业在线监测系统数据二次利用形成，除本系统的服务器、交换机或工作站等硬件故障外，故障原因多为系统传输网络、应用软件进程卡滞、数据库异常与服务器宕机等。当出现故障时，可通过显示界面的图标初步判断各接入子系统处于运行或故障状态，比对子系统与检测系统的参数差异，确定故障位置。反之，则很大可能是本系统的软件或硬件故障。

2. 应急处置

当智慧健康检测及全生命周期监控系统全部功能无法使用时，除必要工作需通过"纸质查询、人工判断"等传统手段保障正常运行外，可使用综合监控系统和专用在线监测系统指导生产工作，还应即时联系生产人员和维修资源调度。

3. 后续措施

按照系统使用维修手册，依次检查智慧健康检测及全生命周期监控系统与综合监控系统、各专业在线监测系统等子系统的接口数据状态，还可以检查本系统应用软件进程运行、网络通信状态或重启服务器等。

课堂交流

某地铁 1 号线自建成运营以来已超过 10 年，运维人员一直为掌控设备运行状态和备件采购数量多少所困扰，希望有整体展示的手段。如该线机电设备健康状态无准确数据支撑，备件采购完全依赖于上年度数量采购。请思考，如何改善优化此生产问题呢？

任务实施及评价

城市轨道交通智慧健康检测及全生命周期监控系统应用及故障应急处置

学院		专业	
姓名		学号	
小组成员		组长姓名	

一、工作任务场景

1号线的给排水设备投用已超过10年，泵组及控制柜内设备的故障率明显上升，以给排水工程师身份利用智慧健康检测及全生命周期监控系统查询设备的维护数据，如计划性检修次数、维修更换件情况等，并利用系统自动健康评价功能生成评价结果，作为来年大中修的基础数据。

二、前置知识

1. 简述传统机电设备智慧健康检测及全生命周期监控方式。

2. 结合防汛要求，简述给排水设备的检修维护工作。

3. 简述故障工单生成、流转到关闭的全过程。

三、任务实施

任务实施内容
1　智慧健康检测及全生命周期监控系统功能检测
1.1　了解系统构成和运行方式，根据生产需要快速调出所需功能的操作界面
1.2　熟悉图标及颜色表达的信息，从图标显示判断各功能模块的实时状态
2　智慧健康检测及全生命周期监控系统的操作
2.1　根据指令逐一调取各专业设备在线监测功能界面，判读显示的子系统数据，理解表示的含义
2.2　根据显示异常的报警，快速查看报警设备的详细信息，正确通知对应专业的维保人员处置
2.3　查询各专业设备修程修制信息、故障维修记录，判读故障原因及处置措施是否符合修程修制要求
2.4　通过查询设备的实际维修报告，结合设备显示的参数信息，判断维修质量是否达标
2.5　熟悉维修工单运转全流程，熟练查询任一设备的历史维修工单
2.6　根据显示颜色和健康评价分数判断设备状态，利用系统筛选功能筛选符合参数值的信息，并生成报表
2.7　熟练查看选取专业设备仓储信息（设备参数、性能及库存等），故障与仓储数据联动变化信息，故障产生的领料、出入库记录与操作日志
2.8　根据任务名称、专业信息、时间范围（开始至结束，年月日时分秒）、设备状态及数据信息查询，自动生成表格和趋势图，对生成的图表做出简单判断，完成电子报表按需导出和转存操作

续上表

3　故障的判断
3.1　能根据界面显示判断故障大致范围，并准确描述故障现象，通过观察智慧健康检测及全生命周期监控系统界面显示状态，判断故障类型和故障子系统
3.2　调取子系功能失败、子系统设备显示异常（无数据、无状态变化等），能初步判断为接入的下位单系统或单设备故障
3.3　系统无法使用（无法进入系统、宕机、请求超时等），能初步判断为本系统故障
4　应急处置
4.1　单个子系统故障，查询通信端口状态判断故障位置，重启该子系统进程、重启子系统末端设备等情况处置
4.2　当智慧健康检测及全生命周期监控系统全部功能无法使用时，除必要工作通过“纸质查询、人工判断”的传统手段保障系统正常运行外，即时联系生产人员和维修资源调度
5　故障处置后续措施
5.1　按照系统使用维修手册，依次检查智慧健康检测及全生命周使用期监控系统与综合监控系统、各专业在线监测系统等子系统的接口数据状态，定位查找故障具体原因，检查软件进程、重启网关、重启服务器等

四、评价反馈

（一）评价标准

项目	项目内容
接受工作任务	明确工作任务，理解任务在企业工作中的重要程度
前置知识	本次实训前需要掌握的知识程度
能力评价	智慧健康检测及全生命周期监控系统功能检测
	智慧健康检测及全生命周期监控系统的操作
	故障的判断
	应急处置
	故障处置后续措施
素养评价	工作计划性强，安排得当
	团队合作能力强，善于沟通合作
	自主学习能力强，勇于克服困难
	严谨认真，积极参与课堂
	演示文稿制作精美，汇报演讲能力强
评价反馈	自我评价：能对自身表现情况进行客观评价，能在任务实施过程中发现自身问题
	小组互评：客观、公正，能指出其他组的问题

（二）自我评价

请根据在课堂中的实际表现进行自我评价与自我反思。

续上表

序号	评价标准	
1	接受工作任务	☆ ☆ ☆ ☆ ☆
2	前置知识	☆ ☆ ☆ ☆ ☆
3	能力评价	☆ ☆ ☆ ☆ ☆
4	素养评价	☆ ☆ ☆ ☆ ☆
自我反思:		

(三)小组互评

请小组之间根据在课堂中的实际表现进行小组互评。

序号	评价标准	
1	接受工作任务	☆ ☆ ☆ ☆ ☆
2	前置知识	☆ ☆ ☆ ☆ ☆
3	能力评价	☆ ☆ ☆ ☆ ☆
4	素养评价	☆ ☆ ☆ ☆ ☆

(四)教师评价

项目	项目内容	分值	得分
接受工作任务	明确工作任务,理解任务在企业工作中的重要程度	5	
前置知识	本次实训前需要掌握的知识程度	5	
能力评价	智慧健康检测及全生命周期监控系统功能检测	10	
	智慧健康检测及全生命周期监控系统的操作	10	
	故障的判断	5	
	应急处置	10	
	故障处置后续措施	10	
素养评价	工作计划性强,安排得当	5	
	团队合作能力强,善于沟通合作	5	
	自主学习能力强,勇于克服困难	5	
	严谨认真,积极参与课堂	10	
	演示文稿制作精美,汇报演讲能力强	10	
评价反馈	自我评价:能对自身表现情况进行客观评价,能在任务实施过程中发现自身问题	5	
	小组互评:客观、公正,能指出其他组的问题	5	
得分(满分100)			

视野拓展

詹天佑:用“工匠精神”铸就中华铁路

2005年10月12日,纪念京张铁路开工100周年时,“中国铁路之父”詹天佑的铜像在张家口南站揭幕。在人们的记忆中,詹天佑是和京张铁路、青龙桥紧紧联系在一起的。而设计、修建京张铁路仅仅是詹天佑生平成就的一部分。詹天佑为规划中国铁路路网、为设计和修建中国铁路锲而不舍,奉献了毕生所学和全部精力,在他身上体现出的民族精神与科学精神高度融合的品质,以及以敬业坚守、追求卓越、精益求精、严谨专注为主要内涵的“工匠精神”在100多年后的今天,仍旧给人们带来无限的启示。

詹天佑,字眷诚,号达朝,1861年生于广东南海,中国近代铁路工程专家,原籍安徽婺源(今属江西)。1890年开始,詹天佑参与修建京沈铁路;1895年,詹天佑负责修建京津铁路。1901年,詹天佑被任命为铁路总工程师,负责修建萍醴(萍乡至醴陵)铁路。1905—1909年,詹天佑主持设计修建了我国自建的第一条铁路——京张铁路(北京到张家口)。1912年,詹天佑兼任汉粤川铁路会办,负责兴建粤汉、川汉铁路。詹天佑为我国培养了第一批铁路工程人员,为修筑和管理铁路制定了科学周密的行车、养路、机车、电报、巡警等规程。经詹天佑建议,全国铁路统一采用4英尺8英寸(1435mm)标准轨道,统一工程标准,为我国自行设计修建铁路打下良好基础。詹天佑还编著有《铁路名词表》等。詹天佑的一生,与中国铁路建设相伴始终,因其设计修建铁路的成就被称为“中国铁路之父”“中国近代工程之父”。

詹天佑视铁路事业为自己的生命,对所从事的事业具有可贵的担当精神,在专业领域技艺精湛。京张铁路作为中国近代科技发展的里程碑,体现了詹天佑具有的以敬业坚守、追求卓越、精益求精、严谨专注为主要内涵的“工匠精神”。1905年5月,京张铁路总局和工程局成立,詹天佑任会办兼总工程师,后升任总办兼总工程师。1906年9月30日,施工难度最大的第二段工程南口到康庄开始建设。在这一段,必须打通居庸关、五桂头、石佛寺、八达岭4条隧道,其中最长的八达岭隧道长达1092米。当时没有开山机、通风机和抽水机等施工设备,只能靠工人的双手和简单工具开掘隧道。詹天佑通过精确计算和正确指挥,与施工工人齐心协力,克服了重重困难,终于在1908年9月完成了第二段工程。在第三段工程康庄到张家口施工过程中,詹天佑科学设计、正确指挥,建成了怀来大桥和鸡鸣驿矿区隧道,胜利完成了整条铁路的建设。在京张铁路施工过程中,詹天佑以精湛的专业素养攻克了一个个技术难关,以无畏的开拓精神长了中国人的志气。经过全体施工人员的不懈奋斗,京张铁路在1909年9月全线通车,比原计划提前两年完工。

任务二 城市轨道交通智慧调度系统运行与维护

学习目标

1. 能区分智慧调度系统与传统调度的差异。
2. 掌握智慧调度系统业务需求及功能。
3. 当智慧调度系统出现异常情况时,能判断故障，并具有应急处置的能力。
4. 具有团队合作意识，具有统筹协调的能力。

任务导入

某城市地铁线路调度指挥中心紧跟科技进步发展需要引入智慧调度系统（图 3-8）。 在主干线路的某站下班高峰时段因室外降雨引发车站进水，调度人员及时启用智慧调度系统，根据系统内置的车站设备重点故障卡控表目录选择启动“车站进水”事件处置流程，按照事件关键节点信息表指挥抢修。 结合系统对高峰值守考勤打卡位置信息、应急事件处置响应分级等，根据打卡专业人员的定位情况就近通知相关专业人员快速到场，及时分级分类推送事件处置信息和处置措施，汇总整合现场的反馈信息。 众人合力、各司其职，在较短时间内完成全部处置，其间未对车站客运服务造成较大影响，一切工作处于控制之中。

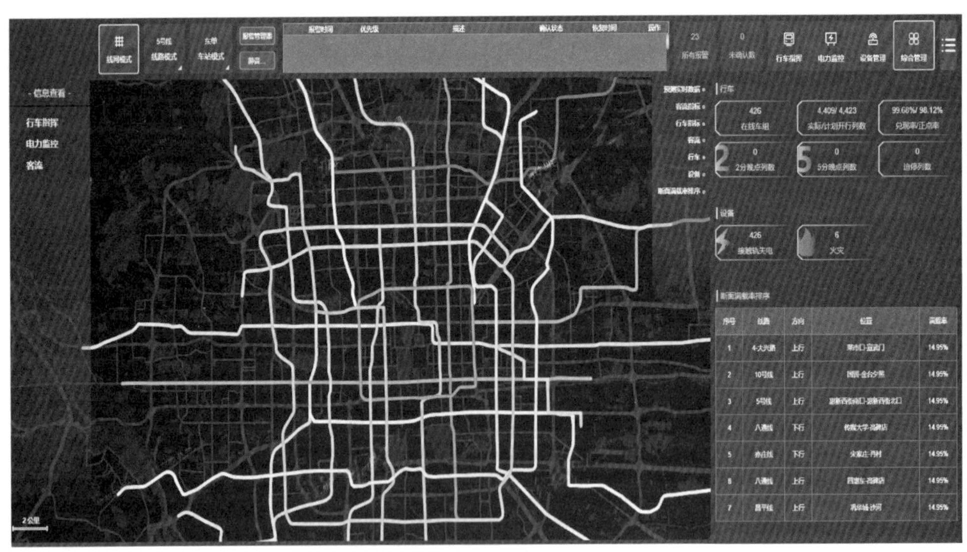

图 3-8 智慧调度系统界面

本任务需要掌握智慧调度系统中智慧生产调度大屏显示系统功能、重点设备状态监控功能及应急处置功能等，通过智慧调度系统的多重现场信息先期感知功能、多类信息综合分析与处理功能，全面提升调度人员的远程查看、实景指挥、综合处置能力。

知识课堂

一、传统运营调度模式

调度人员使用的工具总体概括为“电脑 + 电话”,电脑设置于调度室内的复视工作站显示终端,用于查询故障信息,电话用于(或采用对讲机)通知维保人员到场处置。故障信息查询依赖于调度人员的技能水平高低,经验占较大成分;电话通知人员无法实时掌控现场人员动态,尤其是现场实景信息,只能依靠现场人员的描述进行二次判断;同样,现场人员的信息描述归纳水平不一,经验也占较大成分。

在完成多项调度指挥任务时,传统调度模式效率不高,尤其是在应急值守抽查、CCTV 应急处置监控、设备状态监控效率等方面。如暴雨应急值守人员抽查时,通过座机电话人工拨号开展防汛值班人员在岗抽查,辖区所有站点全部完成用时约 30min。在点名抽查过程中还可能会接到其他来电业务,对单件事务的顺利执行造成不便且执行效率低下。在应急处置过程中无法操作 CCTV 查看现场故障处置,对现场情况无法做到实时掌握;调度人员对不同专业的重点设备监控时需反复切换综合监控页面,效率较低。传统调度工作内容见表 3-1。

传统调度工作内容　　表 3-1

事件	调度职责	内容
日常工作	故障接报	查询生产管理系统(或其他办公系统)中的故障,对提报单位录入的故障信息进行判断,电话指派故障所属专业维保人员到场处置
	故障记录关闭	故障处置结束后,在系统中录入处置记录,调度人员通过综合监控复视工作站显示信息或报警记录验证结果,确认故障修复
	人员查岗	电话通知现场维保人员,要求按规定上传照片或使用车站座机回复等方式验证
	设备状态初期巡视	通过综合监控复视工作站的图标显示或报警记录,查询重要设备的故障告警信息和状态信息
应急处置	通知人员	利用座机电话手动拨号,逐一通知维保人员、管理人员及委外单位等
	信息记录	根据现场人员的电话描述或即时通信软件(如微信)发送的照片判读并记录现场信息
	先期指挥	先根据故障类型人工区分所属专业,手动查阅应急处置预案,电话告知现场负责人或通过即时软件发送至指定通信群中
	资源调拨	按照描述的现场情况调动物资或支援机械到现场,但无法实时掌控资源数量
	时间卡控	根据即时通信系统中发出的人员或物资出发时间信息和到达时间信息,手动计算过程时间

二、智慧调度系统业务需求

调度主要职能包括生产调度、应急指挥及安全监控三大方面。随着城市轨道交通线路数量增加、线网化程度提高,调度原则依旧遵循“高度集中、统一指挥、逐级负责”,实现各级单位协同、安全、高效的调度指挥工作。智慧调度系统的业务需求如下。

1. 列车运行计划编制系统(图3-9)

结合客流预测结果及列车数量、设备能力、人员配置,协调客流需求与供给能力,实现线网列车运行计划自动编制、调整、模拟、导入、下达、评估等全过程,有效提高列车运行计划编制效率。

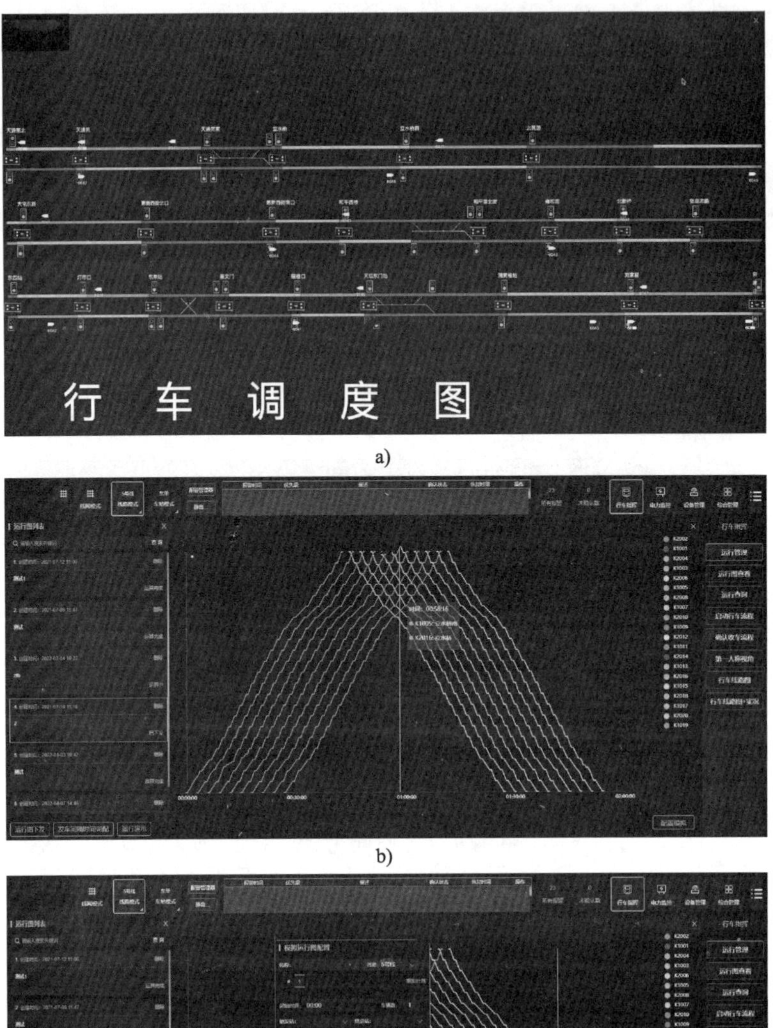

a)

b)

c)

图3-9 列车运行计划编制系统

2. 列车运行监控系统(图 3-10)

由于地铁使用的设备庞杂,单纯依靠综合监控系统,生产调度需花费大量精力对各设备状态进行查看,而且还存在遗漏重要报警信息的可能。为解决上述问题,需在已建立的综合监控系统基础上,对其监控的信息进行有机整合与分类处理,以实现对地铁重要设备整体情况进行实时监控。

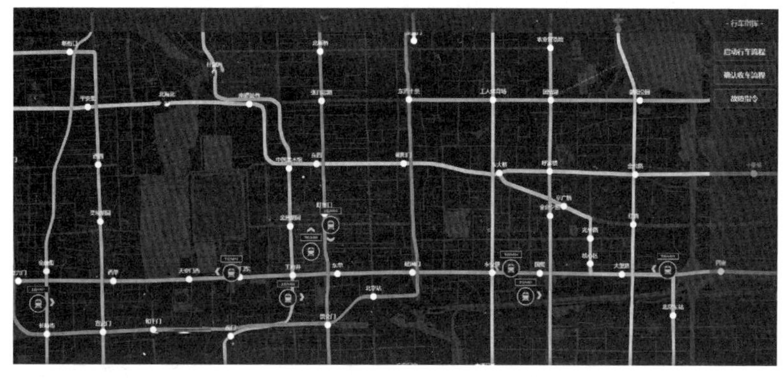

a)

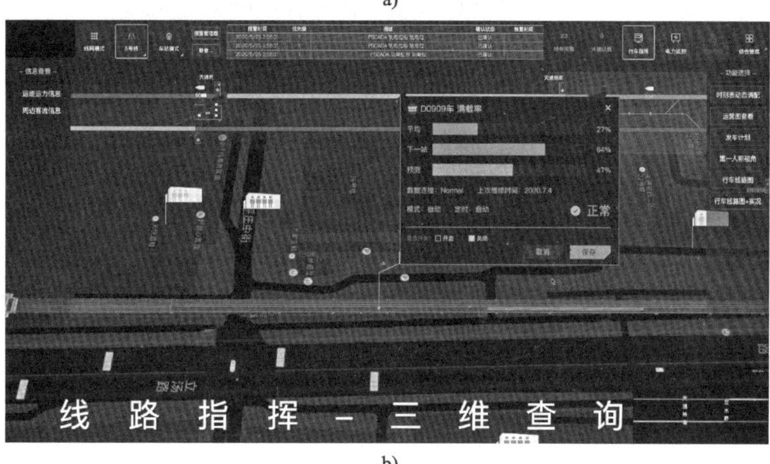

b)

图 3-10 列车运行监控系统

列车运行监控系统能减轻生产调度人员的全局性监控工作强度,能通过获取 ATS、ISCS、车辆故障报警及列车运行异常信息告警并提示行调,同时联动 ATS、CCTV、调度通信设备快速定位至故障地点,缩短调度人员人工查找故障点及设备操作时间。系统还能根据不同监控重点预设各种筛选条件,将重要的报警以更直观、突出的方式展示,能将筛选后的重要报警信息便捷推送,让维修人员直观方便地远程了解设备运行状态和重要参数指标,预判故障、提早解决,避免设备故障给运营造成影响。

3. 列车运行调整系统(图 3-11)

列车运行调整系统可根据客流变化情况,协助调度人员动态调整当日列车运行计划,快速实现运能与客流的精准匹配;故障情况下协助行调进行扣车、越站、掉线、变更列车运行交路等行车调整,包括联动 ATS 及发布行车调整电子调度命令至列车司机、车站,减少因人员配合不当或工作疏忽造成行车调整失误,提高列车运行调整效率。

a)

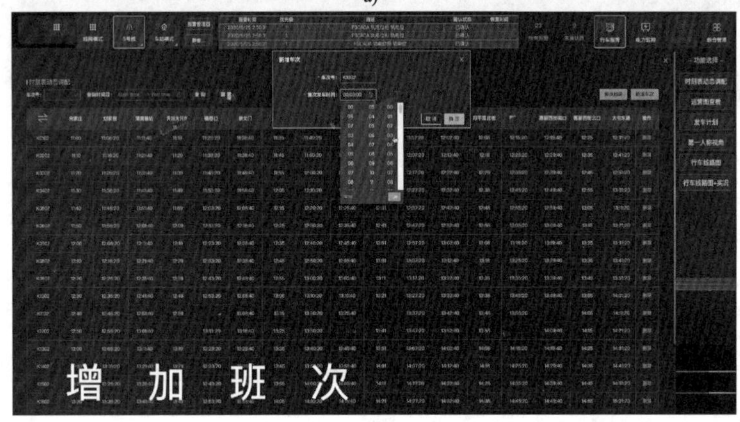

b)

图 3-11 列车运行调整系统

4. 应急调度指挥系统(图 3-12)

应急调度指挥系统用于协助调度判断信号、车辆、供电、站台门等故障对行车的影响,并提供行车应急调整策略、联动相关系统或设备、卡控应急决策启动时机等,分担部分调度应急处置工作,提高调度应急处置的安全性、准确性。

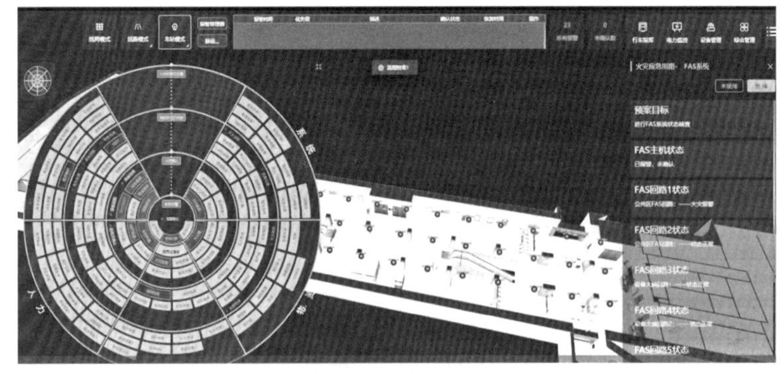

图 3-12 应急调度指挥系统

地铁设备故障告警信息数量多且需稳妥应对,尤其是发生大型故障,故障信息量大且信息源多时,需要智慧调度系统的多源信息融合技术、经典数据挖掘优势,辅助生产调度快速做出精准判断,向各级单位推送正确故障恢复指令,提高指挥质量和效率。

例如,汛期车站进水可能造成设备浸水引发故障的紧急情况下,生产调度一方面要配合客运部门优化车站运营模式;另一方面需要组织维保单位开展抢修。生产调度若缺乏对大量信息快速处理和分析的手段,将延长精准判断故障时间,进而影响应急抢险工作的快速开展。

天津地铁智慧调度

5. 信息采集与发布系统

随着信息技术的发展,应加强智慧调度系统与其他信息系统的融合。利用智慧调度功能完成调度日常业务中维修工单派发与接转,自动进行报表和记录制作等重复性工作,可以节省调度员及其他专业人员的精力,更能避免人为差错,达到减员增效的效果。

三、智慧调度系统功能

1. 智慧调度系统功能划分

(1)划分原则

基于城市轨道交通智能调度系统执行行车调度任务的智能化和自动化程度,可将智能调度系统的功能按初期、近期、远期划分为三个阶段。

①调度智能化评估要素

一般根据以下三种实现手段对调度功能智能化实现的难易程度进行评估。

人工:调度人员在决策过程中人工识别提取决策所需相关信息,根据经验制定决策方案并预估方案效果,再由调度人员根据事件类型人工联动相关部门或系统下发调度命令、发布信息、执行调度决策。

辅助:系统为调度人员在决策过程中提供决策信息、建议方案、方案评价等服务以辅助调度人员做出合理的决策,系统在决策过程中可提示调度人员(或自动)联动相关部门或系统,实现部分调度决策的自动执行。

智能:系统通过自主学习、人工智能等技术在决策过程中提供优化后的决策方案,经调度人员审核后由系统自主联动相关部门或系统完成调度决策的执行。

②调度智能化评估类别

按照列车运行计划编制、列车运行监控、列车运行调整、应急调度指挥、信息采集与发布等五个功能类别,对以行车为主的调度功能进行智能化程度评估。

(2)智能调度系统功能分期(表3-2)

经过对目前行车调度相关系统功能的梳理,并结合调度智能化发展趋势,按以下三个阶段对智能调度系统功能实现进行分期。

智能调度系统功能分期表 表3-2

阶段	列车运行计划编制	列车运行监控	列车运行调整	应急调度指挥	信息采集与发布
初期(人工决策+系统辅助)	人工	人工	人工	人工	人工
近期(辅助决策+自动执行)	辅助	辅助	辅助	辅助	辅助
远期(辅助决策+自主执行)	智能	智能	智能	辅助/智能	智能

初期:人工决策+系统辅助。调度指挥以人工决策为主,调度人员依据规章和经验发布行车命令、进行行车指挥,由ATS和车场自动化管理系统等辅助完成部分工作。

近期:辅助决策+自动执行。调度指挥层面:系统能够初步给出简单的调度决策方案和指令供调度人员参考,由人工做出最终的决策命令。操作层面:系统可通过联动相关系统实现部分决策指令自动执行。

远期:辅助决策+自主执行。系统通过对近期阶段中人工决策的自主学习,基本实现决策智能化,能够依据经验做出可操作性强、可实施的调度方案,经人工审核确认后,通过系统联动智能执行决策指令。必要时人工可依据实际情况对决策指令进行适当调整。

表3-3为城市轨道交通行车智能调度需求功能表。

城市轨道交通行车智能调度需求功能表　　表3-3

功能	初期 (人工决策+系统辅助)	近期 (辅助决策+自动执行)	远期 (辅助决策+自主执行)
列车运行计划编制	人工输入基础编制参数,确定简单运力配置计划;系统辅助进行冲突检测,并基于运行图导出的指标参数进行简要评估	系统获取列车运行计划编制基础数据,可对列车运行图时间参数进行计算、处理和维护,以"系统为主,人工确认"方式完成列车运行计划的编制、调整、评估与优化	系统接收客流预测相关数据,为运营日或运营时段投放精准运力和"定制"列车运行计划,实现"按需发车"。同时,基于运输效率和运输经济目标,融入换乘衔接和能耗管控优化措施,实现网络化高质量列车运行图计划目标
列车运行监控	系统辅助调度人员进行列车运行监控工作,对异常情况进行报警/提醒,调度人员及时人工介入进行后续处理	系统辅助调度人员进行列车运行监控工作,对异常情况做出智能判断,并联动行车设备动作,语音报警提示,调度人员及时人工介入进行后续处理	在近期功能实现基础上,列车运行监控工作将依靠系统进行,系统可对上线列车进行智能化监控,出现异常情况时进行语音报警、下发电子调度命令并联动相关设备进行智能判断及处理
列车运行调整	人工确认具体调整措施,通过ATS等系统操作执行	系统可结合客流变化或故障影响情况,提供运行调整的建议方案,人工确认具体调整措施,系统依据人工决策联动ATS操作,并下发电子调度命令至车站、列车司机及车辆基地调度等	系统结合客流及列车运行情况能够自主生成行车组织调整方案,自主联动信号系统根据调整方案执行相关操作,完成行车组织调整工作
应急调度指挥	依据规章制度、运营经验判断,系统辅助人工确定应急行车组织方案,并联动外部、内部资源进行应急处置	系统精准判断突发故障类型并确定影响范围,辅助行车调度人员确定故障处置方案,提示关键性处置操作、联动ATS指令、生成及下发电子调度命令至车站、列车司机及车辆基地调度等	在近期功能实现基础上,系统部分完成应急运营模式下的调度自主化作业,包括突发应急或故障情况下的信息自动获取、处置过程自动判断、调度命令自动下发、自动联动ATS设备执行相关操作

续上表

功能	初期 （人工决策 + 系统辅助）	近期 （辅助决策 + 自动执行）	远期 （辅助决策 + 自主执行）
信息采集与发布	通过系统日志、统计报表等方式收集信息，人工进行信息上报、传达及指令生成和下发	系统采集设备故障、人员汇报、列车调整、气象信息并自动生成信息内容，人工确认后，系统按照事先设定的信息发布等级进行信息推送	在近期功能实现基础上，系统基本实现运营单位内部及外部信息的自主发布

2. 智慧调度系统接口功能

(1)大屏显示装置功能

大屏显示装置的作用及工作原理类似于 OCC 设置的大屏显示系统，区别在于显示内容更侧重于生成管理需要，主要用于集中显示所属线路重点设备故障集中告警信息、各站电梯安全状态实时监控信息、实时上线的车辆数量信息、隐患部位重点排查画面及打卡人员位置信息等，如图 3-13 所示。分屏软件将屏幕划分成不同显示区域，使得调度人员对不同信息一目了然。在特定时间可取消分区显示，将紧急信息切换至全屏显示，方便调度人员根据实景开展应急指挥。

图 3-13　调度大屏示意图

(2)重点设备状态监控功能

①重点设备故障集中告警

在监控告警界面将机电专业设备故障情况集中显示，如图 3-14 所示。显示内容包括：PSD 电源、水泵状态、消防稳压泵状态、人防门与防淹门、温湿度传感器、区间联络通道门、自动售检票 AFC 设备状态、电扶梯状态。以不同颜色区分显示设备运行状态，如设备正常状态显示蓝色，设备故障状态显示红色。

调度人员一键操作定位查看故障具体情况，安排人员处理，当日处理完成后界面则用绿色标记。相较于报文信息描述，集中告警界面更有助于生产调度发现故障信息与组织维修。

②电梯安全状态实时监控

智慧调度系统可对电梯安全状态进行在线监测，掌握电梯实时运行状态，总体判断电梯故障大小及处置时间,便于组织技术力量进行支援,如图3-15所示。当车站电扶梯出现异常停梯时,总览界面自动发出报警及按需显示电扶梯故障信息(如故障代码、检修记录、故障历史记录、备件信息等),调度人员精准向维修人员告知故障代码,指导维修人员进行维修操作,甚至可细化到携带工具和备件种类。相比于传统“等、靠、要”故障处置模式,智慧调度系统能更好地发挥设备预警及先期指挥作用。

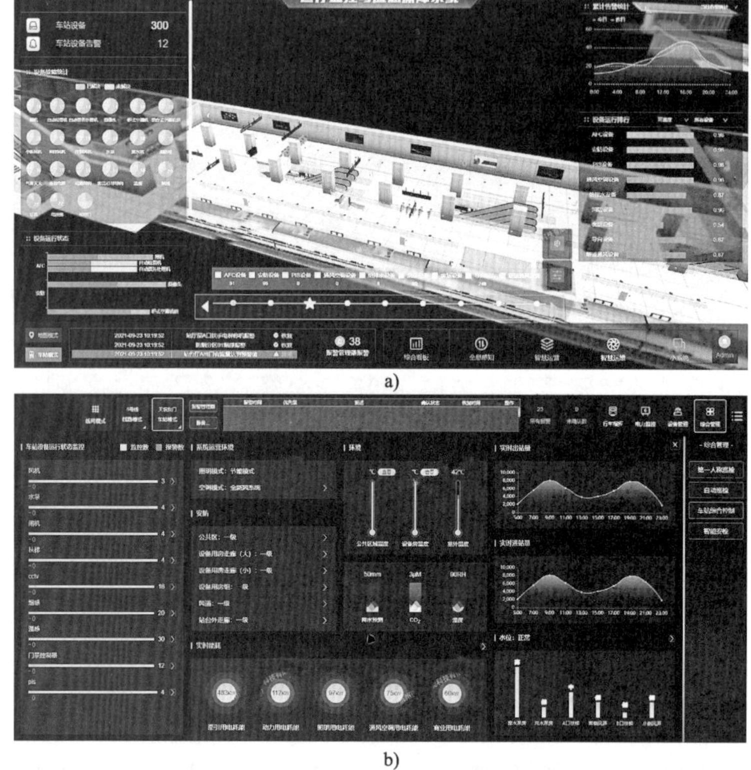

a)

b)

图3-14 故障设备告警界面

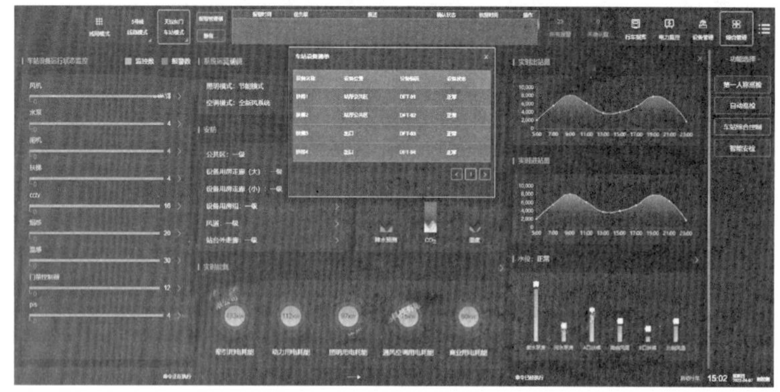

图3-15 电梯安全状态实时监控图

③实时上线车辆监控(图3-16)

利用系统间接口自动获取线路当日上线运行车辆和备用车辆数量信息并实时显示,当出现应急情况时,安排备用车辆上线运行后实时更新并同步调度大屏显示,自动生成专项记录,及时掌握备用车数据，随时做好应急情况车辆替开准备。

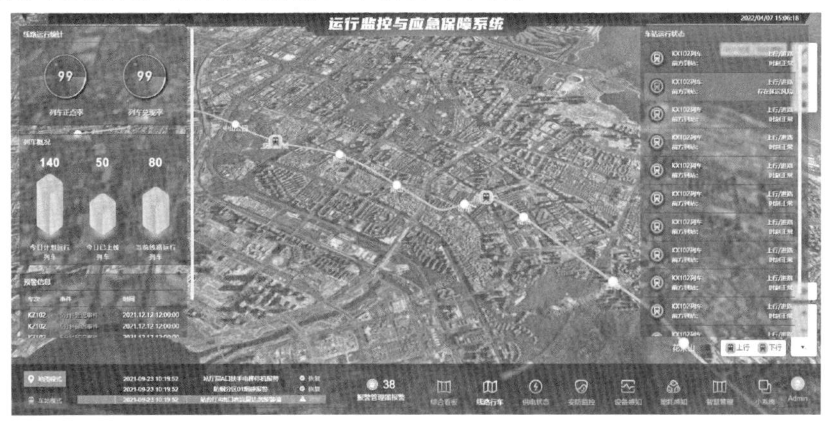

图 3-16　实时上线车辆监控图

(3)隐患部位重点排查及人员定位功能

①重点隐患部位定时巡查

在系统内置的重点隐患部位梳理统计表基础上，智慧调度系统定时自动开启巡查，避免人为因素遗漏(如遗忘)。在汛期等特殊阶段，生产调度可充分利用中央大屏的多屏显示功能，全面监控防汛重点隐患部位实时状态，如图 3-17 所示。发现隐患部位发生异常，生产调度立即组织专业人员前往现场进行应急处置，避免安全隐患扩大。每日对重点隐患部位进行远程监控，能够尽早掌握现场情况，方便快速组织人员前往处置。

图 3-17　隐患部位监控

②早晚高峰及应急处置人员定位

当早晚高峰值守(或应急处置)人员到达位置后通过企业微信(或其他管理软件)模块进行定位打卡，定位信息将通过生产调度中心的大屏进行实时显示，结合地图基础直观展示值守人员到位情况(图 3-18)。该功能的优势：一是生产调度在早晚高峰期间对现场值守人员到位信息清楚掌握，避免虚报位置；二是发生紧急故障时，生产调度可通过值守信息调配就近人员及时前往现场进行故障处置。

早晚高峰及应急处置人员定位

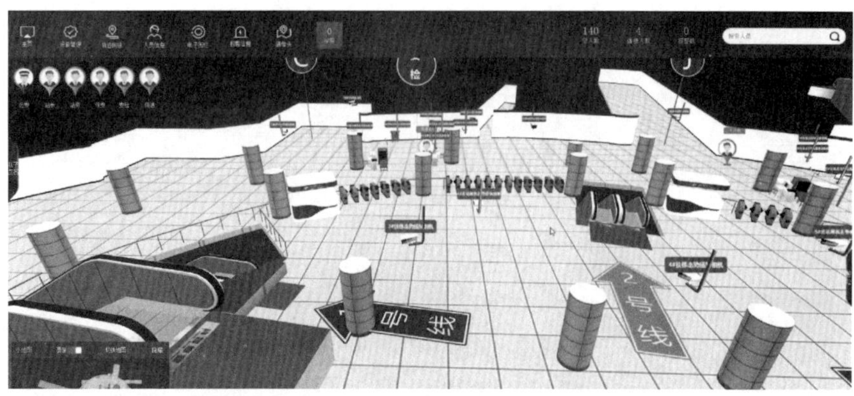

图3-18 应急处置人员定位功能

(4)应急处置功能

①关键设备状态专项监控

在系统内置的关键设备梳理统计表基础上,系统定时自动开启设备专项巡检并将结果生成报表,如按照汛期制定水泵专项巡检场景,在发布汛期暴雨预警时,系统按不同的预警等级预设或手动输入巡检频次,周期内自动(或手动)开启水泵远程巡检工作,系统的关键设备状态专项监控功能以水泵界面为主。在应急情况下,能实时掌握关键设备状态,及时发现问题、处理问题、反馈问题。

②关键信息卡控表实时推送

将各专业应急事件梳理、归类后形成关键信息卡控点,应急事件涉及的每项关键点信息内容均固化,用于程序化指导现场事件处置。如机电专业梳理的应急事件为:车站进水、车站爆管、区间爆管积水、站台门不联动、火灾冒烟、AFC误联动、气灭误联动、400V进线开关失电。车站进水事件关键节点信息表如图3-19所示。

车站进水事件关键节点信息表

序号	关键点项目	信息跟进人	执行情况		完成时间点
1	断开水位线以下带电设备电源	风水电工班长	已断开水位线以下带电设备电源	☑	2020-07-22 17:13:51
2	视情况向电调申请断开车站三级负荷		车站三级负荷断路器已停电	☑	2020-07-22 17:28:04
3	本站防汛物资到位(防汛水泵、水带、线盘)		本站防汛物资已到位	☑	2020-07-22 17:28:06
4	本站临时防汛水泵安装、接电		本站临时防汛水泵已安装,已接电	☑	2020-07-22 17:28:07
5	本站临时防汛水泵投用		本站临时防汛水泵已投用	☐	
6	临站临时防汛水泵安装、接电		临站临时防汛水泵安装、接电	☐	
7	临站临时防汛水泵投用		临站临时防汛水泵投用	☐	
8	0.4KV开关柜室有/无漏水、积水		0.4KV开关柜室无漏水	☑	2020-07-22 17:28:30
9	环控电控室有/无漏水、积水		环控电控室无漏水	☐	
10	应急照明配电室、蓄电池室、照明配电室有/无漏水、		应急照明配电室、蓄电池室、照明配电室无漏水	☑	2020-07-22 17:28:09
11	气瓶间有/无漏水、积水	消防工班长	气瓶间无漏水	☐	
12	断开进水区域气灭启动线		已断开进水区域气灭启动线	☐	
13	临站防汛物资到位(防汛水泵、水带、线盘)		临站防汛物资已到位	☐	
14	800M手持台及其充电器到位情况	综合监控工班长	800M手持台已到位	☐	
15	综合监控设备室有/无积水		综合监控设备室无积水	☐	
16	站台门控制室有/无漏水	站台门工班长	站台门控制室无漏水	☐	
17	轨行区线路有/无积水		轨行区线路无积水	☑	2020-07-22 17:28:25
18	断开受积水影响区域的电扶梯设备电源	电扶梯工班长	电扶梯设备电源已断电	☐	
19	AFC设备室有/无积水	AFC工班长	AFC设备室无积水	☑	2020-07-22 17:28:26
20	视情况断开车站AFC设备电源		车站AFC设备电源已断开	☐	

图3-19 车站进水事件关键节点信息表

发生应急事件时,当班调度利用智慧调度电话、即时联络群收集关键点信息,及时确认至系统中,流水式显示处置进程,每完成一项勾选一项,界面及时更新,直观展示事项处置完成状态。当所有固定事项确认完毕,表明事件处置完毕。调度人员全面掌握应急事件实时处置进度,可提升生产调度的应急指挥效能。

③应急地点 CCTV 专项监控

该功能主要用于应急情况下的远程视频现场监控。发生应急事件时，调度人员将 CCTV 显示画面切换至应急事发站点区域，实时显示现场情况，处于远方的指挥人员能根据画面显示，动态调整、修正布置安排，合理调配有限的抢险资源。

④应急物资定位监控

在重点抢险设备运输车辆已安装定位系统的基础上，发生应急情况及时将车辆定位信息打开并投至大屏，实时掌握抢险物资动态位置，定时自动将位置信息推送至指定人员共享群，做好系统性抢险工作。相比于传统电话询问司机位置，该功能提升了防汛应急抢险中对物资设备的实时掌握，也避免了司机在行车途中接打电话报送位置而产生的安全隐患。

⑤智慧运营调度电话应用

以企业微信/钉钉（或其他即时通信软件）平台为基础，发生紧急情况时，智慧运营调度电话以语音电话与事件看板两种方式同步下发应急信息。如暴雨预警、突发事件、设备抢修发生时，智能调度语音电话向所有人员一键发布应急事件信息，亦可一键拨号，以语音方式将应急信息通报至值班领导、各职能分部负责人及区域抢险队员。该功能较传统人工电话逐一拨号通知，提高了信息传递速度，能更好地统筹安排应急抢险工作。

表 3-4 为智慧调度系统接口功能。

智慧调度系统接口功能 表 3-4

序号	项目	功能			
		智慧调度系统	内容	接入单元系统	内容
一、大屏显示装置					
1	显示单元	大屏显示及工作站	分屏显示各功能模块信息	接入智慧调度系统各子系统	通过综合监控系统（或其他系统，如 PMS）提供设备状态信息
二、重点设备状态监控					
1	重点设备故障集中告警	集中告警单元	以线路为单位集中显示重要设备的告警信息，生成集中监控记录	接入系统（BAS、PIS、AFC、PSD、消防给水、人防门等）	提供 PSD 电源、水泵状态、消防稳压泵状态、人防门与防淹门、温湿度传感器、区间联络通道门、自动售检票 AFC 设备状态、电扶梯状态
2	电梯安全状态实时监控	电梯安全状态实时监控单元	实时监控线路（或线网）电梯信息，异常时报警，读取设备故障代码，生成故障维修记录	电梯	通过 BAS 系统或物联网上传电梯自身实时状态信息，异常时反馈提交故障代码
3	实时上线车辆监控	车辆信息单元	实时显示当日备用车数量，备用车上线后实时更新、生成记录	ATS 系统	上传当日线路用车数量和备用车数量，以及备用车上线状态信息

续上表

序号	项目	功能			
		智慧调度系统	内容	接入单元系统	内容
三、隐患部位重点排查及人员定位					
1	重点隐患部位定时巡查	专项监控单位元	按周期自动开启巡查功能,根据读取设备状态信息进行判断,巡查结果生成报表	接收监控的重点设备	通过综合监控系统(或其他系统,如PMS)上传设备实时状态信息(本体具备判断功能的则上传判断结果)
2	早晚高峰及应急处置人员定位	应急人员调度单元	接收定位信息并配合地图基础实时显示	手持终端(如手机)	根据预设功能定位打卡,向系统发送定位信息
四、应急处置功能					
1	关键信息卡控表实时推送	关键信息卡控单元	内置各应急事件关键信息卡控点,流水式显示各关键点完成情况、生成处置进度条	关键信息卡控表	预置各紧急事件的处置流程、处置关键点,具备"逐项打钩(类似的其他方式)"确认结果
2	应急地点CCTV专项监控	CCTV单元	通过现场摄像头获取指定位置的实时现场画面并按需显示	CCTV	预置关键区域(易发生紧急情况区域)摄像头,视频信息实时传输
3	应急物资定位监控	应急物资定位监控单元	读取应急物资定位信息并按需显示,供指挥人员实时掌握动态位置	应急物资(设备)	安装定位系统末端设备,接收定位监控
4	智慧运营调度电话应用	智慧运营调度电话	紧急情况时,以语音电话与事件看板两种方式同步进行应急信息下发	手持终端(或手机)	接收应急调度系统发布的应急事件信息及语音电话

四、智慧调度系统预期效果

智慧调度系统抽取综合监控系统(主要获取渠道)中各设备历史报警数据,分析确定对设备运行及运营服务影响重大的报警种类,将这类报警信息导入重要设备故障集中预警子系统,以"红闪+声音"加强提示,集中在一个画面以一览图方式投放于智慧调度大屏直观展示。利用声光同步显示,更便于生产调度人员查看。同时向维保人员的手持终端推送报警信息,维保人员通过设备报警一览图的设备报警链接一键跳转至车站综合监控系统的设备状态页面查看故障详情,简化操作流程,降低操作难度。

1. 方便快捷推送生产信息

在深度融合的企业微信(或钉钉)等具备生产功能的即时通信工具基础上,智慧调度系统利用人员身份、权限信息,按照预设流程通过企业微信、钉钉平台向各级人员推送生产信息。根据生产信息的划分级别,智慧调度系统分级分类推送,达到"低级别故障通知全覆盖抄送"

“高级别故障精准推送”的效果。

2. 直观显示应急信息

利用智慧调度系统中配置的应急大屏作为集中显示终端，借助应急显示大屏控制工作站运行的分屏显示软件，将实时采集的应急事件关键信息全面显示在大屏上，实现应急调度系统各项组织流程全程可视化管理。

3. 精准抽取人员信息并语音通知

发生应急事件时，智慧调度系统按照内置的应急事件响应通讯录，自动触发已安装的调度值班智能电话，并将预置的文字转换为语音，电话通知通讯录中的相关人员。

4. 应急预案导读，提高人员抢险技能

将原应急预案体系中各专业纸质应急预案电子化后，分专业、分级别导入系统，使用人员可系统查阅学习，在应急抢险时还可利用手持终端快速查看后比照执行，辅助员工提高应急事件处置能力。

五、智慧调度系统故障应急处置措施

针对智慧调度系统故障，无法实现系统功能时，当班人员按照以下流程进行应急处置。

1. 故障判断

智慧调度系统大部分功能建立在综合监控系统上，除本系统硬件故障外，故障原因多为应用软件故障、系统传输网络故障、接入子系统的接口故障等。出现故障时，应排除本系统硬件故障（如工作站物理损坏）后，利用智慧调度系统的显示图标（或颜色）状态、异常报警信息初步判断故障范围。若全部程序功能无法使用，则故障点在智慧调度系统；若部分功能无法实现，则故障点在接入的下位子系统。

2. 应急处置

当出现智慧调度系统全部功能无法使用时，应立即回归传统“电脑＋电话”调度模式，保证调度生产工作有序进行。若单项子系统或单设备功能无法正常使用，调度人员应立即使用综合监控工作站显示状态进行二次判断故障状态，并及时联系维修人员。

3. 后续措施

根据智慧调度系统维修手册，按照“先软件后硬件”的方式排除故障，依次检查智慧调度系统应用程序进程是否卡滞（关闭与重启）；检查网络通信端口数据是否正常；检查与下位子系统的通信状态；检查服务器宕机与否（如宕机则重启）。

课堂交流

2021 年 7 月 20 日，郑州地铁因特大暴雨导致全网停运，一辆列车迫停隧道，造成人员伤亡。请思考，假设郑州地铁线路调度指挥中心使用了智慧调度系统，会有不同的结果吗？具体怎么操作呢？

温馨提示：在下班高峰时段发生车站进水事件后，调度人员根据系统内置的车站设备重点故障卡控表目录选择“车站进水”事件；再结合系统对高峰值守人员信息、应急物资信息的实时定位功能，按照就近原则通知人员快速到场处置，及时推送事件处置措施信息。

任务实施及评价

城市轨道交通智慧调度系统应用及故障应急处置

学院		专业	
姓名		学号	
小组成员		组长姓名	

一、工作任务场景

结合区间爆管应急处置流程,操作智慧调度系统完成抢险人员调度、实景指挥和信息逐级或一键下发等。

二、前置知识

1. 简述传统生产调度工作模式。
2. 调取综合监控水泵界面,完成全线水泵状态查看。
3. 简述车站进水的应急处置过程。

三、任务实施

任务实施内容
1 智慧调度系统操作
1.1 通过告警信息、页面显示等检查重要设备状态,按需操作调出功能界面,判断各功能子系统是否正常工作
1.2 熟悉大屏各单元的显示信息,按需操作大屏工作站,将重要信息投送至大屏显示
1.3 在工作站调取重点设备故障集中告警页面,根据图标状态、颜色显示判断设备状态;针对显示异常的报警,快速操作查看报警设备的详细信息
1.4 通过重点设备故障集中页面的告警设备名称判断所属维保专业,建立维修工单并开启工单流转
1.5 调取电梯安全状态实时监控页面,根据颜色显示判断电梯状态;出现异常时,读出显示的故障代码,熟悉急停代码含义
1.6 出现急停、困人时,熟悉应急预案,及时调派站务人员安抚乘客,并即时通知维保人员,推送信息
1.7 调取车辆信息页面,检查系统状态,读取线上用车数量、备用车数量和位置
1.8 熟悉重点隐患部位定时巡查功能及特殊时段的全部隐患部位;使用巡查功能,并根据视频画面,判断安全隐患点是否出现异常情况;出现异常时,能根据巡查结果判断隐患点情况是否扩大;生成巡检结果报表,检查报表的准确性
1.9 熟悉机电专业重要应急事件和影响范围,以及初期的处置方案、需调派的处置人员和物资;检查早晚高峰人员打卡及应急处置人员定位信息
1.10 发生应急事件时,将调度中心大屏画面快速切换至应急事发站点相应区域;判断故障信息等级,正确推送信息;利用智能调度语音电话一键拨号功能,语音通报相关人员;根据事件类型快速调出对应事件关键信息卡控表,根据现场信息卡控流程进度
2 故障的判断
2.1 通过终端显示的故障现象初步判断故障点位和所属维保专业
2.2 若部分功能无法实现,则故障点在下位子系统
2.3 若全部程序功能无法使用,则故障点在智慧调度系统
3 故障应急处置
3.1 当出现智慧调度系统全部功能无法使用时,应立即回归传统的"电脑+电话"调度模式,保证调度生产工作有序进行
3.2 若单一子系统功能无法正常使用,通过综合监控工作站显示状态进行预判,然后进行生产人员和维修资源调度

续上表

4 故障处置后续措施
4.1 按照智慧调度系统使用维修手册,依次对智慧调度系统应用程序进程重启、应用服务器重启,检查系统网络通信状态,检查末端设备通信状态

四、评价反馈

(一)评价标准

项目	项目内容
接受工作任务	明确工作任务,理解任务在企业工作中的重要程度
前置知识	本次实训前需要掌握的知识程度
能力评价	智慧调度系统操作
	故障的判断
	故障应急处置
	故障处置后续措施
素养评价	工作计划性强,安排得当
	团队合作能力强,善于沟通合作
	自主学习能力强,勇于克服困难
	严谨认真,积极参与课堂
	演示文稿制作精美,汇报演讲能力强
评价反馈	自我评价:能对自身表现情况进行客观评价,能在任务实施过程中发现自身问题
	小组互评:客观、公正,能指出其他组的问题

(二)自我评价

请根据在课堂中的实际表现进行自我评价与自我反思。

序号	评价标准	
1	接受工作任务	☆ ☆ ☆ ☆ ☆
2	前置知识	☆ ☆ ☆ ☆ ☆
3	能力评价	☆ ☆ ☆ ☆ ☆
4	素养评价	☆ ☆ ☆ ☆ ☆
自我反思:		

(三)小组互评

请小组之间根据在课堂中的实际表现进行小组互评。

序号	评价标准	
1	接受工作任务	☆ ☆ ☆ ☆ ☆
2	前置知识	☆ ☆ ☆ ☆ ☆
3	能力评价	☆ ☆ ☆ ☆ ☆
4	素养评价	☆ ☆ ☆ ☆ ☆

续上表

(四)教师评价

项目	项目内容	分值	得分
接受工作任务	明确工作任务,理解任务在企业工作中的重要程度	5	
前置知识	本次实训前需要掌握的知识程度	5	
能力评价	智慧调度系统操作	10	
	故障的判断	10	
	故障应急处置	10	
	故障处置后续措施	10	
素养评价	工作计划性强,安排得当	5	
	团队合作能力强,善于沟通合作	5	
	自主学习能力强,勇于克服困难	10	
	严谨认真,积极参与课堂	10	
	演示文稿制作精美,汇报演讲能力强	10	
评价反馈	自我评价:能对自身表现情况进行客观评价,能在任务实施过程中发现自身问题	5	
	小组互评:客观、公正,能指出其他组的问题	5	
得分(满分100)			

视野拓展

责任在肩,统筹协调

调度,常用作动词,意为调动;安排人力、车辆。用作名词时,可以指担负指挥调派人力、工作、车辆等工作的人,即调度员。

下面让我们来了解成都地铁调度员繁忙、紧张、充实的一天。

00:10:成都地铁最后一列车回停车场,调度员开始了新一轮的忙碌。

04:30:调度员确认线路施工结束、线路出清,确保安全后,中环控制中心行车调度员开始对车站发布运营检查命令,同时监控、配合车站工作人员进行运营前最后一步检查。

05:10:调度员组织首列轨道车开出,确保首班车正点、安全运营。

07:00:调度员紧盯监控大屏,确认线上每一列车的位置与时刻,控制行车间隔与安全,确保准点运行。

19:00:调度员白班与夜班交接。

地铁运营管理是一项复杂的系统工程,每个岗位都是系统中不可分割的部分,各个岗位联动协作,才能有效完成系统任务。任何一个环节出了问题,可能会影响整个系统的效率。这就需要各岗位人员忠于职守,团结协作,以整体目标为目的,发挥团队精神,上传下达,信息互通,形成巨大的合力,提高工作效率,完成地铁运营系统中的各项任务。未来,通过安装卫星导航终端设备,可进一步缩短列车行驶时间间隔,降低运输成本,有效提高运输效率。

任务三 基于云技术的综合监控系统运行与维护

学习目标

1. 掌握基于云技术的 ISCS 系统与其他专业的硬件运行基础。
2. 掌握统一云技术管理与边缘云技术管理的差异。
3. 能区分常规 ISCS 系统与基于云技术的 ISCS 系统差异。
4. 基于云技术的综合监控系统出现异常情况时,能判断故障,并具有应急处置的能力。
5. 具有标准化完成 ISCS 系统检修作业的工程思维。

任务导入

呼和浩特市城市轨道交通云平台项目采用云平台部署方式,统一构建城市轨道交通综合监控系统(ISCS)、自动售检票系统(AFC)、乘客信息系统(PIS)、门禁系统(ACS)、列车自动运行监视系统(ATS)、集中告警系统(CAS)、公务电话(PBE)等系统线网级平台,实现了各主要业务系统设备资源的横向融合,也实现了信息资源的纵向融合,最终实现城市轨道交通相关业务系统的全方位融合及资源共享。这种方式可优化既有综合监控系统(ISCS)、自动售检票系统(AFC)等业务系统应用架构,简化实时数据处理,实现业务应用的标准化、统一化,提升各业务系统数据共享及业务应用的效率;全方位覆盖系统应用、平台部署、网络架构,为行业标准与规范的制定以及本地区后续线路和国内其他线路的综合监控系统部署提供了技术支撑与参与。

本任务是通过对基于云技术的综合监控系统的知识学习,认识统一云管理、边缘云管理技术、系统架构与设备组成,分辨与常规综合监控系统的差异,能利用常规综合监控系统的维修保养作业标准及要求进行基于云技术的综合监控系统设备的检修。

知识课堂

一、常规的综合监控系统

城市轨道交通常规的综合监控系统(ISCS)是用系统化方法将各个分散的自动化系统联结为一个有机的整体,形成一个典型的大型分层、分布式结构的监控系统,以集成或互联的方式实现各专业系统之间的信息互通、资源共享。集成部分包括电力监控系统(PSCADA)、环境与设备监控系统(BAS)、火灾自动报警系统(FAS)、屏蔽门(PSD)、防淹门(FG)等系统。互联部分包括信号系统(SIG)、自动售检票系统(AFC)、门禁系统(ACS)、广播系统(PA)、视频监视系统(CCTV)、乘客信息系统(PIS)、集中网络管理系统(ALM)、无线通信系统(RTS)和时钟分配系统(CLK)的互联。常规的综合监控系统构成示意图如图 3-20 所示。

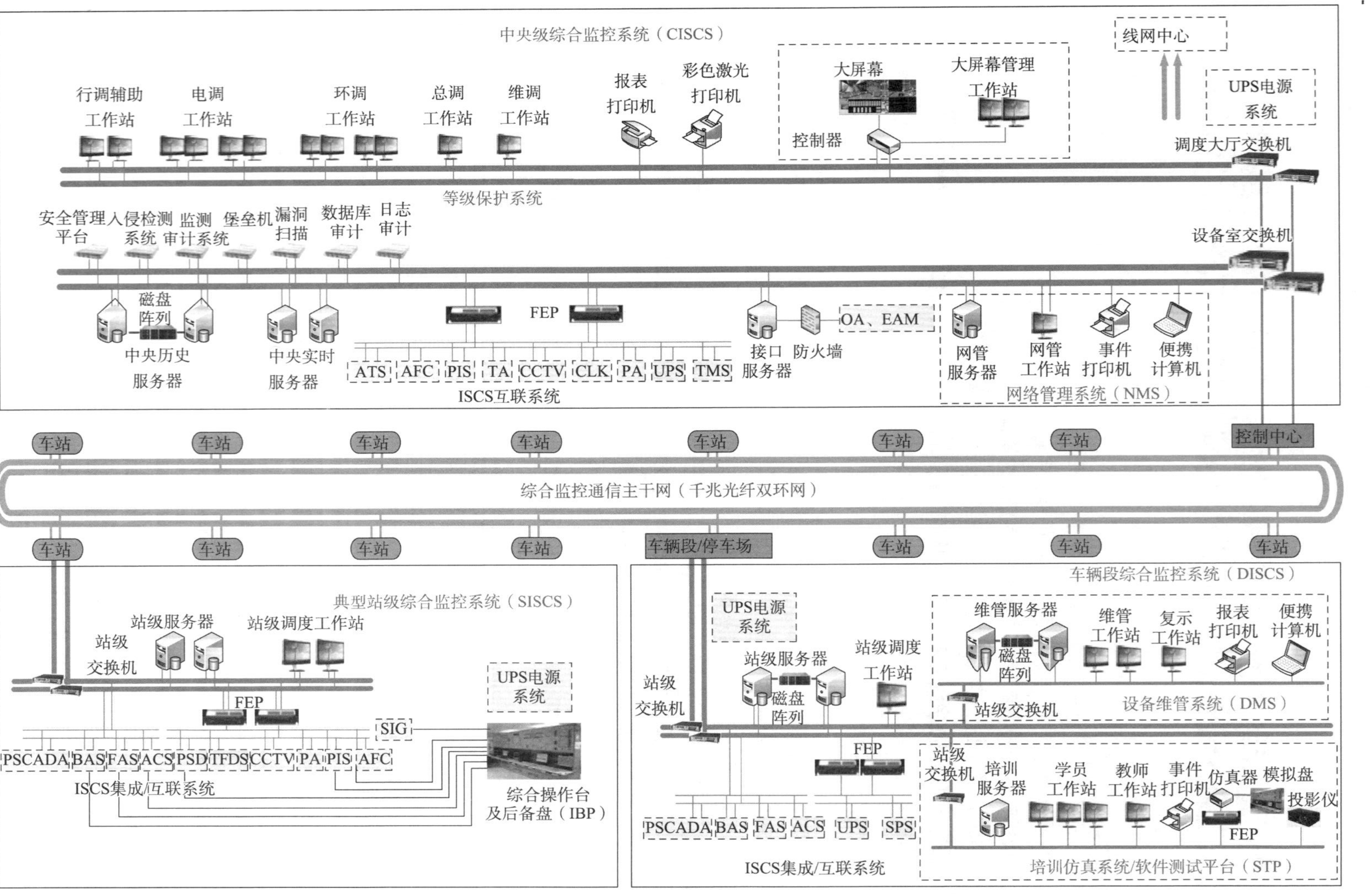

图3-20 综合监控系统构成示意图

集成与互联方式主要差异在于下位集成子系统的网络通信直接经交换机转发即可与服务器完成通信,不经过前端处理器(FEP)进行通信信息的先期处理。互联子系统拥有自己的传输网络及数据处理终端等,可独立于综合监控系统外运行及显示。集成子系统则不具有这些特征。

综合监控系统采用三级控制方式,即中央级、车站级和现场级三级控制。综合监控系统通过设备的"远程"和"本地"转换开关获得(或取消)设备操作权限。在城市轨道交通中设备设置为"远程"状态,则该设备接受"中央"或"车站"控制命令并执行及反馈。其中,设备处于"本地"状态时操作优先权限为最高级,如图 3-21 所示。

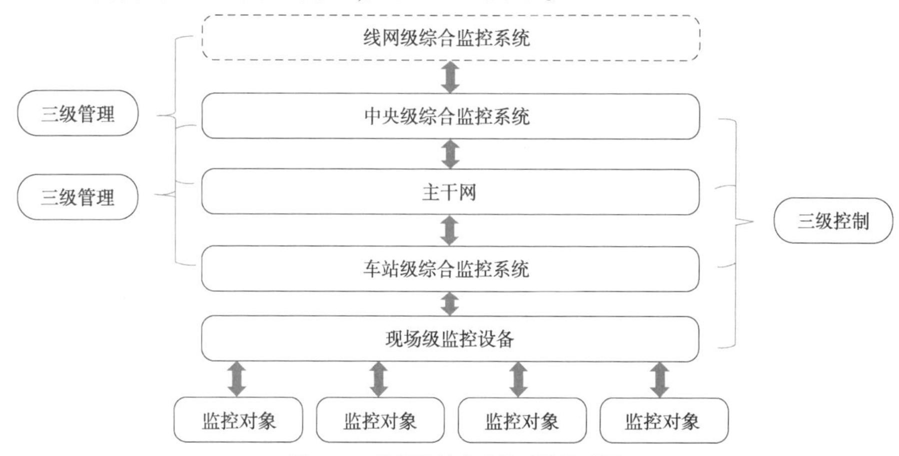

图 3-21 常规的综合监控系统构成图

常规的综合监控系统采用两级管理模式,即中央级和车站级管理。中央级面向对象是环境调度、电力调度人员,通过中央级综合监控系统实现对全线机电设备的监控,根据实际情况调整管理方式。车站级面向对象是值班站长和相关值班人员,通过车站级综合监控系统实现对车站(或场段)的机电设备的监控,如图 3-22 所示。

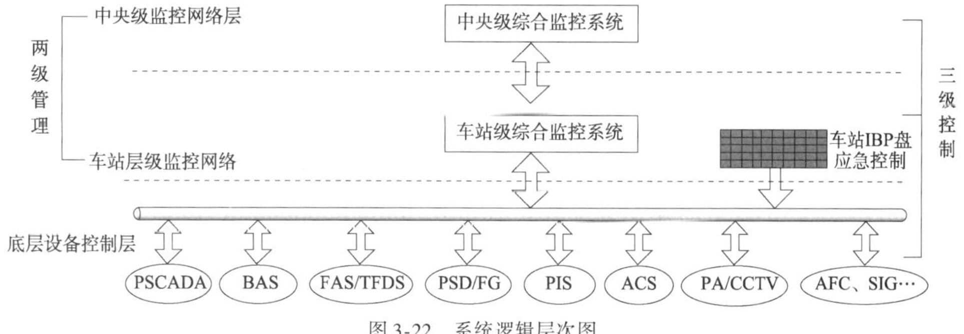

图 3-22 系统逻辑层次图

1. 中央级综合监控系统(CISCS)

中央级综合监控系统设备设置在控制中心,集成多个子系统的中央级功能,并同信号、自动售检票等系统的中央级互联(图 3-23),实现在中央级对线路各站点范围内的设备运行状态、故障情况监视,并向各个站点发布指令,统一指挥、协调各个站点的设备运行。中央级综合监控系统对线路的受控设备状态与故障报警、人员操作记录及调度指令等信息实时记录,存入中央数据库并实时对数据库信息进行更新,以供中央操作员(主要是运营部门的环调、电调及维修人员)利用工作站和综合显示屏查询;旧有数据以历史数据库形式存储并提供查询业务。

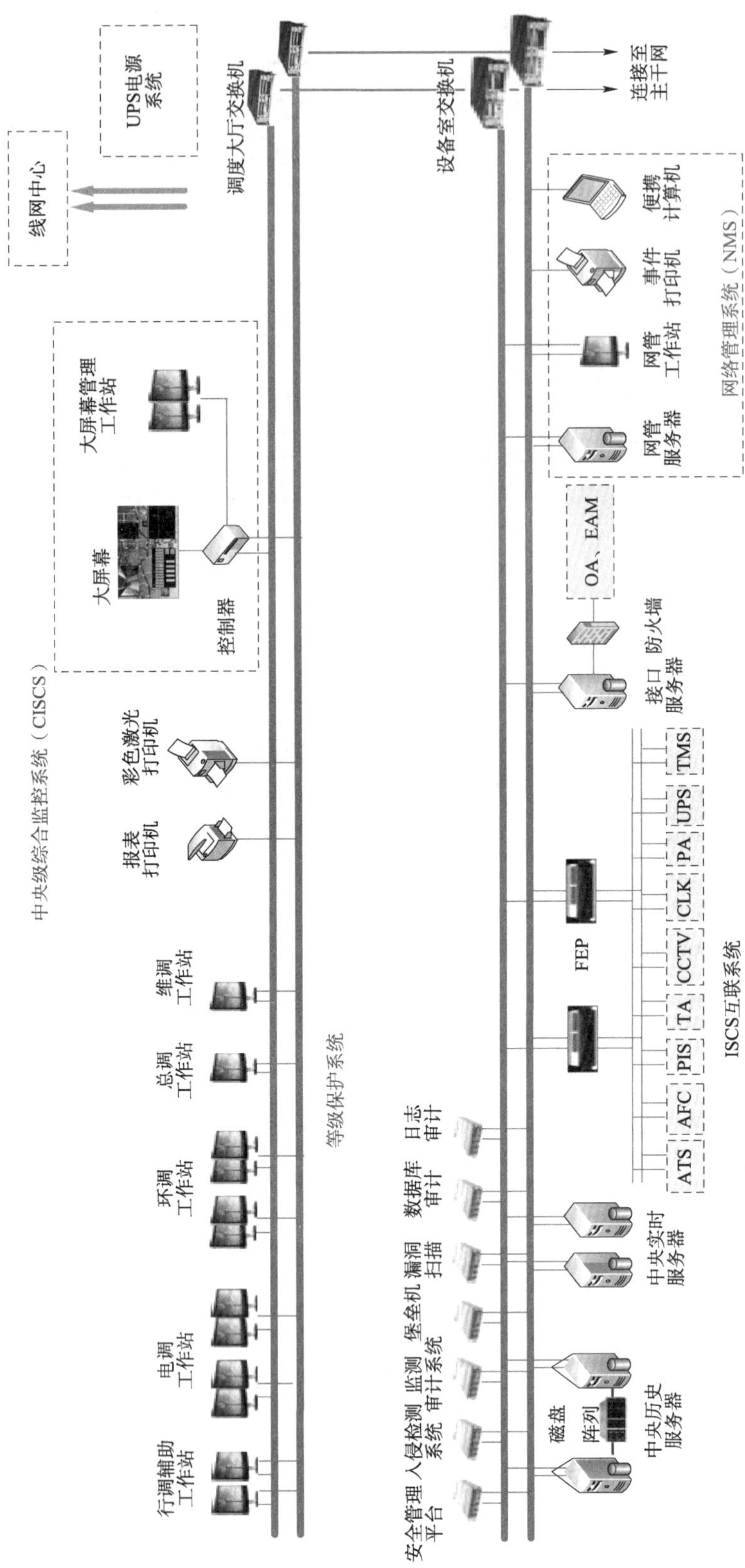

图3-23 中央级综合监控系统图

中央级综合监控系统相关配置如下。

(1)传输速率为100M/1000Mbps的冗余、带路由功能的工业级以太网交换机。

(2)冗余的实时服务器,完成实时数据采集和处理工作。冗余实时服务器能自动进行切换。每个实时服务器通过以太网接口与中央以太网交换机连接。

(3)冗余的历史服务器,完成历史数据的存储、记录和管理等工作。冗余历史服务器能自动进行切换,并配置外部磁盘阵列和磁带机。历史服务器配置关系型数据库管理系统,用来管理历史数据。每个历史服务器通过冗余的以太网接口与中央以太网交换机连接。

(4)调度员工作站(部分城市配置不同):2套行车辅助调度员工作站;2套电力调度员工作站;2套环控调度员工作站;1套维护调度员工作站;1套总调度员工作站。

(5)冗余的前端处理器(FEP)用以接收和发送控制中心互联系统的信息。

(6)报表打印机和图形打印机。

(7)大屏幕显示系统,实现OCC的显示监控功能。

2. 车站级综合监控系统(SISCS)

车站级综合监控系统设备的监控功能主要是完成本站点设备监控、管理,集成或互联了多个子系统的车站级功能(图3-24),一方面负责管辖范围内设备监视,并根据本站的情况向下级子系统发布控制指令。该系统另一方面将本站设备的运行数据传输给中央级,并接受中央级运行指令。车站级综合监控系统设备主要设置在综合监控设备室、车控室等,其面向的操作对象是车站值班员。

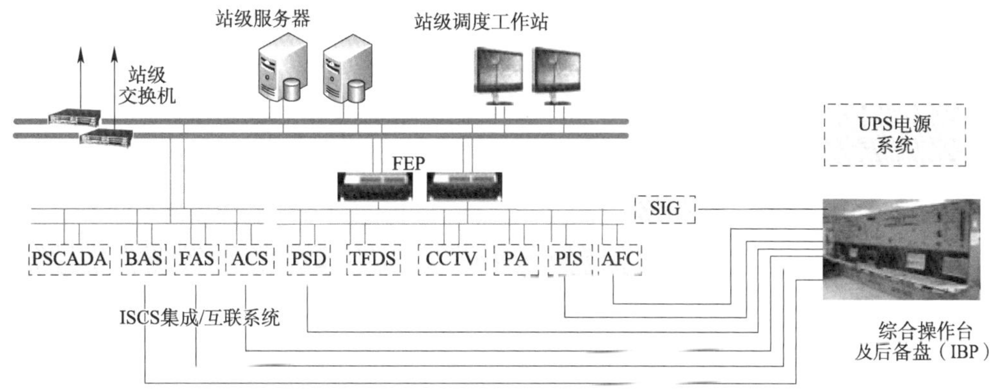

图3-24 车站级综合监控系统图

车站级综合监控系统设置在车站,主要由2台工业级以太网交换机、2套实时服务器、2套前端处理器(FEP)、2套车站级工作站、1台报表打印机和1套车站综合后备盘(IBP)及操作台等组成。主要设备及设备性能与中央级类似(如以太网交换机、服务器、FEP具备冗余切换功能),但参数规格与设备性能较低,其中IBP盘及操作台是车站独有设备。主变电站所的综合监控功能接入临近车站的车站级综合监控系统(部分城市线路将主变电所作为一个独立站点对待,并按照一个车站配置相关设备)。

车站级综合监控系统存储、处理从被监控系统读取的数据,实时反映现场设备状态的变化并生成报表。车站级综合监控系统记录车站设备状态、操作记录及故障报警等信息存入车站数据库并实时更新信息(部分综合监控集成商提供的组态软件数据存储方式不同,可存入中央数据库)。车站值班员通过设置在车控室的工作站查看查询设备信息,执行处理车站值班员的控制命令,传送控制命令至被控系统并反馈执行结果。

为保证中央级监控系统或车站级监控系统在灾害及阻塞等特殊情况下出现瘫痪时,重要监控对象仍能被控制,并为乘客提供必要的逃生条件,在各车站控制室内设置了综合后备盘(IBP)。综合后备盘采用统一的IBP盘远程I/O来实现紧急情况下相关设备的后备控制功能。在出现特殊故障时,值班人员通过按压IBP盘面的按钮直接启动下位系统设备,以保证乘客的生命安全。

3. 现场级设备

现场级设备作为车站级、中央级的被监控对象,是车站机电设备的主体,由BAS、FAS、PSCADA、PSD、FG、CCTV、PIS、SIG、AFC、ACS等系统组成,广泛分布于现场,可以进行现场单台设备的操作,其面向的操作对象主要是车站管理人员和维修人员。其中CCTV、PIS、AFC、SIG(对应列车自动监控系统)等由不同专业的维保人员维护,均配置有独立服务器、交换机,并配置独立专用网络及网络安全设施,与综合监控系统之间采用互联方式接入。

二、基于云技术的综合监控系统

1. 基于云技术的综合监控系统(ISCS)的功能与常规综合监控系统的不同

基于云技术的综合监控系统(ISCS)的功能是在性能强大的服务器(称为"云节点一体机")提供云资源服务的基础上,实现城市轨道交通控制中心、车站(或车辆段)各弱电专业数据的融合。分布于控制中心、车站和车辆段的云节点一体机,为综合监控系统(ISCS)、视频监视系统(CCTV)、乘客信息系统(PIS)、AFC人脸识别及智慧安检系统、安防集成平台提供中央级、车站级系统的计算及存储资源,让弱电系统在控制中心、车站、场段不再需要另行部署硬件设备。基于云技术的综合监控系统组成(无人驾驶线路)如图3-25所示。

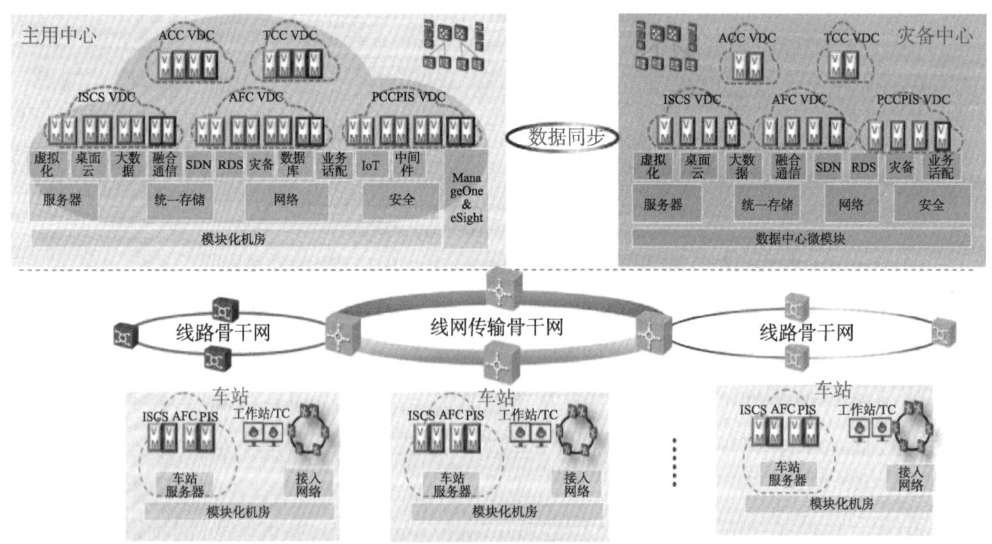

图3-25 基于云技术的综合监控系统组成(无人驾驶线路)

基于云技术的综合监控系统控制方式与传统线路一致,即采用中央级、车站级和现场级三级控制方式。设备操作权限和设备控制权限处于“本地”状态时操作优先权限为最高级。控制中心的主要责任人员是各调度员和相关管理人员,车站、车辆段等站点的主要负责人员是值班站长和相关值班人员,通过综合监控系统实现对全线机电设备等方面的监视,根据实际情况调整管理方式。

2. 统一云技术管理、边缘云技术管理

各城市轨道交通线路在推进基于云技术的综合监控系统(ISCS)时采取两种部署。在控制中心与车站均采用弱电融合云节点一体机提供计算及存储资源的,称为统一云技术管理;在车站(或车辆段)采用弱电融合云节点一体机提供计算及存储资源,而控制中心采用传统综合监控中央级架构部署方式的,称为边缘云技术管理。无论是统一云技术管理还是边缘云技术管理,二者最大的共同特点是采用统一的云资源服务器取代各专业的服务器、FEP 等设备,共用交换机取代各专业的交换机,合并各专业的网络设备及信息安全设备等。

(1)系统硬件

ISCS 的硬件结构分为中央层和车站层两层。车站级综合监控系统由以下设备构成,包括但不限于云节点一体机、坐席管理系统、打印机、冗余的网络交换机、IBP 盘等。车辆段综合监控系统(DISCS)与车站级综合监控系统(SISCS)均属于站级系统,因此配置上基本一致(车辆段不设置 IBP 盘)。边缘云技术的综合监控系统总结构如图 3-26 所示。

基于云技术的综合监控系统(ISCS)中央级综合监控系统硬件构成与车站级综合监控系统硬件配置类似,但设备各项性能参数高于车站级设备。此外,控制中心还配置有与常规线路类似的大屏幕系统、外部磁盘阵列、各类调度员工作站(如行调、环调、电调、值班主任、乘客调和维调等)。

在全国范围的城市轨道交通线路中,基于云技术的综合监控系统多用于无人驾驶线路,其与常规的综合监控系统不同的是,还需单独设置备用控制中心,备用控制中心综合监控系统配置的各硬件功能与控制中心的一致,其作用是在控制中心综合监控系统故障状态下,可切换至备用控制中心综合监控系统。

(2)系统软件

基于云技术的综合监控系统软件要求与常规综合监控系统软件一致,具备开放的、模块化、标准化、实用化、可复用和可扩展的特征。其框架仍然采用“平台设计 + 应用设计 + 工程设计”三层结构,软件系统不依赖于硬件设备,软件部件可以按照具体项目的硬件配置进行部署;同时,具有丰富的数据和通信接口,可根据工程要求,扩展开发新的数据和通信接口,既可以与其他机电设备系统实现信息互通,又可以与更高层的系统实现信息互通。

云节点软件平台包含分布式存储引擎,云计算服务资源按需分配、线性扩展,提供计算虚拟化、网络虚拟化 SDN、网络虚拟化分布式存储等核心服务的统一管理、多租户管理、监控日志及云运营维护管理控制台等一整套核心云资源管理能力。

(3)系统功能

基于云技术的综合监控系统提供与常规综合监控系统一致的通用功能(如状态及告警显示功能、基本遥控功能、模式控制功能、远程组控制功能、报警管理功能、趋势记录功能等);提供实现相关接口的机电系统功能(如变电所综合自动化系统功能、环境与设备监控系统功能、火灾自动报警功能、站台门系统功能、大屏幕系统功能等)。此外,该系统还具有以下重要功能:

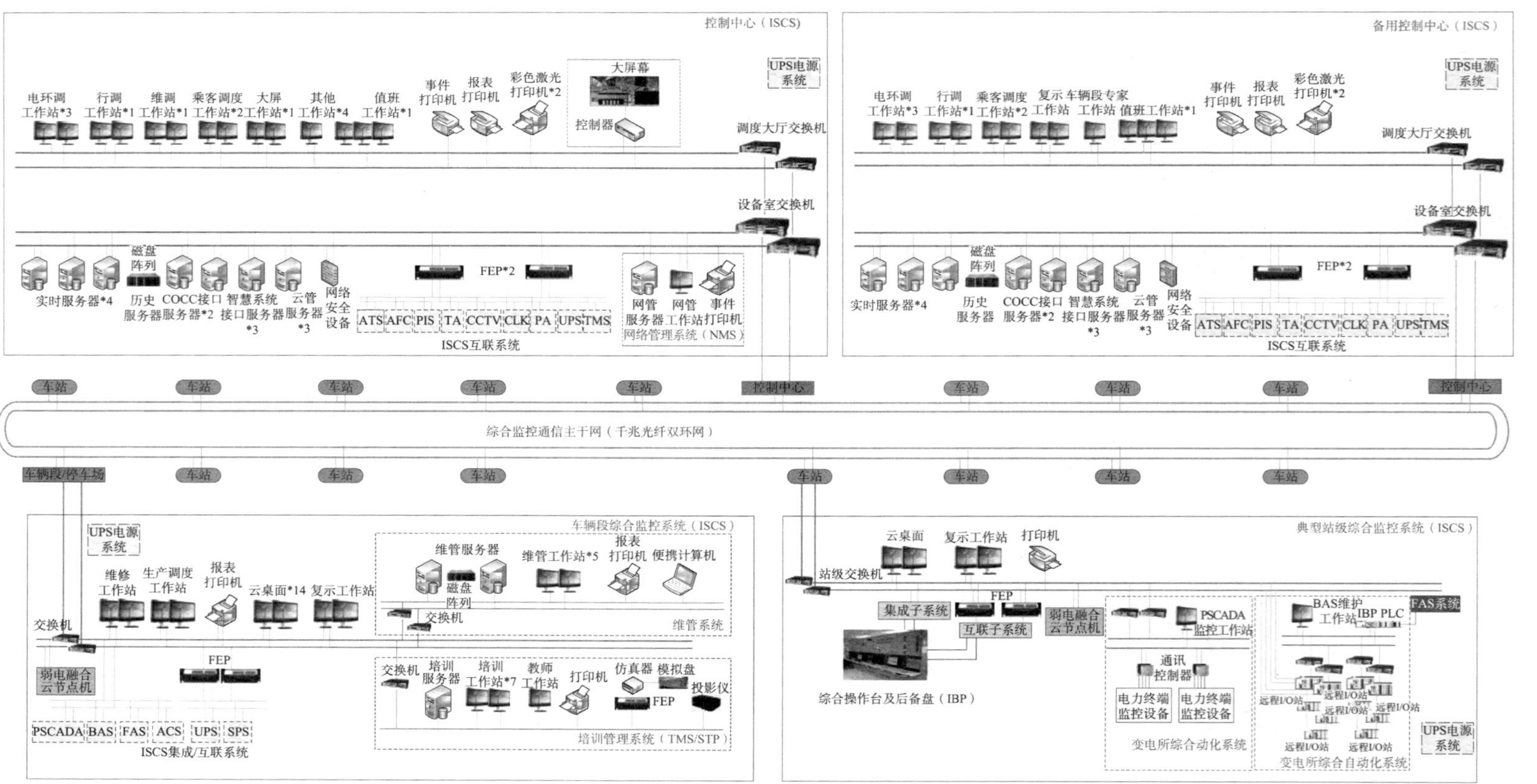

图3-26 边缘云技术的综合监控系统总结构图

①云节点资源管理功能。

动态资源伸缩策略:针对单独的应用,能根据负载情况实时动态地调整应用实际使用的资源。当一个应用资源负载较高时,云节点机自动启动该应用备用虚拟机或添加虚拟机并安装应用软件,分担当前应用的负荷;当应用的资源负载很低时,云节点机自动关闭或删除虚拟机,释放相应的资源。通过启动、添加、关闭、删除虚拟机等动作,实现应用所需的资源自动伸缩。

组间资源回收策略:在云节点机虚拟化系统资源不足的情况下,云管理系统可以根据管理员设置的应用组件的资源复用策略,使优先级高的应用优先获取资源,优先级低的应用释放资源,以供优先级高的应用使用。

时间计划策略:允许用户对不同的应用实现资源的分时复用。用户能自主设置时间计划策略,使得不同应用能分时段使用系统资源。

智能负载调度:根据应用的CPU、内存负荷使用情况制定智能策略,实现轻载虚拟机合并到某台服务器,同时将空闲服务器下电,实现节能降耗;重载情况下,将未上电的服务器上电并投入系统使用,将重载服务器上的虚拟机通过热迁移等方式分离部署到新上电的服务器上,实现服务器负载均衡。

②虚拟化平台安全防护功能。

支持主流操作系统(Windows和Linux)无代理底层防病毒能力,不需要在虚拟服务器或虚拟桌面中部署安全防护代理;实现无代理防护能力嵌入到虚拟化软件底层,同时保护操作系统以及服务应用,利用防火墙及入侵防御(DPI)功能,减少物理和虚拟服务器的攻击面,以及在已知漏洞修复之前,屏蔽漏洞防止入侵;具有的防病毒功能和集中管控功能能够统一管理和配置,将日志统一集中呈现在管控平台上,并统一下发安全策略。

此外,软件功能还包括软硬件全冗余支持、冗余存储无缝切换、全可视化运维界面、细粒度报警信息、提供可热插拔硬件模块管理等,并为之提供稳定性、可用性、操作性皆为最佳的基础设施环境。

三、基于云技术的综合监控系统网络架构

基于云技术的综合监控系统网络架构采用“骨干网络+局域网络”方式构建。骨干网络采用“跳站连接环网运行+主备网冗余”方式搭建,综合监控系统骨干网络连接图如图3-27所示。综合监控系统的局域网络(冗余环网)连接示意图如图3-28所示。为保证车站设备连续可靠运行,所有设备在具备冗余功能专用环状局域网络中运行。

四、基于云技术的综合监控系统与外部设备的接口

基于云技术的综合监控系统(ISCS)与外部设备接口功能及分界大部分内容与常规综合监控系统一致,但也存在一些差异。综合监控系统与外部设备的接口功能及分界见表3-5。如车站级综合监控取消了FEP,因此接口功能及分界应作出相应改变,即在车站级综合监控系统中ISCS系统与外部设备接口分界在FEP处改为车站级交换机,其接口功能和通信方式维持不变。类似表中ISCS系统与防淹门、站台门。

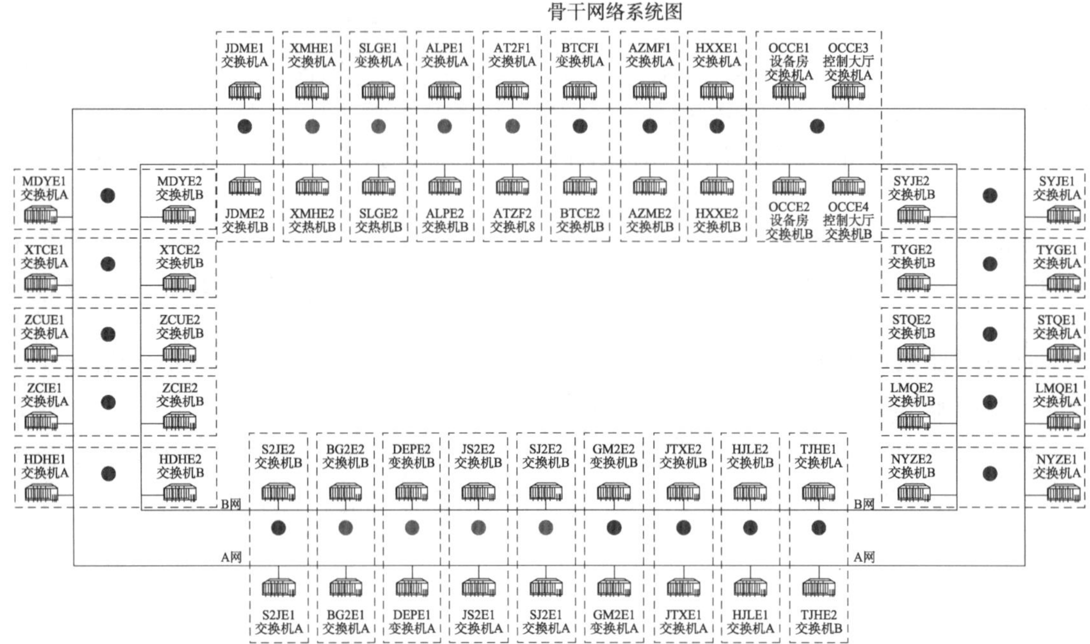

图 3-27 综合监控系统骨干网络连接图

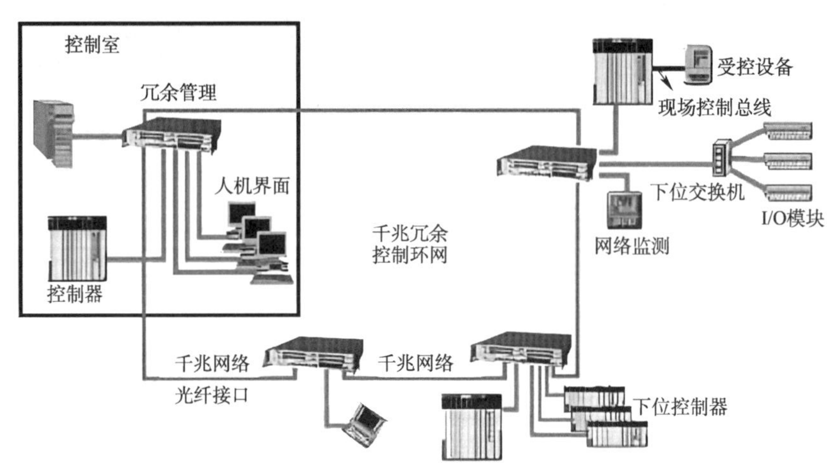

图 3-28 综合监控系统的局域网络(冗余环网)连接示意图

五、基于云技术的综合监控系统的故障应急处置措施

基于云技术的 ISCS 设备检修采用的设备与常规综合监控系统设备要求一致,因此其检修内容及检修周期参照常规综合监控系统相关设备的功能和性能来确定其检修时间和检修内容。鉴于云节点一体机实质为性能强大的特殊用途通用服务器。因此云节点一体机的检修要求按照常规综合监控系统服务器的检修要求执行。坐席管理系统的检修要求按照常规综合监控系统的工作站的检修要求执行。

综合监控系统与外部设备的接口功能及分界

表 3-5

接口编号	ISCS	防淹门系统(FG)	接口分界图
ISCS. FG. 1	1. 每隔一定时间,采集下列数据:设备状态信息、设备报警信息、通道状态信息。 2. 每隔一定时间, ISCS 对 FG 与 ISCS 之间的通道进行检测。 3. 向 FG 提供网络时间同步信息	1. 按约定好的数据格式提供:设备状态信息、设备报警信息、通道状态信息。 2. 回应 ISCS 对 FG 与 ISCS 之间的通道检测。 3. 接收 ISCS 提供的网络时间同步信息	接口分界 FG ⇔ ISCS FG 控制器 配线架 O/E FG.ISCS.1 以太网 O/E 配线架 ISCS交换机 车站防淹门控制室 综合监控设备房 接口分界 FG IBP 防淹门控制器 接线端子 ISCS.FG.2 硬线 接线端子 IBP 防淹门控制室 车控室 接口 ISCS. FG. 1 采用基于以太网的标准 MODBUS TCP 协议,ISCS 系统的交换机配置为主机,FG 系统的通信设备配置为从机,通信协议由 ISCS 提供;网络接口采用热备冗余设计,双方系统通过互相监察对应接口的工作状态,实现冗余切换。 接口 ISCS. FG. 2 定义了 ISCS(IBP)与 FG 的接口,采用硬线连接,物理分界在车站控制室 IBP 接线端子;接口 ISCS. FG. 2 不考虑冗余
ISCS. FG. 2	统一设计 IBP 盘,提供 IBP 的按钮和指示灯	接收来自 ISCS 的 IBP 的控制,向 IBP 上传防淹门状态,并驱动 IBP 上开/关门操作的相关指示	

续上表

接口编号	ISCS	站台门系统（PSD）	接口分界图
ISCS. PSD. 1	1. 每隔一定时间，采集下列数据：设备状态信息、设备报警信息、通道状态信息。 2. 每隔一定时间，ISCS 对 PSD 与 ISCS 之间的通道进行检测。 3. 向 PSD 系统提供网络时间同步信息	1. 按约定好的数据格式提供：设备状态信息、设备报警信息、通道状态信息。 2. 回应 ISCS 对 PSD 与 ISCS 之间的通道检测。 3. 接收 ISCS 提供的网络时间同步信息	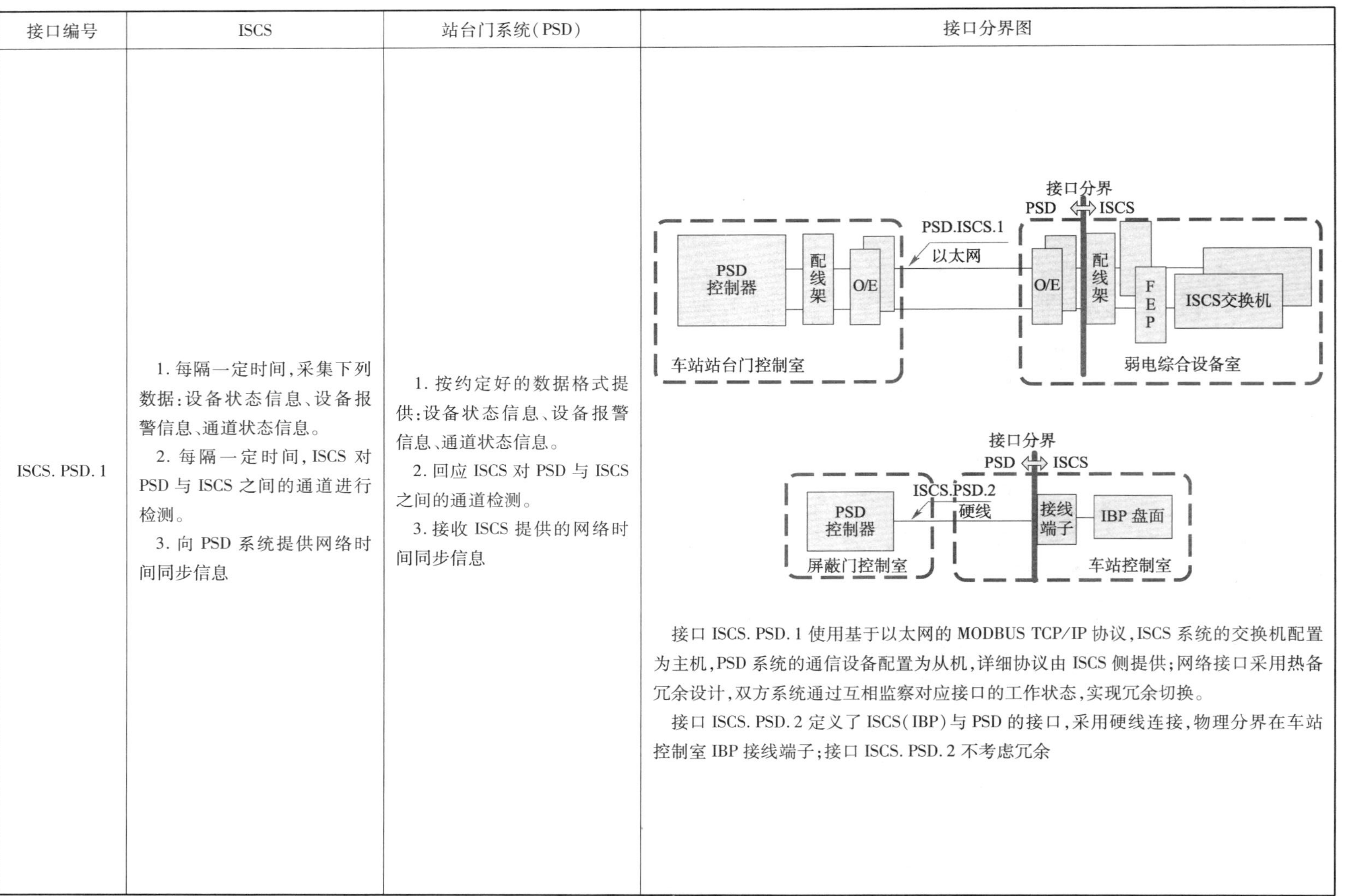 接口 ISCS. PSD. 1 使用基于以太网的 MODBUS TCP/IP 协议，ISCS 系统的交换机配置为主机，PSD 系统的通信设备配置为从机，详细协议由 ISCS 侧提供；网络接口采用热备冗余设计，双方系统通过互相监察对应接口的工作状态，实现冗余切换。 接口 ISCS. PSD. 2 定义了 ISCS（IBP）与 PSD 的接口，采用硬线连接，物理分界在车站控制室 IBP 接线端子；接口 ISCS. PSD. 2 不考虑冗余

基于云技术的ISCS已发生的重大故障经事后复盘确认,与常规综合监控系统同类故障处置方式一致,只是变更了处置对象,较大的差异是将服务器变更为云节点一体机。因此,处置方案参照常规综合监控系统重大故障应急处置方案执行。

课堂交流

请各组分别操作常规综合监控系统与基于云技术综合监控系统后交流二者的差异性。

任务实施及评价

基于云技术的综合监控系统应用及故障应急处置

学院		专业	
姓名		学号	
小组成员		组长姓名	

一、工作任务场景

以综合监控系统检修工身份按照基于云技术的综合监控系统操作手册、维修手册对某站基于云技术的综合监控系统检测,并依据操作检测结果做出评价并生成报表。

二、前置知识

1. 简述常规综合监控系统与其他专业的硬件设备监控功能运行基础。

2. 简述常规综合监控系统网络架构。

3. 简述常规综合监控系统检修维护。

三、任务实施

任务实施内容
1　基于云技术综合监控系统操作
1.1　熟练调取系统各页面,查看二级页面中图标显示与颜色显示的重要下位设备是否工作正常
1.2　熟练利用页面的图标颜色显示,判断对应报警的所属级别;利用集中告警快捷定位功能,读取告警设备名称、编号及设备安装位置等详细信息
1.3　通过图标显示,判断接入综合监控系统的受控末端设备状态,如消防泵组、BAS、照明等
1.4　顺利调出任务管理器页面,检查各重要进程运行状态,如CPU利用率、内存占用等
1.5　顺利调取网络状态监控页面,查看系统与下位设备的网络状态
1.6　调取报警页面,按预设条件查看各报警记录是否正常
1.7　顺利调取交换机查看页面,检查各端口状态、丢包率等
1.8　利用维护工作站远程查看防火墙工作状态,如软件版本等
1.9　随机抽取某下位设备,利用远程查看功能查看设备状态
2　故障的判断
2.1　利用系统的图标显示状态、颜色;资源管理器各进程及内存状态等初步判断故障类型和故障点位
2.2　出现单个子系统进程卡死、内存占用高等,初步判断是否为子系统的本体故障

续上表

任务实施内容
2.3　系统软件操作出现无法进入功能界面、管理功能调取失败、大量设备显示离线等问题时，初步确认故障点在综合监控系统时，应重点检查网络通信和系统组态软件是否故障
3　故障应急处置
3.1　当部分功能无法正常使用时，则启动各专业应急处置模式，如 ATS 无法使用则启动行车转向预案
3.2　当全部功能无法使用时，应立即回归传统模式，如综合监控系统降级使用等
4　故障处置后续措施
4.1　按照基于云技术的综合监控系统使用维护手册，择机对应用程序进程、应用服务器软件进行重启，检查系统网络通信状态，检查末端设备接口通信状态，及时同步受控设备数据信息

四、评价反馈

（一）评价标准

项目	项目内容
接受工作任务	明确工作任务，理解任务在企业工作中的重要程度
前置知识	本次实训前需要掌握的知识程度
能力评价	基于云技术综合监控系统操作
	故障的判断
	故障应急处置
	故障处置后续措施
素养评价	工作计划性强，安排得当
	团队合作能力强，善于沟通合作
	自主学习能力强，勇于克服困难
	严谨认真，积极参与课堂
	演示文稿制作精美，汇报演讲能力强
评价反馈	自我评价：能对自身表现情况进行客观评价，能在任务实施过程中发现自身问题
	小组互评：客观、公正，能指出其他组的问题

（二）自我评价

请根据在课堂中的实际表现进行自我评价与自我反思。

序号	评价标准	
1	接受工作任务	☆ ☆ ☆ ☆ ☆
2	前置知识	☆ ☆ ☆ ☆ ☆
3	能力评价	☆ ☆ ☆ ☆ ☆
4	素养评价	☆ ☆ ☆ ☆ ☆
自我反思：		

续上表

(三)小组互评

请小组之间根据在课堂中的实际表现进行小组互评。

序号	评价标准	
1	接受工作任务	☆ ☆ ☆ ☆ ☆
2	前置知识	☆ ☆ ☆ ☆ ☆
3	能力评价	☆ ☆ ☆ ☆ ☆
4	素养评价	☆ ☆ ☆ ☆ ☆

(四)教师评价

项目	项目内容	分值	得分
接受工作任务	明确工作任务,理解任务在企业工作中的重要程度	5	
前置知识	本次实训前需要掌握的知识程度	5	
能力评价	基于云技术综合监控系统操作	10	
	故障的判断	10	
	故障应急处置	10	
	故障处置后续措施	10	
素养评价	工作计划性强,安排得当	5	
	团队合作能力强,善于沟通合作	5	
	自主学习能力强,勇于克服困难	10	
	严谨认真,积极参与课堂	10	
	演示文稿制作精美,汇报演讲能力强	10	
评价反馈	自我评价:能对自身表现情况进行客观评价,在任务实施过程中发现自身问题	5	
	小组互评:客观、公正,能指出其他组的问题	5	
得分(满分100)			

视野拓展

城市轨道交通大数据

城市轨道交通数据按照管理属性主要分为:人员基础数据、组织基础数据、地理空间基础数据、物联数据、设施设备数据、通用资源数据、业务资源数据、事件数据等。城市轨道交通大数据分类如图3-29所示。

城市轨道交通数据具有产生速度快、动态性强,数据类型多样、关联性强,数据规模庞大、异构性强,数据安全要求高、保密性强的特点。

1. 产生速度快、动态性强

城市轨道交通数据除了来自人财物等管理信息系统外,还包括来自设备设施维修维护系统和生产系统(综合监控、AFC、MSS、环境监控)的数据。对设备设施维修维护来说,每一次维修都会产生工单;对生产系统来说,每时每刻的监测数据都在发生变化。以上数据以 ms 或 μs 的时间单位间隔进行变化,呈现动态性强、随机性强、颗粒度多样的特点。

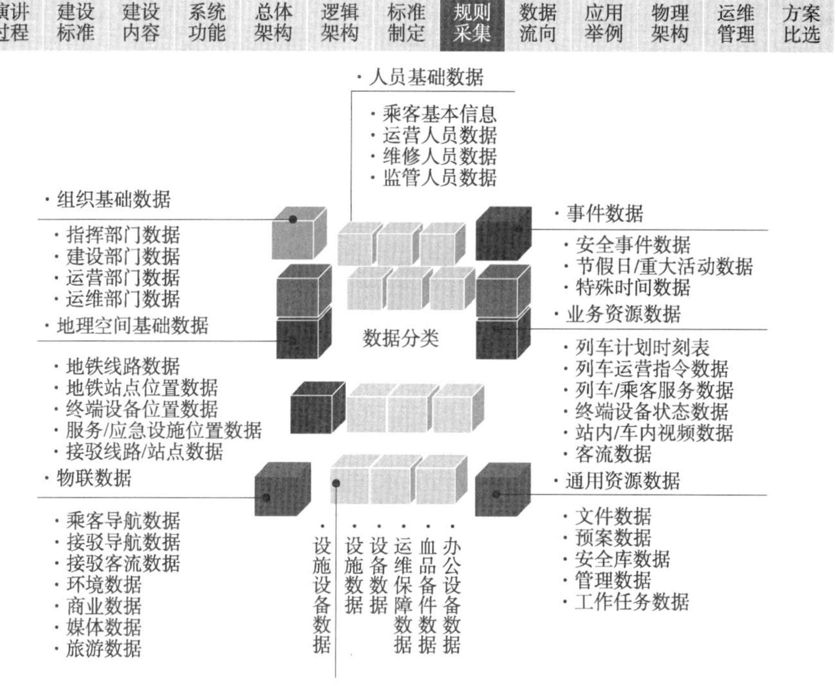

图 3-29 城市轨道交通大数据分类

2. 数据类型多样,关联性强

根据城市轨道交通企业数据产生的来源,可以将数据分为内部数据和外部数据。内部数据包括安全生产数据、运营服务数据、维修维护数据、物资采购数据、人力资源数据、财务管理数据、企业管理数据;外部数据包括交通路况、天气数据、大型活动数据和其他相关公共数据等。

3. 数据规模庞大,异构性强

城市轨道交通数据来源于多种不同系统和用户输入,非结构化数据占比较大。由于数据来源多、采集间隔小、业务繁多,使得数据量非常庞大。

4. 数据安全要求高,保密性强

城市轨道交通数据既有集团管控类的人财物数据,又有生产系统等物联网系统采集终端传感器的第一手数据,以上数据涉及企业秘密和公共安全,都需要较高的安全性。

任务四 机电设备远程巡检及自诊断系统运行与维护

学习目标

1. 能区分机电设备远程巡检及自诊断系统与常规日常巡检差异。
2. 掌握机电设备远程巡检及自诊断系统业务需求及功能。
3. 当机电设备远程巡检及自诊断系统出现异常情况时，能判断故障，并具有应急处置的能力。
4. 具有创新能力和精益求精的工匠精神。

任务导入

某城市轨道交通市域快线穿越待开发区域，配套不成熟，无市政排水设施等，特别是其区间风井周围甚至无市政道路进入。在夏季防汛的重点时期，暴雨时维保人员及时通过机电设备远程巡检及自诊断系统对该市域快线的各站，特别是区间风井设备进行高频次远程巡检，通过系统的自诊断功能及时发现某大长区间水泵离线，维保人员按照汛期应急预案要求立即组织抢修，有效避免了区间积水影响，事件处置过程中同步推送事件处置措施信息。

本任务需要掌握机电设备远程巡检及自诊断系统的远程巡检功能使用、自诊断判断报警后的处置等，通过自诊断功能对现场设备进行先期感知和多类信息综合分析与判断，全面提升维保人员的远程巡检及综合处置能力。

知识课堂

一、传统机电设备巡检

传统机电设备巡检是机电专业维保人员依据作业指导书的规定定时、定点巡检，主要采用目视检查，从机电设备的外观、指示灯、HMI界面显示和运行声音综合判断设备状态。可概括为，对照检查条目，利用人眼目视检查并辅助声音判断。机电维保人员编制巡检表格、拟定巡检路线、计算可能花费的巡检时间。现场人员目视巡检、手动填写表格，通过待检设备外部表征发现异常现象，判断后采取处置措施。

由前述内容可知，传统的机电设备巡检特别依赖现场人员的工作经验、责任心及敬业精神，如维保人员漏检甚至故意不巡检，无法第一时间发现设备故障，只能在设备出现故障后才能组织处置。

很多机电设备（尤其是通风环控、低压动照、给排水、站台门）主要依靠人工现场巡视进行参数统计和设备检查，设备状态无法实时监控，潜在缺陷难以及时发现；机电各专业所辖设备种类和数量多，彼此间分散但又联系紧密，加之安装点位分散，其日常巡检需要各专业并行推进，多方协作,以保障机电设备正常运行。因此,若设备运行状态异常,则其自诊断就显得尤为重要。

二、机电设备远程巡检及自诊断系统业务需求

1. 提升监测实时性

通过各类传感器及配套软件,对低压动照、通风环控、给排水、站台门设备运行状态进行实时监控、报警异常及时上传,实现重要的机电设备24小时不间断监控,避免漏检或不巡检现象,也避免巡检时间和路线限制,提升机电设备状态监测的实时性。

2. 提升巡检质量

在各类传感器实时监测采集并自动上传系统的数据基础上,利用大数据处理和人工智能技术对数据进行二次处理与统计,消除"现场目视检查+人员经验判断"的弊端,将异常用"提示声音+突出显示"提醒,直观地向维保人员展示,降低误差,规避人员等因素对人工巡检质量的影响。

例如,汛期时若区间联络通道出现水泵转速慢,引发集水坑水位缓慢上升,维保人员不能现场巡检此特殊位置,仅靠乘务员在行车时瞭望发现,无疑会延缓该异常情况处置的最佳时机,进而导致积水漫至道床影响行车安全。

3. 日常业务自动化办理

利用机电设备远程巡检及自诊断系统与机电各专业设备的互联功能,实现机电设备巡检状态报表、记录自动填入,避免人为重复性工作,既可以节省维保人员的精力,避免人为差错,又可实现减少维保人员数量,节约设备维保成本。

三、机电设备远程巡检及自诊断系统功能

1. 系统构成

机电设备远程巡检及自诊断系统主要是通过PLC和各类传感器组合,实现对机电设备的运行状态、故障数据等完成采集,配合专用工业软件进行数据分析,再将系统所采集和分析后的数据根据需要上传至指定位置,系统构成如图3-30所示。

机电设备远程巡检及自诊断功能是针对低压动照、给排水、通风空调、站台门和消防等专业设备的重要功能部件,利用传感器、自动化工业软件进行信息自动采集与上传,对所采集的信息经智能判断处理后生成巡检结果及诊断结论。

(1)远程巡检功能(图3-31)

低压动照专业:400V进线电流/电压、开关状态、EPS蓄电池电流/电压等。

给排水专业:主要给排水管道压力、控制单元状态、水泵状态、超声波/浮球信息等。

通风空调专业:风机/空调器运行状态、风阀/二通阀开度、环控柜通信状态、模式执行状况等。

消防专业:气瓶实时压力。

机电设备远程巡检及自诊断系统功能总览

(2)故障自诊断功能(图3-32)

低压动照专业:EPS蓄电池逆变模块温度信号反馈、400V开关故障状态、馈线开关状态信息反馈。

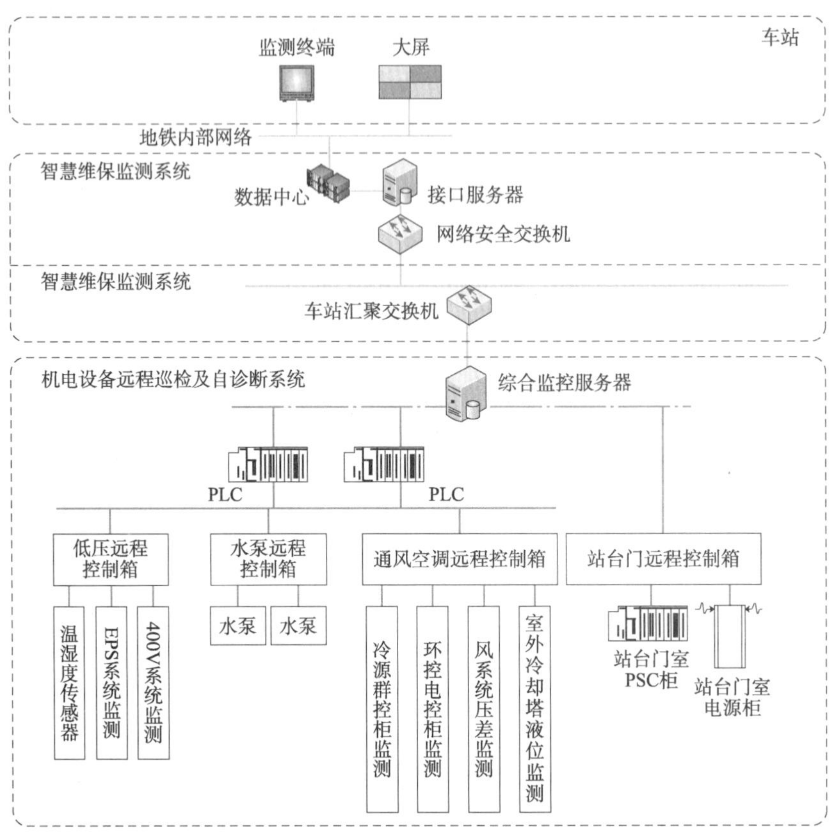

图3-30　机电设备远程巡检及自诊断系统构成

图3-31　远程巡检

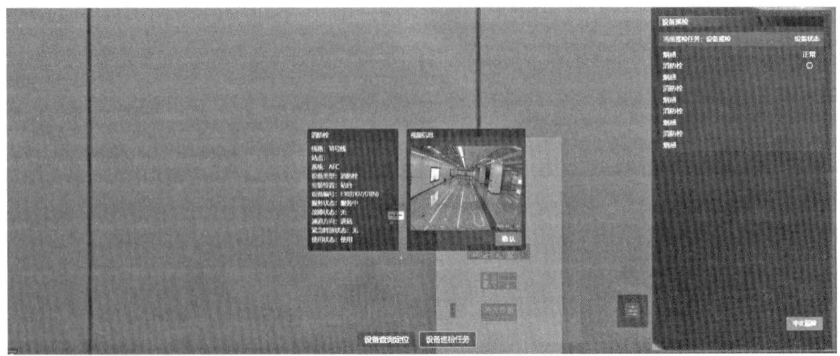

图3-32　故障自诊断

给排水专业：实现水泵远程巡检、排水能力测试、泵组状态自判断。

通风空调专业：实现环控电控室上传风机运行数据（频率、故障等）、冷水机组故障信息反馈，冷却塔液位情况反馈。

站台门专业：主电源、不间断驱动电源与不间断控制电源报警，主监视系统报警，滑动门开关故障、手动/隔离状态、互锁解除报警、电机故障等。

消防专业：启动瓶压力低报警、储气瓶压力低报警。

表3-6为在线监测信息表。

在线监测信息表 表3-6

序号	机电设备	监测内容
1	低压动照	照明配电室温湿度
		EPS蓄电池逆变模块温度信号
		400V电能表计数值、五大开关故障代码、馈线开关状态信息
2	给排水	水泵运行状态、水泵排水流量、泵组定时自检结果
3	通风空调	风机运行数据（电流等）、冷水机组及重要部件故障代码信息
		冷水机组运行数据及故障代码，冷却/冷冻水泵运行数据（电流等）信息
		组合式空调器新增大小系统压差信号
		冷却塔液位情况
4	站台门	单体蓄电池温度、内阻、电压点位监测
		电源状态监测，电源空开跳闸报警信号监测
		整流模块状态监测
		信号安全回路、互锁解除、开关门命令输入信号监测，反馈电压监测
5	消防	气灭系统钢瓶压力实时监测

2. 低压动照设备监测

由于低压动照设备发热量高，设备异常多通过温度异常表现，对设备房的温度与湿度监控要求高，特别是EPS系统自带大量蓄电池，温度异常造成蓄电池寿命缩短，还易引起蓄电池酸化冒烟等问题。机电设备远程巡检及自诊断系统通过照明配电室内的温湿度传感器实时监测室内环境温度、湿度。低压动照在线监测架构如图3-33所示。

通过EPS系统中蓄电池逆变模块温度来判断是否存在异常，是利用温度采集模块实时采集蓄电池温度数据并设置安全门限，超限立即报警。对400V开关柜室重要的表计数值、五大开关故障跳闸代码和馈线开关状态监控信息实时监控判断，如图3-34、图3-35所示。

3. 给排水设备监测

给水设备是车站、场段生活供水的重要设备，而排水设备是防止车站被淹的极重要设备，水泵状态是机电专业需要重点关注的。远程巡检是在已有给排水独立控制基础上，结合给排水系统的智能控制功能，新增水泵远程控制点位，加大对水泵的运行数据进行采集，并将采集数据进行智能化分析，在上位智慧平台与下位智能设备协调配合下实现远程、线网级的集中监视控制，系统架构如图3-36所示。消防智能给水设备与生活智能给水设备展示如图3-37所示。

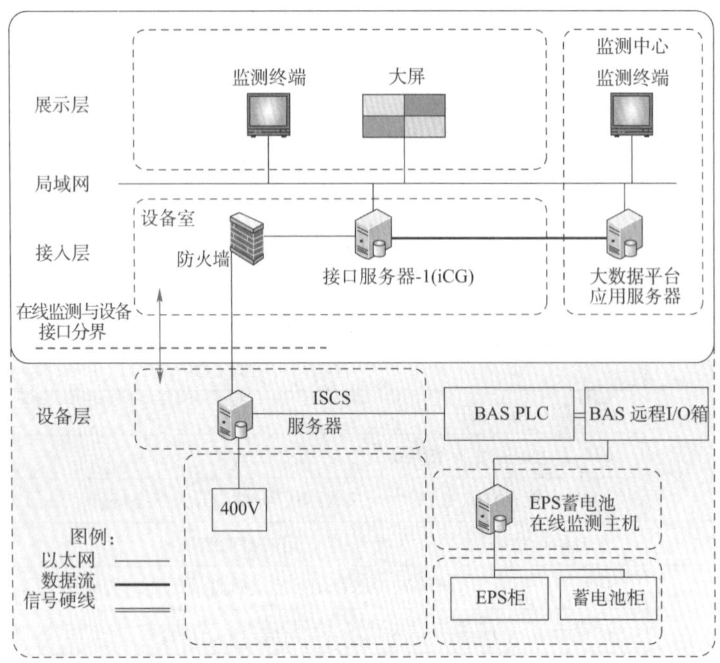

图3-33　低压动照在线监测架构

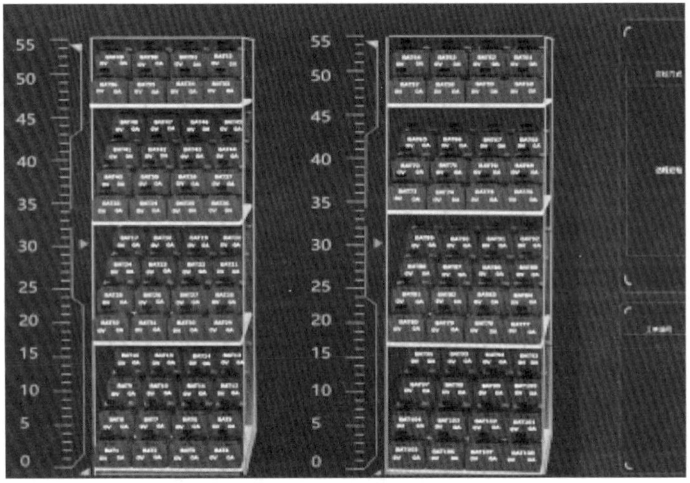

图3-34　蓄电池在线监测

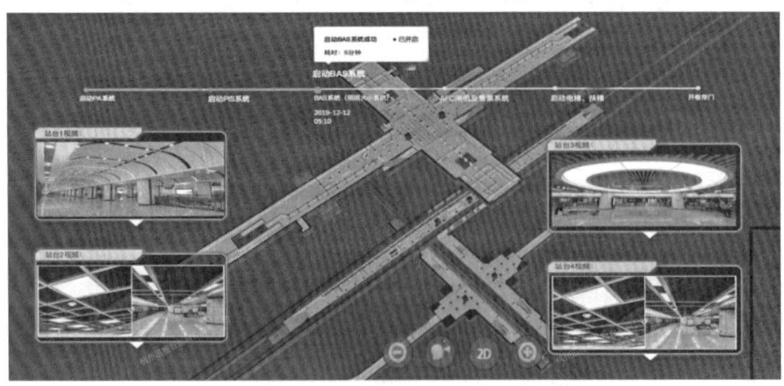

图3-35　低压动照设备监测

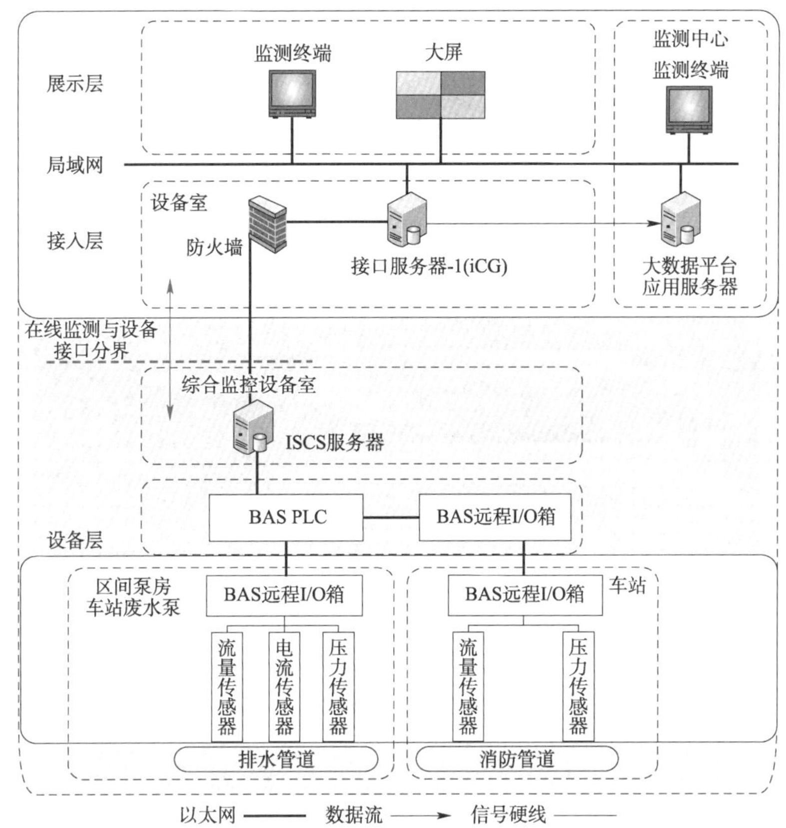

图 3-36　消防渗漏监测及给排水汛期预警子系统架构

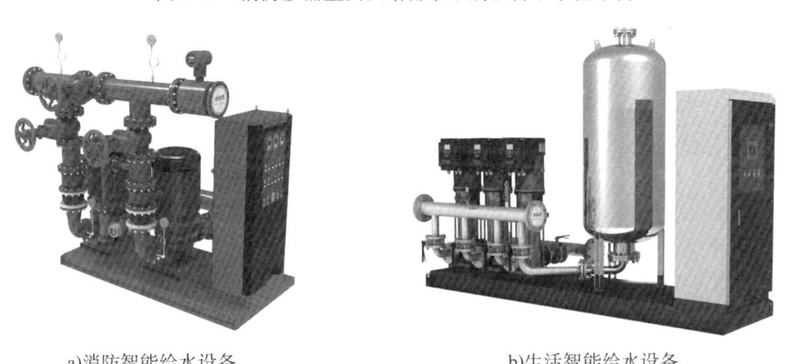

a)消防智能给水设备　　b)生活智能给水设备

图 3-37　消防智能给水设备与生活智能给水设备

给排水设备监测主要利用数据逻辑判断，如水泵全开但水位不降反升、水泵快速上升单泵运行等，实现对排水能力、设备状态信息监测及分析，代替传统的利用综合监控页面人工调取判读的功能。水泵在线监测及自诊断系统界面如图 3-38 所示。水泵巡检功能统计见表 3-7。

对于基于物联网技术搭建且已建成的给排水设备专用监控系统，其软硬件较为独立，具有较大的灵活性，在保留独立运行的基础上，以“互联”方式接入智慧运维系统平台，上传泵组运行状态、设备告警信息等,对此智慧运维平台收到的数据不做较多处理,仅对收集的信息作转化显示。智慧水务云平台示例如图3-39所示。

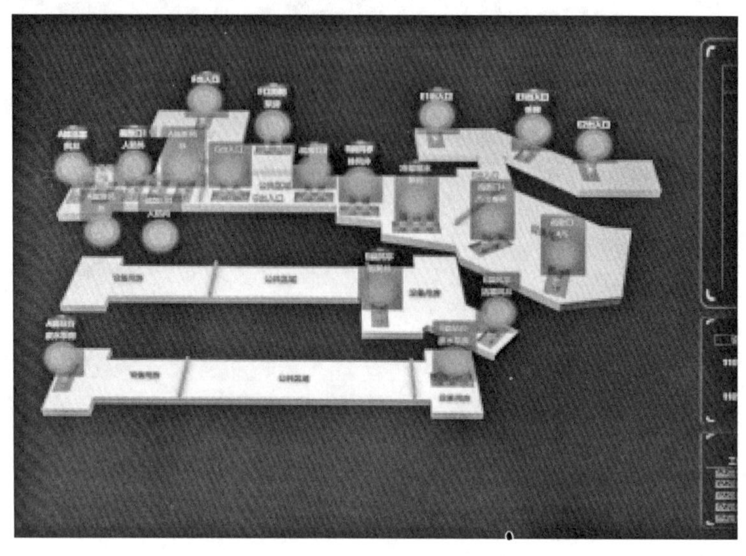

图3-38 水泵在线监测及自诊断系统界面

水泵巡检功能统计 表3-7

序号	专业	巡检内容
1	车站给排水系统	水位是否超高
2		水位是否上涨过快
3		水泵是否有故障(根据水位)
4		是否水泵全开水位不降反升
5		超高水位后是否满量程
6		水泵是否有漏水
7		水泵是否有过载
8		水泵是否有过热
9		水泵启动后水位是否无变化
10		水泵是否在超低水位状态下运行
11		水位值是否异常,超声波是否故障
12		水泵是否频繁启停
13		水泵是否在手动位
14		排水能力是否正常
15		止回阀是否损坏(压力传感器)
16	消防水系统	区间电动蝶阀是否处于关状态
17		区间消防水管是否漏水压力低
18		区间消防水管是否爆管压力快速下降

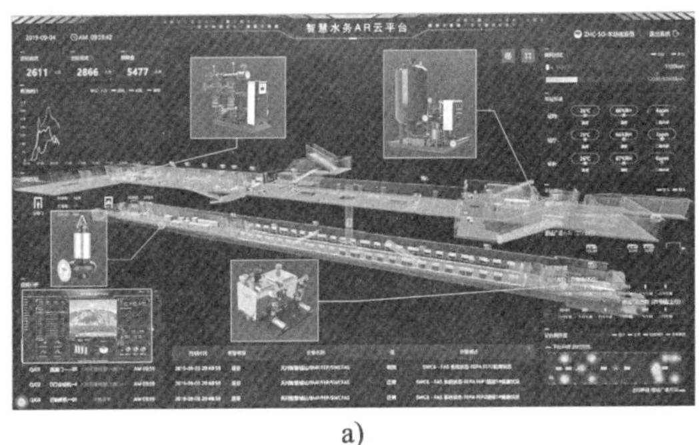

a)

b)

图 3-39 智慧水务云平台示例

4. 通风空调设备监测

通风空调设备监测

利用传感器采集风机运行数据(电流、位移、振动监测等)、冷水机组及重要部件故障信息;监控室外冷却塔新液位;集中采集冷水机房冷源群控柜的冷水机组运行数据及故障数据;监测组合式空调器的大小系统压差数据等,系统架构如图 3-40 所示。

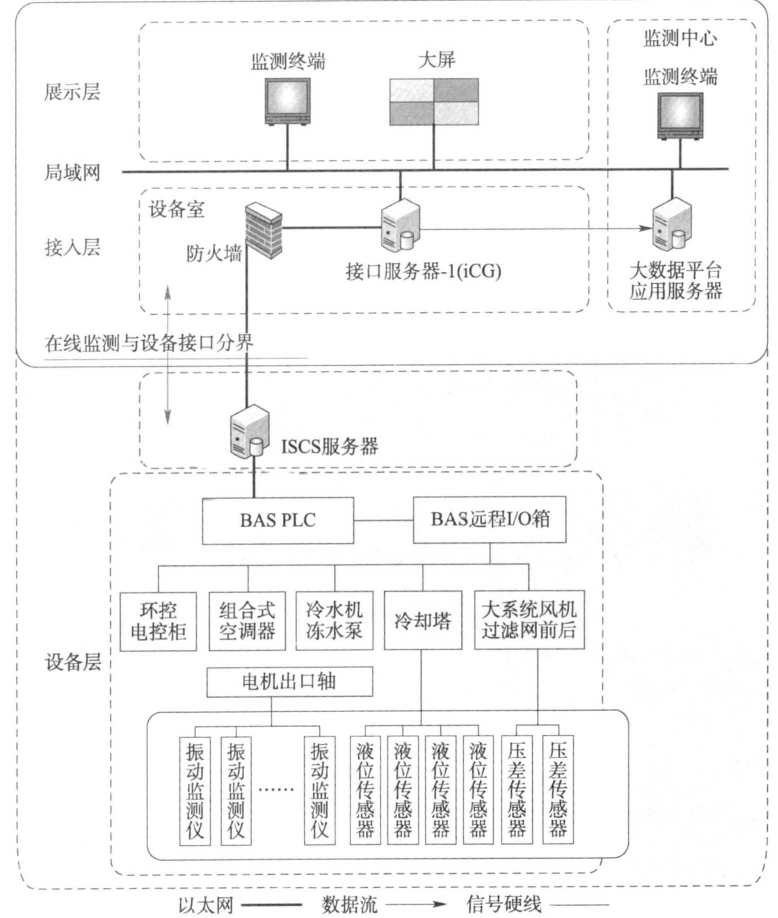

图 3-40 通风空调子系统架构

通风空调在线监测界面如图3-41～图3-43所示。

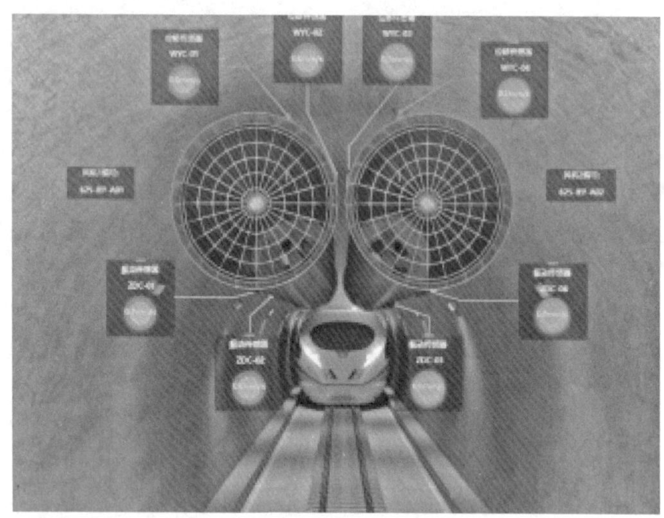

图3-41 射流风机在线监测界面

图3-42 通风空调设备监测界面

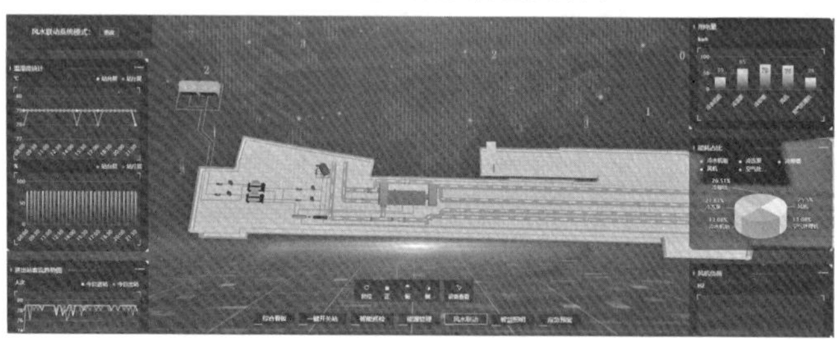

图3-43 风水联动系统模式

风水联动——通风空调设备监测

通风空调远程巡检功能统计见表3-8。

通风空调远程巡检功能统计 表3-8

序号	巡检内容	序号	巡检内容
1	公共区及设备区温度是否正常	6	MCC通信状态
2	风阀开度及到位反馈信号是否异常	7	模式执行是否失败
3	风机风阀是否故障	8	模式信号反馈
4	空调器是否故障	9	二通阀开度及到位反馈信号是否异常
5	空调器通信是否故障	10	冷水机组是否故障

传感器通过硬线的方式接入 BAS 模块箱,实现将现场信号传入 BAS PLC 中,最终到达 ISCS 服务器进行数据交互,实现线网级监控和自动巡检。

5. 站台门设备监测(图 3-44)

对站台门设备中蓄电池电压、温度及内阻信号监测,对 PSC 和电源柜进行监测;针对站台门与信号专业的安全回路接口电压通过转换并上传电压信号,对接口故障判断进行程序化自动判断;上传蓄电池监测整流模块监控信号。站台门远程巡检设备及巡检内容见表 3-9。

图 3-44　站台门设备监测界面

站台门远程巡检设备及巡检内容　　表 3-9

设备名称	巡检内容
UPS	1. 监测 UPS 的工作状态,设备故障时应显示故障代码及故障描述; 2. 监测 UPS 的输出电压、电流及电池组电压
PSD	1. 工控机状态:系统温度; 2. 滑动门:开关门力; 3. 采集故障数据:安全回路中断;主电源、驱动电源、控制电源失电;电池欠压超压

6. 气瓶压力实时监测

城市轨道交通车站和区间风井内的重要设备房间设置气体灭火系统,高压气体灭火介质储存在无缝钢瓶中,气瓶压力是反馈瓶内灭火介质是否泄漏的重要指标。远程巡检系统是将原钢瓶瓶口安装的压力表更换为压力传感器,完成瓶内压力实时采集并上传,实现对全线网气体灭火系统钢瓶压力的实时监测,出现压力低时自动告警,并依据定检时间自动提示送检等。

7. 自动化辅助功能

自动化辅助功能主要是将原手动填写的巡检报表电子化。电子化报表包含以下信息:巡检任务名称、巡检人员姓名、巡检时间(开始至结束,年月日时分秒)、设备状态及数据自动填入,实现数据一键筛选、报表导出等功能。此外,将原检修规程预审的计划性检修时间电子化,实现检修工作无缝跟踪;实时展示当日、当月检修情况。

四、机电设备远程巡检及自诊断系统预期效果

通过增加实时监测设备,对低压、通风、给排水、站台门设备进行实时监测、报警,可对重要机电设备进行 24 小时监控,避免了人工巡检中巡检时间的限制,提升了监测的实时性。

机电设备状态远程诊断系统的数据通过远程监测的方式进行采集,降低了人工巡检误差,规避了人员等因素对人工巡检质量的影响,有利于减少维保人员数量,节约设备维保成本。

五、机电设备远程巡检及自诊断系统故障应急处置措施

针对机电设备远程巡检及自诊断系统故障,无法实现系统功能的情况下,当班人员按照以下流程进行应急处置。

1. 故障判断

机电设备远程巡检及自诊断系统主要依据传感器采集数据进行二次分析判断,除本系统硬件故障外,多为系统传输网络、子系统设备故障等。当出现故障时,通过界面图标显示初步判断是各接入子系统故障还是现场终端故障。

2. 应急处置

当系统显示图标大面积异常时,应立即回归传统的“维保人员定时定点巡检”模式,保证机电设备的计划性巡查工作有序进行,并即时联系生产人员和维修资源调度,单子系统或单设备故障则不影响整体功能。

3. 后续措施

按照系统维修手册,依次检查系统与现场终端设备的数据状态,检查系统软件进程、网络通信状态或重启服务器等。

课堂交流

某城市轨道交通市域快线穿越该市待开发区域,市政配套不完善,无市政排水设施等,特别是其区间风井周围甚至无市政道路进入。在夏季防汛的重点时期,暴雨时间段内,你作为维保人员,按照汛期应急预案要求,如何立即组织抢修,并有效避免区间积水影响,且能同步推送事件处置措施信息呢?

任务实施及评价

机电设备远程巡检及自诊断系统应用及故障应急处置

学院		专业	
姓名		学号	
小组成员		组长姓名	

一、工作任务场景

9 月处于防汛关键时期,以生产调度身份利用机电设备远程巡检及自诊断系统对全线防汛重点区域的水泵进行自动化巡检,并生成巡检记录和报表。

二、前置知识

1. 简述传统机电设备巡检工作内容。

2. 列举机电设备远程巡检中低压动照、给排水、通风空调和消防专业关注的重点信息。

3. 简述水泵巡检工作(不少于 5 项逻辑关系判断)。

三、任务实施

任务实施内容
1　机电设备远程巡检及自诊断系统操作
1.1　熟练调取机电设备远程巡检及自诊断系统功能检测操作界面,通过显示图标显示的状态、颜色等检查重要设备状态
1.2　熟练调取逆变柜、充电柜和蓄电池柜界面,开启 EPS、低压开关、应急照明巡检,查看巡检结果(重点查看逆变模块超温报警或故障、电池组电压异常、设备室温度过高)
1.3　通过 401、402 柜面显示状态,查看 EPS 充电模块电压、电流,蓄电池组电压、电流,直流母线电压、电流等;调取蓄电池界面查看显示的电池电压、电流;查看电池欠压报警异常等
1.4　熟练查看五大开关实时状态信息,合闸显示红色,分闸显示绿色。若发生五大开关开合闸及故障状态,快捷操作查看异常
1.5　熟练调取水泵监测界面,检查所选站点所有水泵位置信息,利用图标显示及颜色状态判断每台水泵实时状态;开启巡检(包含设备部件、实时在线监测内容、当前状态是否正常)功能,发现故障快捷查看异常
1.6　熟练调取消防监测界面,查询设备位置(流量计和电动蝶阀);熟悉检修时间、检修功能项和检修内容等。根据异常显示判断管道是否发生爆管、电动蝶阀状态,知晓应急处置流程
1.7　调取风机风阀界面,查看风机风阀编号及位置信息,风机风阀状态、水系统及二通阀状态;查看模式指令的操作场所、执行状态、控制方式、灾害提示、执行的模式号等;通过射流风机位移传感器数值判读位移、振动监测信息;开启巡检(包含设备部件、实时在线监测内容、当前状态是否正常)功能,发现故障时会快捷查看异常

续上表

1.8 调取站台门单元界面,查看UPS输出电压、电流及电池组电压,工控机系统温度状态、滑动门开关门力等;开启巡检功能,发现故障时会查看异常情况,发现故障(如安全回路中断,主电源、驱动电源、控制电源失电,电池欠压超压),会查看故障代码及描述
1.9 调取气瓶压力单元界面,显示读取气瓶间位置、瓶体压力实时数据;开启巡检(包含实时在线监测压力状态、当前状态是否正常),发现故障时会快捷查看异常
2 故障的判断
2.1 通过观察故障异常报警、图标显示状态,判断故障类型和所属维保专业
2.2 单专业设备离线、子系统数据获取失败、末端设备故障和数据显示错误等,可初步判断为接入子系统或末端设备本体故障
2.3 全部功能出现问题时(如无法进入系统、权限获取失败、系统离线、大面积图标显示异常等),重点关注系统传输网络、系统本体故障等
3 故障应急处置
3.1 单个末端设备本体故障,视设备重要性确定严重程度,普通设备不影响运营,较重要设备利用综合监控系统获取数据补充判断
3.2 当系统本身异常时,应立即回归传统的"人员定时定点巡检"模式,保证机电设备的计划性巡查工作有序进行,并即时联系生产人员和维修资源调度
4 故障处置后续措施
4.1 按照系统使用维修手册,依次检查系统与现场终端设备的数据状态,检查重启系统软件进程、检查网络通信状态(网关重新导入配置或重启)或重启服务器等

四、评价反馈

(一)评价标准

项目	项目内容
接受工作任务	明确工作任务,理解任务在企业工作中的重要程度
前置知识	本次实训前需要掌握的知识程度
能力评价	机电设备远程巡检及自诊断系统操作
	故障的判断
	故障应急处置
	故障处置后续措施
素养评价	工作计划性强,安排得当
	团队合作能力强,善于沟通合作
	自主学习能力强,勇于克服困难
	严谨认真,积极参与课堂
	演示文稿制作精美,汇报演讲能力强
评价反馈	自我评价:能对自身表现情况进行客观评价,能在任务实施过程中发现自身问题
	小组互评:客观、公正,能指出其他组的问题

续上表

(二)自我评价

请根据在课堂中的实际表现进行自我评价与自我反思。

序号	评价标准	
1	接受工作任务	☆ ☆ ☆ ☆ ☆
2	前置知识	☆ ☆ ☆ ☆ ☆
3	能力评价	☆ ☆ ☆ ☆ ☆
4	素养评价	☆ ☆ ☆ ☆ ☆
自我反思:		

(三)小组互评

请小组之间根据在课堂中的实际表现进行小组互评。

序号	评价标准	
1	接受工作任务	☆ ☆ ☆ ☆ ☆
2	前置知识	☆ ☆ ☆ ☆ ☆
3	能力评价	☆ ☆ ☆ ☆ ☆
4	素养评价	☆ ☆ ☆ ☆ ☆

(四)教师评价

项目	项目内容	分值	得分
接受工作任务	明确工作任务,理解任务在企业工作中的重要程度	5	
前置知识	本次实训前需要掌握的知识程度	5	
能力评价	机电设备远程巡检及自诊断系统操作	10	
	故障的判断	10	
	故障应急处置	10	
	故障处置后续措施	10	
素养评价	工作计划性强,安排得当	5	
	团队合作能力强,善于沟通合作	5	
	自主学习能力强,勇于克服困难	10	
	严谨认真,积极参与课堂	10	
	演示文稿制作精美,汇报演讲能力强	10	
评价反馈	自我评价:能对自身表现情况进行客观评价,能在任务实施过程中发现自身问题	5	
	小组互评:客观、公正,能指出其他组的问题	5	
得分(满分100)			

一线人物故事:蓝衣背后的“硬核”实力

肖兵成,来自成都地铁的一名运维人员,被称为安全质量管理“智能运维的前行者”。“来到成都地铁,这一干就是十个年头。”十年间,肖兵成先后参与了地铁1号线南延线、2号线、3号线及9号线筹备与运营维保工作,坚持以知促行,践行“硬核”党员的初心使命和责任担当。肖兵成紧跟大线网运营时代的脚步,坚定走智能运维的路,先后获得国家级专利2项,发表国家级期刊论文1篇,完成技术革新6项,牵头或参与完成课题10项,参与编制公司级业务类制度5项、工艺标准文件20余项,把现场工作经验凝练进车辆维保工作规范化标准化中。“智能运维,党员先行”,在经历了风雨兼程,在获得了诸多荣誉后,肖兵成没有一丁点儿含糊,而是以更加饱满的热情、更加旺盛的精力、更加干练的作风投入到全自动运行线路运检融合工作中,为大线网运营安全助力。

任务五 城市轨道交通智慧能源管理系统运行与维护

学习目标

1. 能区分智慧能源管理系统与传统能源管理差异。
2. 掌握智慧能源管理系统业务需求及功能。
3. 当智慧能源管理系统出现异常情况时,能判断故障，并具有应急处置的能力。
4. 具备高效节约的意识。

任务导入

某城市轨道交通车站协助举办大型展会活动，为烘托展会气氛，主办方在确保安全的前提下将展会主题元素引入车站，并对车站进行整体打造，增设了不少临时用电类照明装饰设施，也同步增加了临时用水需求。 本次展会结束后，双方依据该站的智慧能源统计（图 3-45）数据，顺利地就临时用水用电费用进行了缴纳处置，提高了工作效率，避免了可能存在的纠纷，为下次合作奠定了友好基础。

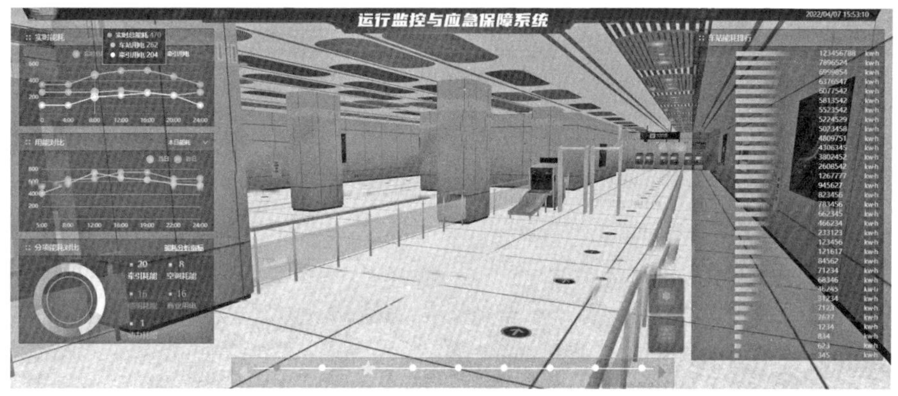

图 3-45　智慧能源统计图

本任务需要使用人员熟悉智慧能源管理系统的功能特征，能熟练操作能源数据的筛选、导出等操作；通过能源管理系统综合分析与判断，能全面提升车站节能降耗的能力。

知识课堂

一、传统能源管理

传统线路能源管理围绕“风、水、电”管理展开,其中“风”是简单调节车站大、小系统及空调水系统的相关环境参数,再通过 BAS 系统集中监视,执行有限 PID 与模式控制指令。“水”是在原使用机械计量表计基础上进行电子化替换升级,如远程抄表。“电”则是将低压动照系统的机械计量表计电子化,使其具有远程计量、统计等主要功能,还具有车站照明分区、分时控制机制等简单功能。从前述内容可知,传统的车站能源管理系统主要是通过电子化改造节约人力投入,通过预置控制命令等方式实现车站节能,但其控制灵活性和经济性较差。

车站设置的“风、水、电”设备种类多、数量大,彼此间分散但又紧密联系,车站的节能工作有效执行需要能源管理系统从宏观层面统一实施,从而实现节能工作的有效推进,达到降低系统能耗及提高经济运行的目的。

二、智慧能源管理系统业务需求

1. 车站 LED 智能调光

智慧能源管理系统利用光感应传感器反馈信息,实现车站光源亮度自动控制,对受控区域不同场景下的照明精确控制;针对不同场景照明需求,自动下发指令对亮度实时动态调节,达到照明系统自适应、智能化控制目标。智能调光可避免人工方式控制粒度粗放,难以实现分区细化的精确控制,避免各区域实际照明的差异对服务品质产生较大影响。

2. 扩展用水用电智能表计范围

智慧能源管理系统能实现更精细化的智能化表计功能,如实现广告照明、商铺用电表电子智能化,生活用水总表电子智能化,全面代替人工抄表,提升工作效率。在用电数据、生活用水数据实时采集基础上,自动按日、周、月进行汇总并生成报表供维保人员使用,能自由筛选、自动生成趋势,具备异常预判报警提示功能,能自由打印及导出等。

3. 通风空调系统集中节能控制

智慧能源管理系统能基于车站大小系统及空调水系统的相关环境参数,利用系统建模、智能优化与变频调速等方式对车站组合式空调机组、柜式风机盘管机组、风机盘管机组、回排风机、空气幕组、冷水机组、冷却水泵、冷冻水泵、冷却塔、电动蝶阀、动态平衡电动调节阀、压差旁通装置、水处理装置等设备进行通风环控、车站冷源的全系统层面优化控制,形成车站的风、水设备联动配合,以降低大小系统及空调水系统的能源消耗,提高系统能源利用效率。

三、智慧能源管理系统功能

1. 系统构成

智慧能源管理系统由车站智能照明、用水用电电子智能表计及通风空调系统集中节能控制三大部分组成,如图 3-46 所示。

利用 PLC 和各类传感器组合采集车站“风、水、电”设备运行状态、数据等,对采集获得的数据经筛选、过滤与分析后生成贴合现场实际的可执行命令,实现车站的“风、水、电”设备集中监视、管理和控制,并将数据上传存储。车站能源趋势分析图、车站能源监控设备总图如图 3-47、图 3-48 所示。

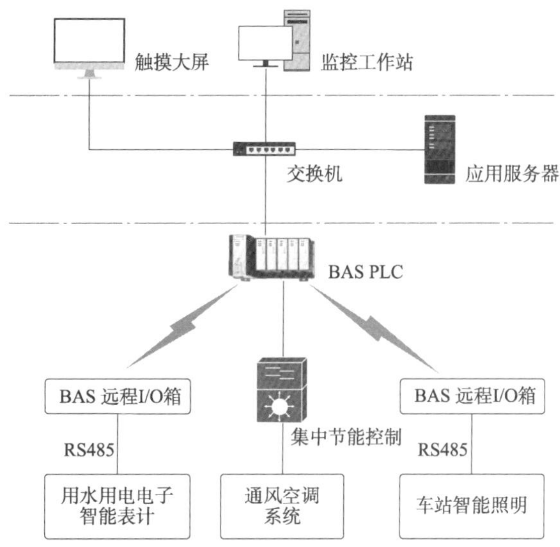

图 3-46　智慧能源管理系统构成

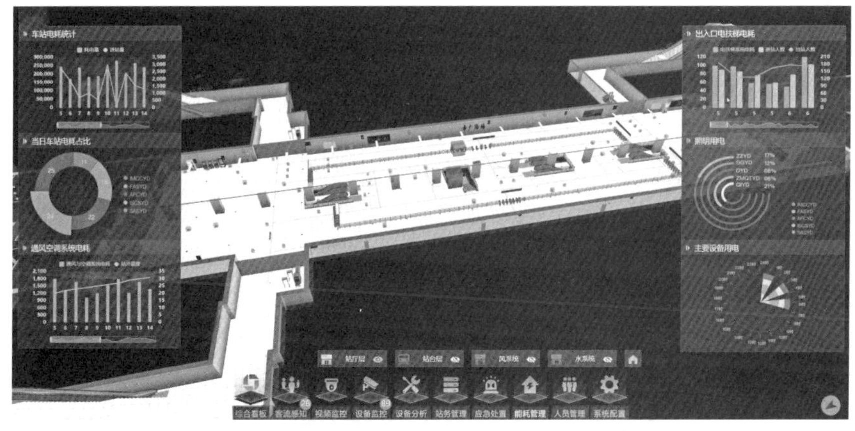

图 3-47　车站能源趋势分析图

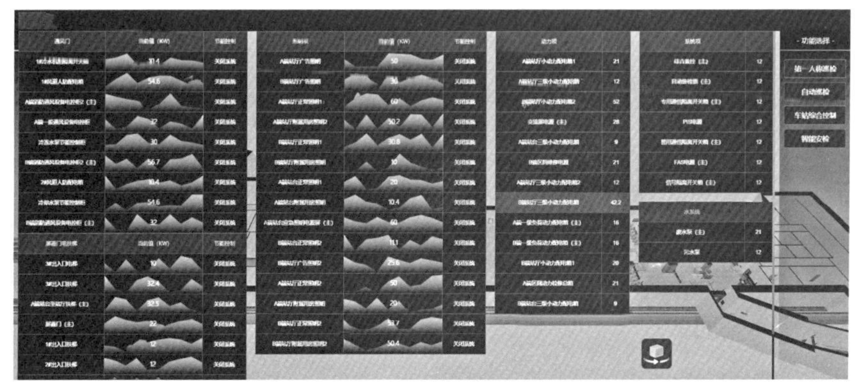

图 3-48　车站能源监控设备总图

2. 车站 LED 智能调光

车站的照明灯具控制采用人工下发控制命令,对不同区域、不同场景执行精确控制。在车站引入LED智能调光机制,依据“光感应传感器+照明动态控制”,根据室外光照强度自动调节(受周围环境光照影响较大区域)受控区域的照明灯具亮度,实现车站照明灯具在满足光照亮度需求的条件下最大程度节能。LED智能调光系统架构如图3-49所示。

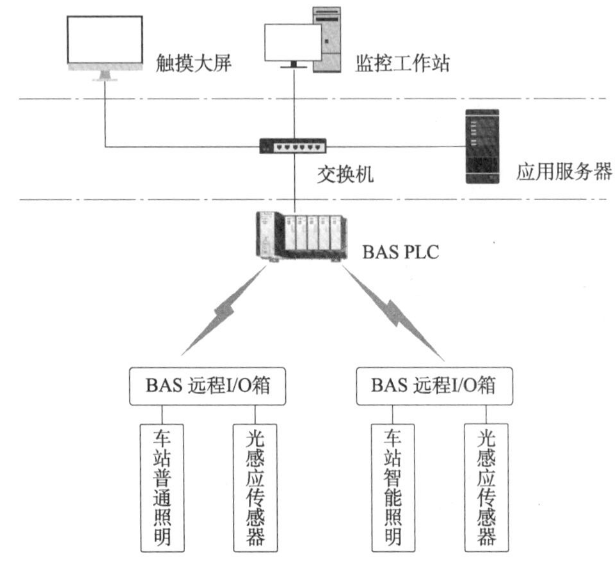

图3-49 LED智能调光系统架构

光照强度实时调节是根据平台接收到的布设于现场的光感应传感器采集的受控区域的实时光照强度信息,经系统比对匹配后生成最适宜的光照场景命令并下发,自动控制下位受控现场照明灯具回路(也可通过下发变频指令控制灯具亮度),满足运营光照强度需求标准的同时最大限度地实现节能,例如布设在设备区的灯具可设置为“人走灯灭”的场景控制(应急照明灯具不受该控制方式影响)。

不同场景下自适应调节是将车站运营对光照亮度的需求抽象建模为高峰时段、节假日、时间表模式等多种场景,并根据不同场景要求充分利用“光感应传感器+照明动态控制”的自动调节机制对受控区域的照明灯具亮度进行动态、实时调节,从而使受控区域的灯具亮度调节更加自动化、智能化。LED智能调光界面如图3-50所示。

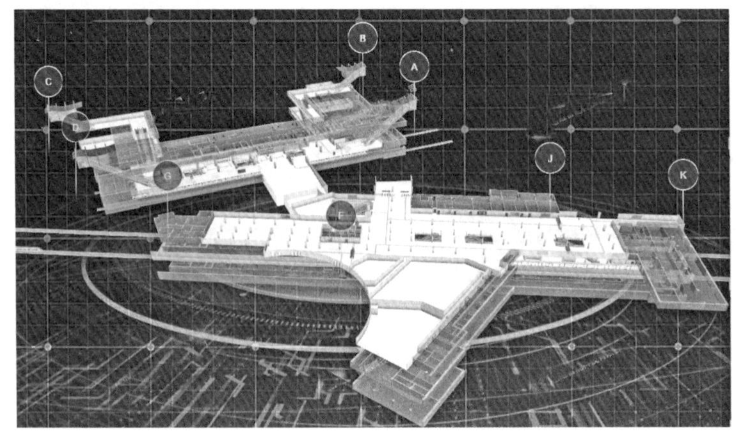

图3-50 LED智能调光界面

3. 用水用电电子智能表计

将车站的智能化表计以 RS485 接口等方式接入车站 BAS 系统，并最终与线网智慧管控平台联网，将原人工抄录的机械水电表计改为电子化自动采集，采集后的数据供后台集中处理。智能表计避免了先由人工现场抄录，再由能源管理人员汇总分析的传统模式所造成的不能及时发现表计的问题，减少了对现场人员数据抄取的依赖。用水用电电子智能表系统架构如图 3-51 所示。

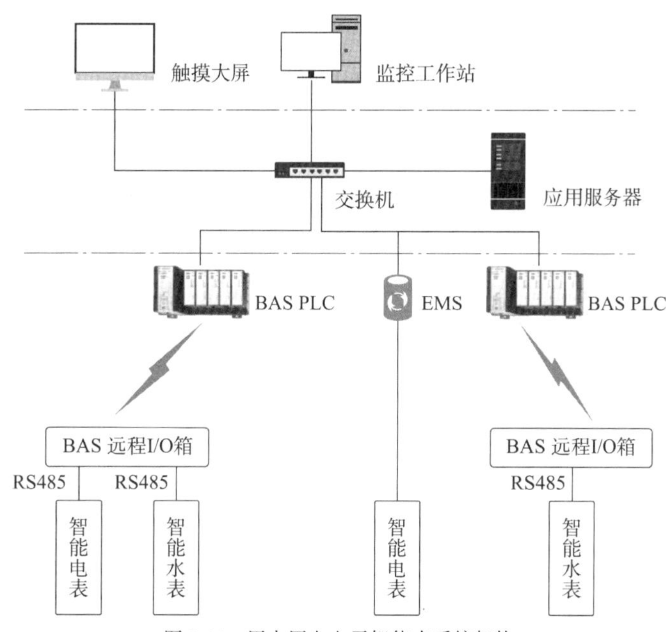

图 3-51　用水用电电子智能表系统架构

可利用 Modbus、Modbus-RTU 或 Profbus DP 通用协议建立与车站智慧能源管理系统数据通信，在实现车站准确记录设备用水用电的情况下，利用智慧化判断功能提前发现异常并报警提示，自动生成趋势曲线为车站节能工作提供导向性目标，解决用电数据准确性不足、预判能力缺失与人力抄表成本投入较大等现实问题。

用水用电电子智能表可实现的功能包括对车站站厅站台等区域的广告照明、商铺用电表计实现远程抄表，完全替代人工抄表。在生活用水总管处设置智能水表替代人工抄表，在车站出入口室外消火栓管道支管处设置智能水表，可发现室外消火栓管道埋地敷设段的渗漏问题。针对车站的广告、民用通信、商铺、银行等商业用电数据、生活用水数据进行实时采集后，自动按日、周、月进行汇总并生成报表及趋势曲线。根据使用端的各类管理需求进行异常判断和报警提醒，支持自主打印、数据导出及转存。车站用电智能计量系统显示界面如图 3-52 所示。

4. 通风空调系统集中节能控制

通风空调系统设备模块包括风水联动控制柜、动力智能电控柜（风系统电控柜、水系统电控柜）、数据采集柜（箱），由实现风水联动控制策略所需的各类传感器、集中显示屏、接口模块及通信网关等组成。

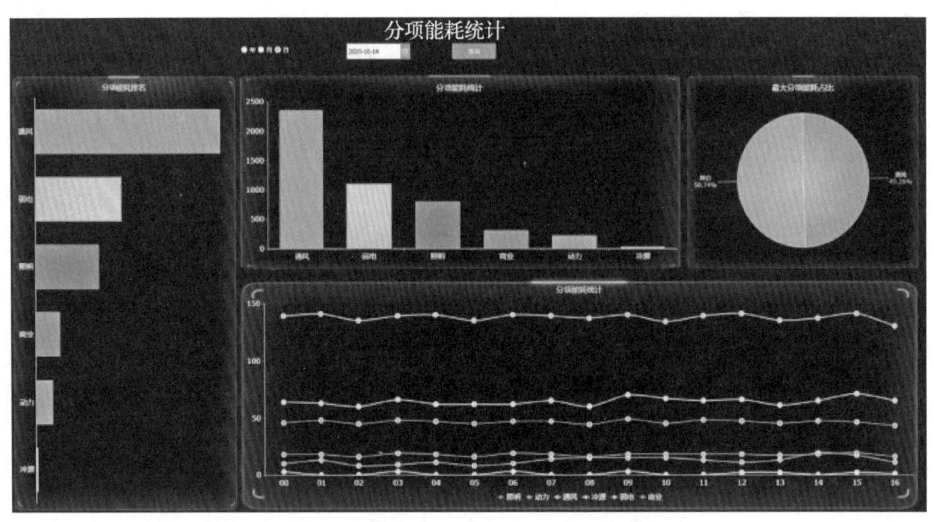

图3-52 车站用电智能计量系统显示界面

(1)网络架构(图3-53)

以地下站为例(设定空调负荷中心在车站B端),风水联动控制系统由以下设备组成。B端:1台风水联动控制柜;1号水系统电控柜、2号水系统电控柜;风系统电控柜(大系统)、风系统电控柜(小系统)。A端:风系统电控柜(大系统)、风系统电控柜(小系统)、A端数据采集柜(箱)、B端数据采集柜(箱)。

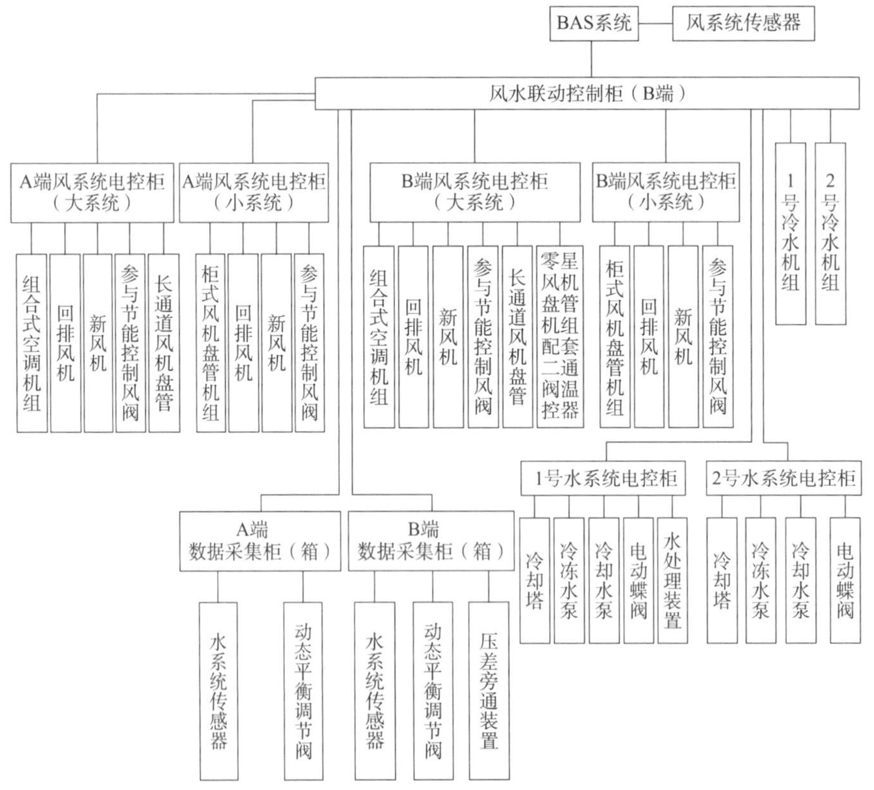

图3-53 地下站通风空调集中节能控制系统网络架构

表 3-10 为通风空调系统集中节能控制监控对象统计。

通风空调系统集中节能控制监控对象统计 表 3-10

系统	监控对象	设置位置
水系统	冷水机组(螺杆机)	冷水机房
	空调水泵(变频)	冷水机房
	横流塔冷却塔(双风机) 蒸发冷凝(EC 风机)	地面/风道内设置
	水处理装置(旁流式、电子式、在线清洗)	冷水机房
	电动蝶阀	水管管路
	压差旁通阀	分集水器
	液位传感器	膨胀水箱
	温度传感器(变送器)	冷水管/冷却水管管路
	流量传感器(变送器)	集水器总管
	压力传感器(变送器)	冷水供回水总管、最不利点供回水总管
大系统	组合式空调机组(带粗、中效过滤及空气净化、变频)	车站通风空调机房
	回排风机(变频)	
	新风机	
	参与风水联动控制电动风阀(联锁风阀及新风、回风、排风)	
	温湿度传感器	新风道内、回风总管、送风总管、混合风室、站厅站台公共区、长通道
	CO_2 传感器	公共区
	PM2.5/PM10 传感器	公共区
	长通道风机盘管组	公共区
	空气幕组	公共区出入口通道
	动态平衡电动调节阀	末端回水管、风机盘管组回水总管
小系统	柜式风机盘管机组(变频)	车站通风空调机房
	柜式风机盘管机组(带粗、中效过滤及空气净化、变频)	
	回排风机(变频)	
	新风机	
	参与风水联动控制电动风阀(联锁风阀及新风、回风、排风)	
	温湿度传感器	回风总管、送风总管、设备区重点房间
	CO_2 传感器	设备区人员管理用房
	动态平衡电动调节阀	末端回水管

风水联动控制柜、风系统电控柜、水系统电控柜、数据采集柜(箱)中分别设置工业交换

机,组建车站内工业以太环网,实现 PLC 控制器、远程 I/O、变频器、智能电机保护器、智能电力仪表等智能元件的连接。

(2)系统控制

系统控制由就地单体设备电动控制、模式控制、时间表控制等组成。主要控制策略(控制原理)如下。

①空调大系统控制策略

小新风空调工况:依据室外温度的变化自动动态调节,通过比较回风温度与设定温度差异,实现调节目标,即回风温度 = 设定温度。当站内回风温度 > 设定温度时,需提高空调机组的频率;当站内回风温度 < 设定温度时,需降低空调机组的频率。车站温湿度监测界面如图 3-54 所示。

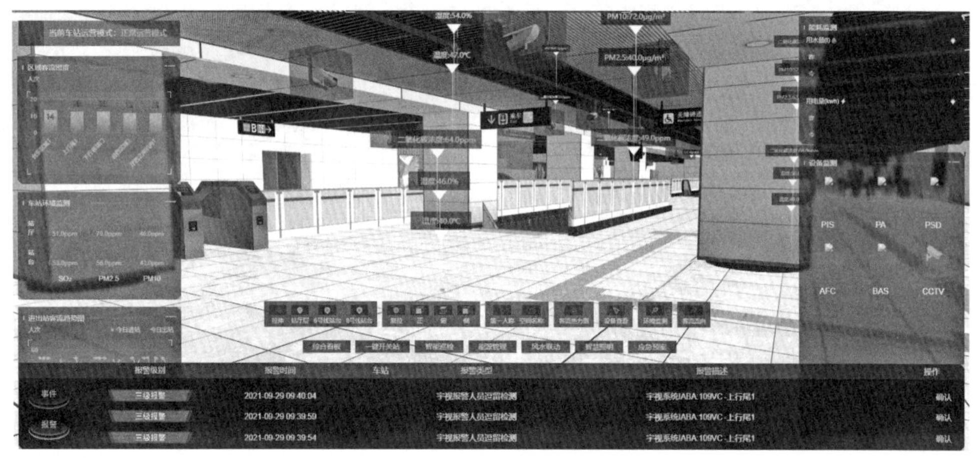

图 3-54 车站温湿度监测界面

全新风空调工况:站内平均温度(公共区)与设定温度进行比较,控制方式同小新风工况。

全通风工况:当 12℃(普遍设置为 12℃,可按需调整)≤室外温度≤送风温度时,站内平均温度与设定温度(25℃,可调)进行比较,站内平均温度(公共区)与设定温度(根据各站分别提供)进行比较,控制方式同小新风工况;当室外温度 < 12℃时,组合式空调机组控制风机频率按室内外温差设定上限最小风量运行。

②空调小系统控制策略

除人员驻留的用房需新风控制要求外,其余控制策略参考大系统。

③空气品质控制策略

根据室内外新回风焓值及温度、送风温度、CO_2 浓度、PM2.5 及 PM10 浓度等参数进行优化判断,对空调箱送风机启停频率、回排风机启停频率、小新风机启停、新风阀、回/排风阀、水阀进行控制与调节,保障空气品质及室内舒适度标准前提下降低通风空调系统能耗。

梳理室外 PM2.5 及 PM10 浓度,以及对应的室内 PM2.5 及 PM10 浓度限定值之间的逻辑关系,调节相关风机频率以及新风阀、回风阀、排风阀的开度,实现车站室内空气颗粒度的控制,尽可能保障室内空气品质的要求。

④冷水机组控制策略

跟随冷负荷的变化动态调整冷水机组的加、减载,即依据车站主机具体能效曲线,计算台数增减的最佳负荷率值，并按最佳负荷率值控制台数增减。车站空调系统泵组控制方式如图 3-55 所示。

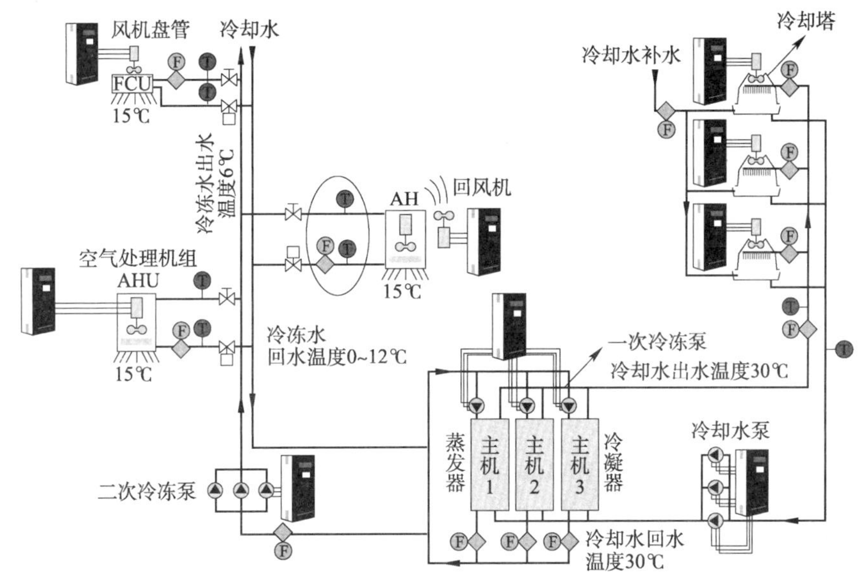

图 3-55 车站空调系统泵组控制方式

⑤冷冻水泵控制策略

根据冷水供回水温差，结合 PID 或其他智能算法控制冷冻水泵的运行频率，当实际温差大于设计值时，提高水泵频率；当实际温差小于设计值时，降低水泵频率。首台冷冻水泵启动时，初始运行频率为低频运行（一般为 30Hz）。多台水泵同时运行时，各泵同频运行。

⑥动态平衡电动调节阀控制策略

将流量、温度、开度等参数利用 Modbus RTU 标准协议反馈至控制系统，实现接口信息的即时通信，控制车站大、小系统与空调机组的冷冻回水管动态平衡调节阀，达到根据末端动态负荷变化按需分配流量的目的。

⑦压差旁通装置控制策略

利用压差旁通阀具备的压差控制开度功能控制压差旁通装置的开度。

当冷冻水泵运行频率未达到设定下限（一般为 30Hz）时，压差旁通装置不启用自身调节功能，旁通阀保持全关。

当冷冻水泵运行频率达到设定下限且持续超过规定时间（一般为 3min）时，启用压差旁通装置自身调节功能。

⑧冷却塔、冷却水泵控制策略

根据冷却水出水温度与湿球温度逼近度（逼近度可调节），结合 PID 或其他算法，控制冷却塔的风机开启台数，当实际温差大于设置值时，减少冷却塔风机运转台数，实际温差小于设置值时则增加风机运转台数。

通过对机房 COP 值（热泵循环性能系数，即空调制热时制热量与总输入功率的比值，制冷时制冷量与总输入功率的比值，本任务指制冷时的比值）寻优后控制冷却塔、冷却水泵运行工作台数,保证冷水机组的高效运行,实现机房COP值最高。

⑨长通道风机盘组控制策略

利用设置于风机盘管组的长通道处的温湿度传感器数据,对风机盘管组前端动态平衡电动调节阀进行动态调节。

⑩空气幕组控制策略

充分利用空气幕组在空调季和非空调季的启停辅助大系统控制及空气品质控制。表3-11为地下站集中节能控制系统的风水联动控制设备组成。

地下站集中节能控制系统的风水联动控制设备组成 表3-11

序号	风水联动控制系统各柜体	所含受控对象	位置与数量	备注
1	风水联动控制柜	PLC、远程I/O模块、通信网关、工业监控上位机、智能电测量仪表等	靠近冷水机房端环控电控室,原则上每站1台	数据采集柜(箱)旨在根据受控设备所处车站具体位置且便于数据采集配置
2	数据采集柜	远程I/O等,主要包括车站两端空调大系统、小系统、水系统的各类传感器、动态平衡电动调节阀、压差旁通装置等	原则上空调机房1台	
3	水系统电控柜	水泵配电回路,变频器、滤波器、电动蝶阀配电回路,冷却塔(含额外强排风机)配电回路,水处理设备配电回路,远程I/O、通信网关、智能电测量仪表等	靠近冷水机房端环控电控室(部分车站位于冷水机房),原则上每站2~3台	配电回路编号与下位辅机设备(水泵、电动蝶阀、水处理)编号对应
4	风系统电控柜(大系统)	服务于大系统的组合式空调机组(净化消毒装置、变频)、回排风机(变频)、新风机及参与风水联动控制电动风阀的配电回路及风机变频器、远程I/O、通信网关、智能电测量仪表等	车站环控电控室,原则上数量同动力照明专业包含受控对象的环控电控柜数量一致	—
5	风系统电控柜(小系统)	服务于小系统的各柜式风机盘管机组(变频)、服务于人员管理用房柜式风机盘管机组(净化消毒装置)、回排风机(变频)、新风机及参与风水联动控制电动风阀的配电回路及风机变频器、远程I/O、通信网关、智能电测量仪表等	车站环控电控室,原则上数量同动力照明专业包含受控对象的环控电控柜数量一致	—

四、智慧能源管理系统预期效果

对车站的“风、水、电”进行24小时监控,避免了人工判断、手动操作下发节能模式的粗放性;水电表计电子智能化避免了人工抄表的误差,提升了数据采集的实时性、准确性。现场数据通过远程采集、后台数据处理,准确记录车站设备能耗情况,为车站节能提供导向性目标,还对各项节能措施进行细致量化,降低了人工巡检误差,减少了维保人员数量,节约设备维保成本。广州地铁18号线低碳节能实景如图3-56所示。

图3-56　广州地铁18号线低碳节能实景

五、智慧能源管理系统故障应急处置措施

当智慧能源管理系统发生故障,无法实现系统功能时,车站人员需要按照以下流程进行应急处置。

1. 故障判断

智慧能源管理系统主要功能是对前端设备收集的数据进行集中处理后生成相应控制命令,并下发控制命令。末端硬件设备设置有操作面板(又称就地控制装置),可进行状态查看与就地控制。因此,硬件故障可通过现场设备指示灯显示判断其状态,而硬件故障之外的故障原因多产生于传输网络或端口、软硬件接口位置等。

当出现故障时,利用各接入子系统设备图标判断是本体故障还是终端设备故障。如显示设备本体故障,则通知专业人员现场查看设备状态指示灯等,在排除设备硬件为故障点后则从网络端口、软件状态反向排查。

2. 应急处置

当能源管理系统无法对下位设备状态进行监控、控制命令下发不成功、表计数据不更新等情况时,应对节能控制与灯具照明控制两部分功能立即通过综合监控系统下发控制命令或通知专业人员就地操作设备;使表计数据抄录回归传统的"人工抄表";即时联系生产人员和维修资源调度。

3. 后续措施

对智慧能源管理系统下位非末端设备故障,则应按照系统使用维修手册,依次比对系统显示数据与终端设备实时数据,按照"先软件后硬件"顺序,先检查网络通信状态确保传输网络畅通,再检查系统软件进程,按需执行退出应用程序或重启服务器等。

任务实施及评价

城市轨道交通智慧能源管理系统应用及故障应急处置

学院		专业	
姓名		学号	
小组成员		组长姓名	

一、工作任务场景

因天气逐渐转凉,某高架站采用空调过渡季运行,利用智慧能源管理系统查询车站节能模式运行情况,调取用水、用电报表等。

二、前置知识

1. 简述车站照明的控制机制和分时分区控制原理。

2. 简述车站手动抄表的全部流程,判读机械表计数据。

3. 简述车站环控模式控制原理与分时控制机制。

三、任务实施

任务实施内容
1 智慧能源管理系统操作
1.1 通过告警信息、页面显示等检查重要设备状态,按需操作,调出功能界面,判断显示内容是否正确
1.2 LED 自动调光的操作:熟练调取车站照明界面,查看界面图标显示是否正确;查看车站照明回路执行的控制模式;判断监控信息是否与节能系统一致
1.3 熟练调取车站用水、用电监测页面,检查电子智能表计信息;操作开启自动抄表(包含表计实时在线、当前状态是否正常、表计数据更新)功能,通过异常显示判断故障
1.4 熟练利用能源管理系统的筛选功能,筛选出选定表计、趋势图;调取商业用电、广告照明、商铺用电数据,生成报表、趋势图,并转存或下载报表
1.5 熟练调取通风空调系统集中节能控制界面:查看操作场所、控制方式、执行模式号以及模式描述
1.6 查看风水联动控制柜的控制参数,出现错位则手动改正;手动下发控制模式,判断命令下发是否成功;调取系统的操作日志,并对日志进行判读
1.7 对设备就地操作,在风水联动控制柜手动下发命令

续上表

2 故障的判断
2.1 通过故障现象判断故障类型,观察功能操作界面显示状态以判断故障类型
2.2 通过现场设备的指示灯显示判断故障情况
2.3 利用各接入子系统设备的图标判断是本体故障还是现场终端故障
3 故障应急处置
3.1 车站照明的节能模式开启失败或无法自动调节时,通过综合监控系统手动下发开启照明设备设施
3.2 当能源管理系统无法自动监控、出现命令下发不成功、表计数据不更新等情况时,应立即通过综合监控或设备就地操作,使表计数据抄录回归传统的"人工抄表",即时联系生产人员和维修资源调度
3.3 节能控制模式无法下发或下发失败时,采用设备就地操作在风水联动控制柜手动下发命令
4 故障处置后续措施
4.1 按照系统维修手册,依次检查系统与现场终端设备的数据状态,检查系统软件进程、网络通信状态或重启服务器等

四、评价反馈

(一)评价标准

项目	项目内容
接受工作任务	明确工作任务,理解任务在企业工作中的重要程度
前置知识	本次实训前需要掌握的知识程度
能力评价	智慧能源管理系统操作
	故障的判断
	故障应急处置
	故障处置后续措施
素养评价	工作计划性强,安排得当
	团队合作能力强,善于沟通合作
	自主学习能力强,勇于克服困难
	严谨认真,积极参与课堂
	演示文稿制作精美、汇报演讲能力强
评价反馈	自我评价:能对自身表现情况进行客观评价,能在任务实施过程中发现自身问题
	小组互评:客观、公正,能指出其他组的问题

(二)自我评价

请根据在课堂中的实际表现进行自我评价与自我反思。

续上表

序号	评价标准	
1	接受工作任务	☆ ☆ ☆ ☆ ☆
2	前置知识	☆ ☆ ☆ ☆ ☆
3	能力评价	☆ ☆ ☆ ☆ ☆
4	素养评价	☆ ☆ ☆ ☆ ☆
自我反思:		

(三)小组互评

请小组之间根据在课堂中的实际表现进行小组互评。

序号	评价标准	
1	接受工作任务	☆ ☆ ☆ ☆ ☆
2	前置知识	☆ ☆ ☆ ☆ ☆
3	能力评价	☆ ☆ ☆ ☆ ☆
4	素养评价	☆ ☆ ☆ ☆ ☆

(四)教师评价

项目	项目内容	分值	得分
接受工作任务	明确工作任务,理解任务在企业工作中的重要程度	5	
前置知识	本次实训前需要掌握的知识程度	5	
能力评价	智慧能源管理系统操作	10	
	故障的判断	10	
	故障应急处置	10	
	故障处置后续措施	10	
素养评价	工作计划性强,安排得当	5	
	团队合作能力强,善于沟通合作	5	
	自主学习能力强,勇于克服困难	10	
	严谨认真,积极参与课堂	10	
	演示文稿制作精美、汇报演讲能力强	10	
评价反馈	自我评价:能对自身表现情况进行客观评价,能在任务实施过程中发现自身问题	5	
	小组互评:客观、公正,能指出其他组的问题	5	
得分(满分100)			

视野拓展

全国生态日|绿色发展重庆轨道集团这样做

2024 年 8 月 15 日是全国生态日。穿行在绿水青山、美丽花海之间的重庆轨道交通,与自然环境和谐共生,是绿色低碳出行方式的代表。重庆轨道集团是如何推动绿色发展的?一起来看看。

1. 做好顶层设计　打造绿智示范线

正在建设的重庆地铁 24 号线,是重庆轨道交通“绿智融合”关键技术示范项目,融生态、绿色、智慧于一体,将搭建重庆轨道交通工程建设安全管理综合平台、城轨快线全生命周期数字建管平台,建立生态智慧运维服核心系统,集成应用智慧列控系统、永磁牵引系统技术、智慧客服、智慧运维等一系列技术,在能耗管控、出行体验、行车调度、运维管理等方面形成重庆轨道交通绿色智慧发展品牌。

2. 应用节能技术　聚焦能源再利用

重庆轨道交通一方面发挥着大运量公共交通工具的优势,为减少碳排放作着贡献,另一方面还加强科技创新,通过应用新技术,实现节能减排。将车辆制动时产生的电能转化为交流电回送电网,供车站信号、电扶梯、通风、照明、空调等附近其他用电设备使用,实现“变废为宝”,这便是重庆轨道交通再生制动能量回馈系统。

重庆轨道集团早在 2 号线建设时就使用了再生制动及逆变技术,后来建设的线路中也都有所应用。2023 年,重庆轨道集团再生制动及逆变技术回馈的电量达 2500 万千瓦时,节约电费约 1800 万元。

针对夏季的“耗能大户”——空调系统,重庆轨道集团试点应用了以“磁悬浮高效冷水机组”为主体的全变频冷源系统、风水联动的群控集控系统、单端送风系统等,用技术革新、设备更新,实现节能降耗。

此外,“深部地下空间智能化运维和安全控制示范平台”在重庆地铁 10 号线红土地站试点运行已经 1 年多。平台整合了“在线监测、智能运维、安全预警”三方面的功能,拥有“空调智能运维”“扶梯安全运维”“全站能效管理”3 个子系统。其中“空调智能运维”子系统可以根据环境,实现制冷系统、风系统、水系统的自动节能运行,系统运行以来,为车站减少用电近 50 万度;“全站能效管理”子系统形成了车站级、系统级、设备级的三级能耗计量体系,能够直观显示车站各设备系统的异常能耗,帮助专业人员及时采取应对措施,减少不必要的能源消耗。这些环保、节能技术,是重庆轨道集团坚持绿色低碳的生动体现。

绿水青山就是金山银山。重庆轨道集团用绿色化、低碳化的高质量发展,保护着生态环境,守护着山清水秀美丽之地。

模块四

城市轨道交通智慧安防系统运行与维护

任务一 城市轨道交通智慧安检系统运行与维护

学习目标

1. 能区分智慧安检系统与传统安检系统差异。
2. 掌握智慧安检系统业务需求及功能。
3. 当智慧安检系统出现异常情况时，能判断故障，并具有应急处置的能力。
4. 具备安全第一的意识，严格遵守安全操作规程，确保人员的安全。

任务导入

某城市举办大型演唱会，因举办场馆附近交通管制，众多粉丝应主办方要求，将私家车集中停放在临时设置的停车场后，通过城市轨道交通前往演唱会举办场馆。为烘托现场的热烈气氛，粉丝们携带了大量气氛营造道具。有幸的是该站投入使用了智慧安检系统，在开场前一个小时集中进场时间内，加快放行效率的前提下，通过智慧安检系统的智能识图、人员携带金属违禁品识别等功能排查出大量违禁物品，并利用该系统的隔栏递物判断功能成功制止多起企图蒙混过关的行为，并同步完成过检人员的视频图像采集、温度测试等工作；将所查的危险物品图像集中上传至安防中心。较为先进的安检设备被动式太赫兹人体安检仪如图4-1所示。

a)

b)

图4-1 先进安检设备——被动式太赫兹人体安检仪

本任务需要掌握智慧安检系统的安检机设备智能判图功能，安检门的乘客随身金属违禁品的无感检测功能，人像识别与智能测温功能等。 利用智慧安检系统的多重现场信息先期感知、多类信息综合分析与处理功能，全面提升安检人员的检验效率与准确性，提高大客流下的安检问题综合处置能力。

知识课堂

一、传统安检模式

城市轨道交通安检采用 X 射线等技术对乘客行包进行安全检查，防止乘客携带引起爆炸、燃烧、腐蚀、毒害或有放射性的物品及枪支、管制刀具等。根据需求采用“机检 + 人检”，操作时依据“逢包必检、液体必检、人机结合”运行，即使用固定式“X 射线行李检查机”对大包行李逐一检查，防止隐藏的危险品进入车站；对小件物品采用手持安检仪检查，特殊时段增加安检系统的严密程度。实际安检过程中，安检员根据现场分工，负责引导乘客过检，操作安检机械对乘客携带的箱包、包装液体等进行检查。此外，还需对发现的管制刀具、可疑物品进行先期处置；再者，出于疫情防护的需要，安检人员还需对进站乘客进行测温等。

传统安检主要依靠现场人工组织，全过程大致为“引导乘客 + 卡控人数 + 过检检验 + 特殊抽检 + 异常处置”，主要工作内容见表 4-1。这种方式的缺点，一是对人员的依赖性极强，针对现场特殊情况，无法有效预判，查出违禁物品时或出现异常后，大多通过眼神或手势等默契动作告知，信息传递依赖现场人员的口述或转发，不能做到图文同步传输，易引发乘客投诉；二是各项工作分离，如各类台账等需人工录入与提交，数据精准性不能有效保障，甚至出现无现场管理则无法开展工作的极端情况；三是安检区域设备分属于不同的维保部门，如视频采集归通信专业，安检设备归安全管理部门，测温设备等归车站管理，不能有效形成合力。

传统安检工作内容　　表 4-1

事件	调度职责	内容
日常工作	引导乘客	维持安检区域乘客秩序，提醒和引导乘客将携带的箱包物品通过安检仪，观察可疑情况
	判断过检物品	通过 X 射线安检仪透视过检物品的特殊图片，以发现违禁物品，如管制刀具、金属利器、盛装液体的容器等
	开包查验	针对 X 射线安检仪透视出的图片无法判定物品种类时，要求乘客开包检查物品
	手持检查	利用手持金属设备检查终端，对乘客进行补充检查和贴身物品检查，防止乘客随身夹带违禁物品
	测温	在无自动测温的安检区域，利用手持测温设备对过检乘客进行人工测温，以发现并处置体温异常的乘客
异常情况处置	带包漏检、隔栏递物	立即制止，并要求乘客对携带的箱包进行过机检查或开包检查
	强行冲关	会同车站、公安人员对强行冲关乘客进行制止，并保障其余乘客的安全
	违禁物品	对携带违禁物品的乘客进行劝导，视违禁物品种类给予没收登记、让乘客换乘其他交通工具离开等
	灾害情况	与车站人员一起疏散引导乘客从就近疏散出口撤离到安全区域

二、智慧安检系统业务需求

1. 比传统安检内容更智能准确

（1）应具备智能识图功能：在行李箱包的X射线影像中自动识别出疑似管制刀具、枪支器械、可疑液体等常规违禁品，并提示告警；

（2）人员携带金属违禁品识别功能：对人员随身枪支、管制刀具等大件金属物体自动进行检测，发现异常时预警，能有效排除手机、手表、打火机等金属物品干扰；自动统计通过人数与告警次数；能分区探测并在发生告警时定位违禁品。

2. 安检功能自动化检测

智慧安检系统组成如图4-2所示。

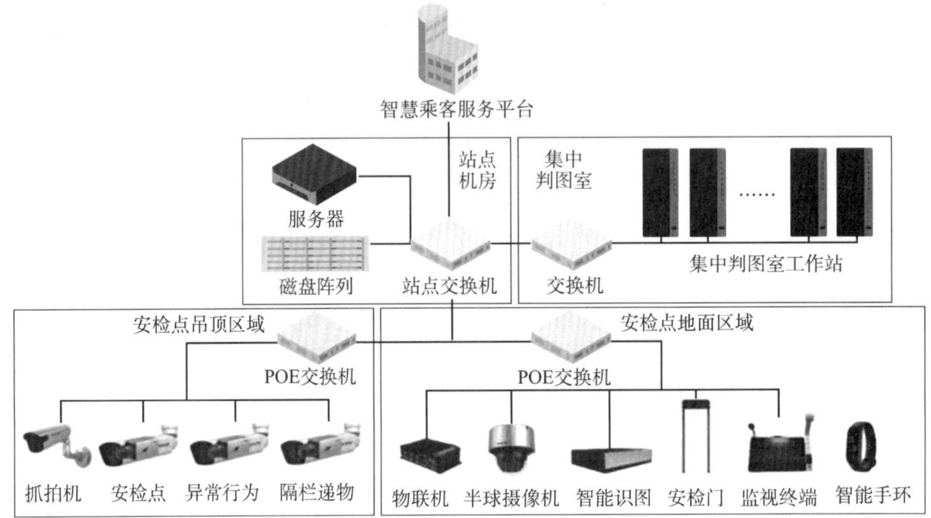

图4-2 智慧安检系统组成

（1）应具备隔栏递物检测功能：对安检区域的视频图像进行实时AI处理判断，实时检测隔栏递物行为，防止乘客在安检通道通行时人为避开安检环节。

（2）应具备人脸比对功能：对失信乘客或重点人员的比对、预警功能，能与智慧售检票系统联网实现人脸过闸联动，并自动对重点人物影像进行提取及记录；具备对视频的自动分析应用功能，对乘客异常行为进行判读。

（3）应具备冲关人员拦截功能：对乘客强行冲关行为即时判断，能自动将冲关乘客的影像传输至智慧售检票系统，实现强制关闭对应闸机并不予放行。

（4）实现无感测温功能：对乘客体温进行无感测试，发现体温异常乘客及时发出告警且自动记录；可快速对多人同时完成测温及记录，满足14天（时间可调，最大期限为14天）内乘客体温记录的追溯。

3. 安检业务自动化办理

智慧安检系统能利用专用网络将线网的安检设备联网，如图4-3所示，实现集中融合使用。例如，将分布于某线路各车站的全部安检机联网，多处图像数据实时上传至一个点位进行集中判图;发现违禁品图像自动标识及告警提示;自动对违禁品与携带人员关联回溯,可生成人员、现场人数和报警趋势图表。

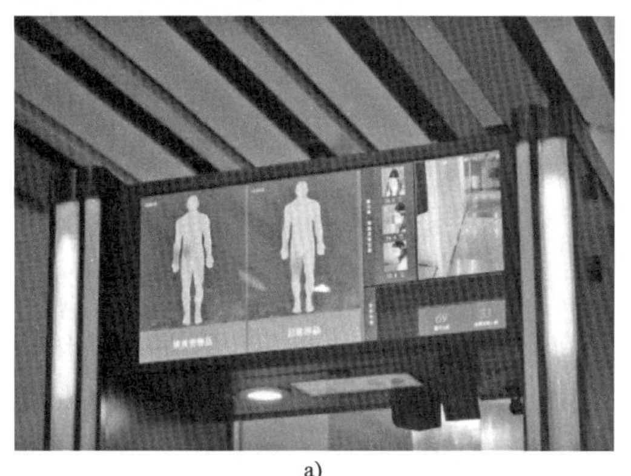
a)

b)

图 4-3　智慧安检设备自动化联网

三、智慧安检系统功能

1. 报警系统管理功能

对下位安检设备、视频判读子系统上传的报警信息进行分类、筛选并集中显示,包括:人员摔倒、隔栏递物、带包漏检等;发生异常行为时,系统自动截图并声响报警提醒,报警采用"视频截图 + 文字描述"展示,如图 4-4 所示。

图 4-4　报警展示

2. 智能检测功能

对既有 X 射线检测设备的图片进行 AI 图片判读,自动识别出乘客箱包中的疑似管制刀具、枪支器械、可疑液体等常规违禁品。当判断为违禁品时,自动添加标识提醒及告警提醒。安检人员根据报警信息对违禁物品确认操作:确认无问题则安全放行,有问题则分类处置。对于普通违禁品且乘客放弃,系统记录违禁品名称、违禁品类型、实物照片、乘客性别。对于严重违禁品,在完成普通违禁品记录基础上,还要以"图片 + 描述"的方式上传系统留存。智能判读后的 X 射线图片如图 4-5 所示。

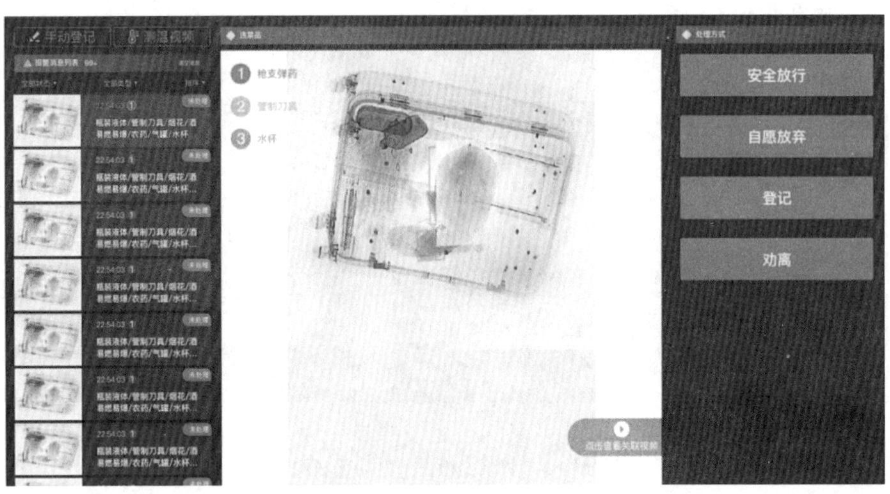

图 4-5　智能判读后的 X 射线图片

利用安检门识别乘客随身携带的金属违禁品,实现对人员随身枪支、管制刀具等大件金属物体的检测和预警,及时排除手机、手表、打火机等金属物品干扰;定位违禁品所在人体部位,引导安检人员及时介入确认。

系统利用 AI 人像识别功能对失信乘客或重点人员与数据库信息自动比对,与人脸过闸联动实现管控及信息传送至相关部门;具备数据存储功能,能自动统计特殊人员的人数、告警次数,并能有效传送相关数据。

3. 联网判图功能

充分利用网络化技术,将线路乃至线网的安检机联网,实现图像数据集中传输至安防中心进行 AI 图像处理,供判图员集中使用,加大违禁品的发现力度,减少对经验丰富判图员的需求,也便于遇到问题时集中力量快速处理;还可将违禁品与携带人员关联记录及时上传以便进行回溯查询。集中判图客户端如图 4-6 所示。

集中判图客户端

点击开始判图

请确保鼠标、键盘处于正常状态

快捷键小贴士:一键开包回车键Enter
安全放行空格键Space

图 4-6　集中判图客户端

4. 隔栏递物检测功能

利用专用的安检图像采集设备，结合视频图像智能判读功能，对过检乘客进行实时视频判断，发现隔栏递物行为时立即语音提示，并将隔栏递物报警推送至事发安检点。安保人员根据报警提示，及时阻止乘客的隔栏递物行为，处置完成后根据实际情况选择处置结果，完成问题的闭环处置管理。隔栏递物检测图与隔栏递物识别如图 4-7 所示。

图 4-7　隔栏递物检测图与隔栏递物识别

5. 带包漏检检测功能

利用安检点前后方的定制高清摄像头，在视频图像软件的智能判读功能基础上，替代了安检人员对带包漏检的目视监控。发现带包漏检行为时立即语音提示，并将报警推送至事发安检点，现场人员根据报警及时阻止该违规行为。处置完成后根据实际情况选择处置结果，完成问题的闭环处置管理。带包漏检检测如图 4-8 所示。

图 4-8　带包漏检检测

6. 无感测温功能

利用具有测温功能的红外摄像头对过检乘客体温进行无感测试，当发现体温异常乘客时立即发出告警,并自动截图记录;针对多人过检时,可快速对多人同时完成测温,自动截图并标记体温异常人员后记录保存,以满足14天内乘客体温追溯。智慧安检系统增设遥控测温设备,主要是安装于安检门上或独立悬挂安装。无感体温检测如图4-9所示。

图4-9 无感体温检测

7. 人群过密报警及统计报表生成功能

利用安检摄像头对覆盖区域的视频图像智能判读,发现等待区域的待过检人群过密时,生成人群过密报警,并推送至相关人员,由多方人员协同系统处置并维持秩序。人群过密检测如图4-10所示。

图4-10 人群过密检测

此外,智慧安检系统软件能对过检人数进行统计,如图4-11所示,包含人员检测、箱包检测、特殊人员检测及体温检测等统计显示功能,支持报表及趋势生成,且支持所有过检图片存储调取,能通过联网实现线网级运作。

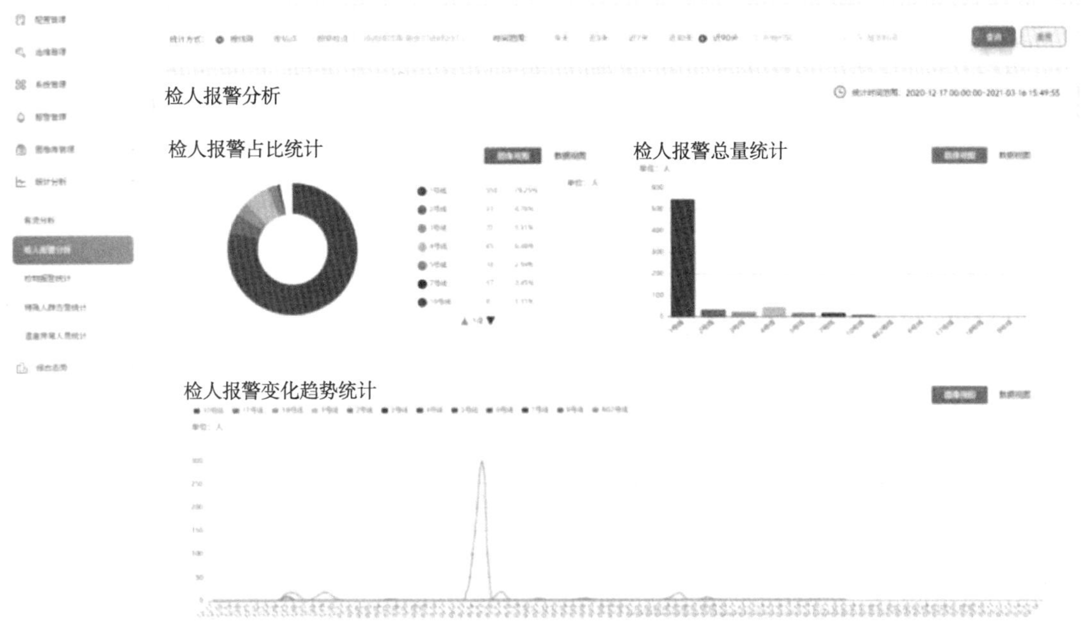

图 4-11　人员检测统计

四、智慧安检系统预期效果

智慧安检系统是在传统的 X 射线安检机、安检门及手持设备等安检设备的基础上，整合加入视频采集设备、体温采集设备，并增加安检信息 AI 处置功能，更便于开展安检工作，也便于对过检乘客的信息进行实时监控。智慧安检实景如图 4-12 所示。

a)

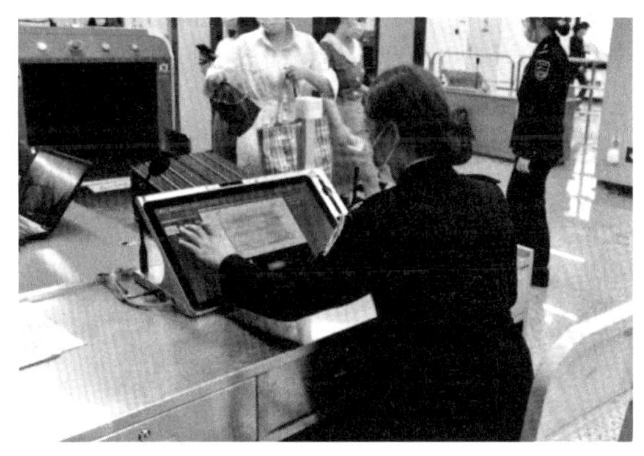

b)

图 4-12　智慧安检实景

1. 直观明了显示安检信息

大量安检工作由系统自动完成，减少对安检人员的依赖；利用报警信息同步传输功能，使得信息以一对多的方式传输至各终端，借助手持终端，各安检岗位人员可各司其职，尤其是在异常情况下，实现安检现场整体流程的规范顺畅。

2. 精准抽取现场信息

通过图像AI判断标注与自动上传、重要信息突出显示加报警提示功能,在发生异常事件时,系统自动触发预置的异常处置指南并传输至各岗位人员手持终端,精准自动调度相关人员。

3. 信息自动存储便于回溯

检测结果采用“截图画面+文字描述”方式自动存入系统,在系统报警筛选功能支持下便于事件发生过程的回溯。

五、智慧安检系统故障应急处置措施

当智慧安检系统发生故障,无法实现安检功能时,当班人员需要按照以下流程进行应急处置。

1. 故障判断

智慧安检系统是在传统安检设备功能上通过物理联网、软件配置整合而成,硬件故障可通过设备自带的状态指示灯或显示面板(传统安检设备都具备)查看,因此能方便地判断本系统是否存在硬件故障。除下位硬件故障外,故障多产生于系统软件、传输网络、单个子系统等。

充分利用显示界面的图标与颜色等初步判断故障点。若全部功能无法使用时,显示图标会整体显示异常,容易得出故障点在智慧安检系统内部。排除传输网络故障后重点检查应用软件和网络接口。若部分功能(单站或部分站点)无法实现,则检查下位子系统(或故障的站点)。

2. 应急处置

应视问题的重要性分情况处置,当重要功能(如判图)无法使用时,应立即回归传统的“引导乘客+卡控人数+过检检验+特殊抽检+异常处置”安检流程,及时增加人员手持终端检查及疏导等以保证安检工作有序进行。若某部分功能无法正常使用,则启动该部分的人工功能,如测温模块,采用手持测温。

3. 后续措施

在判断故障点位为非下位设备硬件故障后,应从智慧安检系统架构出发开始处置,依次对智慧安检系统应用服务器进程、软件或服务器重启,检查系统网络通信状态。前述问题排除后则检查视频系统、测温系统、安检机与安检门等末端设备工作状态。

课堂交流

请同学们收集各城市轨道交通智慧安检的案例,分析智慧安检和传统安检的区别。

各小组分组进行智慧安检演练。

任务实施及评价

城市轨道交通智慧安检系统应用及故障应急处置

学院		专业	
姓名		学号	
小组成员		组长姓名	

一、工作任务场景

以一名安检专业监管人员身份按照实物过检方式完成对智慧化安检系统的功能测试。

二、前置知识

1. 简述传统安检工作组织和工作内容。

2. 简述车站安检工作岗位的检查内容。

3. 简述安检遇到异常情况的处置流程。

三、任务实施

任务实施内容
1　智慧安检系统操作
1.1　顺利登录智慧安检系统车站监控终端软件，通过图标显示与颜色，判断系统是否工作正常
1.2　开启安检功能，使用端收到违禁品报警时，点击报警图片，人工判断是否含有违禁品；如确认无违禁品，能顺利执行放行操作
1.3　经判读图片确认为违禁物品时，处置方式如下：普通违禁品种类，熟悉自愿放弃操作流程及相关记录、劝离办理流程及操作；严重违禁品，按处置流程登记违禁品名称、违禁品类型、实物照片、乘客身份信息等；对未识别的违禁品，启动人工处置流程
1.4　系统检测到隔栏递物时，熟悉隔栏递物的处置流程与拦截规范动作，并立即组织人员处置，完成处置后正确操作软件完成流程并结果记录
1.5　系统检测到带包漏检时，熟悉带包漏检的处置流程与拦截规范动作，立即组织人员处置，完成处置后正确操作软件完成流程并结果记录
1.6　熟练从实时视频监测画面顺利读取体温值，对体温异常人员进行复检或隔离处置，能顺利操作完成测温视频的开启与回放
1.7　系统检测到人员密集报警时，启动待检人员密集的处置流程，组织现场人员处置，处置完成后正确操作软件选项完成结果录入
1.8　调取客流状态感知及提示页面，能根据提示内容顺利启动相应处置流程，尤其是大客流、人员密集的处置
1.9　熟练操作报警信息管理功能，查看全部报警、按需筛选报警等

续上表

1.10 顺利登录客户端,进入集中判图功能操作界面,检查智能识图标记后的图片、违禁品等级设置标注和颜色区分等信息是否正确
1.11 登录安防中心客户端软件,按需调出功能操作界面,通过图标显示与颜色,判断系统(中心级)是否工作正常。熟练操作软件对线网安检点、线网安检设备进行增删改查;根据管理权限对安检账户进行增删改查
1.12 利用中心级软件报警管理查看全部报警状态或筛选、配置等;按需生成报警统计、趋势及表格导出
2 故障的判断
2.1 利用中心级系统的图标显示状态、颜色等初步判断故障类型
2.2 单个安检点图像上传失败,经核对车站客户端软件智能判图功能不能启用等,可初步判断为车站级末端设备本体故障
2.3 中心级系统出现无法进入系统、多个安检点信息调取失败、显示离线等问题时,可初步判断故障点在中心级软件,应重点关注传输线路或视频服务器
3 故障应急处置
3.1 某部分功能无法正常使用时,则启动该部分的人工功能,如测温模块,采用手持测温
3.2 单站安检系统全部故障时,立即回归传统的"引导乘客 + 卡控人数 + 过检检验 + 特殊抽检 + 异常处置"安检流程,增加人员测温、手持终端检查及疏导等确保安检有序进行
3.3 中心级软件故障,启用"电话管控",针对重大事件做好电话指挥登记,同时利用 CCTV 工作站(综合监控)进行视频远程监控
4 故障处置后续措施
4.1 按照系统维修手册,依次对智慧安检系统(中心级)应用服务进程、应用软件或服务器重启;检查系统网络通信状态、网络交换机工作状态等;检查视频系统、测温系统、安检机与安检门等末端设备的工作状态

四、评价反馈

(一)评价标准

项目	项目内容
接受工作任务	明确工作任务,理解任务在企业工作中的重要程度
前置知识	本次实训前需要掌握的知识程度
能力评价	智慧安检系统操作
	故障的判断
	故障应急处置
	故障处置后续措施
素养评价	工作计划性强,安排得当
	团队合作能力强,善于沟通合作
	自主学习能力强,勇于克服困难
	严谨认真,积极参与课堂
	演示文稿制作精美、汇报演讲能力强
评价反馈	自我评价:能对自身表现情况进行客观评价,能在任务实施过程中发现自身问题
	小组互评:客观、公正,能指出其他组的问题

续上表

(二)自我评价

请根据在课堂中的实际表现进行自我评价与自我反思。

序号	评价标准	
1	接受工作任务	☆ ☆ ☆ ☆ ☆
2	前置知识	☆ ☆ ☆ ☆ ☆
3	能力评价	☆ ☆ ☆ ☆ ☆
4	素养评价	☆ ☆ ☆ ☆ ☆
自我反思:		

(三)小组互评

请小组之间根据在课堂中的实际表现进行小组互评。

序号	评价标准	
1	接受工作任务	☆ ☆ ☆ ☆ ☆
2	前置知识	☆ ☆ ☆ ☆ ☆
3	能力评价	☆ ☆ ☆ ☆ ☆
4	素养评价	☆ ☆ ☆ ☆ ☆

(四)教师评价

项目	项目内容	分值	得分
接受工作任务	明确工作任务,理解任务在企业工作中的重要程度	5	
前置知识	本次实训前需要掌握的知识程度	5	
能力评价	智慧安检系统操作	10	
	故障的判断	10	
	故障应急处置	10	
	故障处置后续措施	10	
素养评价	工作计划性强,安排得当	5	
	团队合作能力强,善于沟通合作	5	
	自主学习能力强,勇于克服困难	10	
	严谨认真,积极参与课堂	10	
	演示文稿制作精美,汇报演讲能力强	10	
评价反馈	自我评价:能对自身表现情况进行客观评价,能在任务实施过程中发现自身问题	5	
	小组互评:客观、公正,能指出其他组的问题	5	
得分(满分100)			

防患于未然

《战国策·燕策三》:“轲既取图奉之。发图,图穷而匕首见。”如果有严格的安全检查,荆轲的匕首是带不进皇宫的。

安全是生产的前提,而隐患是安全事故的起源,只有消除隐患才能保障安全。正所谓:隐患险于明火,防范胜于救灾。需要提高全员的安全意识和加强安全基础防范措施。

事后控制不如事中控制,事中控制不如事前控制——防患胜于治患。安全经济学中有一个基本定量规律:1 元事前预防 =5 元事后投资。即预防性的“投入产出比”远远高于事故整改的“投入产出比”,初期投入 1 分的安全性,相当于后期 10 分的安全性效果。在我们的安全生产管理中,就是要谋事在先,采取有效的事前控制措施,防患于未然,将事故消灭在萌芽状态。

任务二 城市轨道交通智慧门禁管理系统运行与维护

学习目标

1. 能区分智慧门禁管理系统与传统门禁系统差异。
2. 掌握智慧门禁管理系统架构及功能。
3. 当智慧门禁管理系统出现异常情况时，能判断故障，并具有应急处置的能力。
4. 具有纪律意识，具有高度的责任感。

任务导入

某城市核心商圈举办年度大型促销活动，通过城市轻轨直达活动商圈的站点人流量迅速飙升并达到了该站设计客流高峰。在站务人员全力保障客运服务工作顺畅期间，一位残疾人独立出行且持有效证件免票乘车到达该站，在仿照其他乘客“刷脸”出付费区操作失败后情绪激动，现场志愿者因人流隔断无法将其带至票亭交由车站人员处置，值班站长立即启用智慧门禁管理系统（图 4-13）进行异常情况处置。通过与智能门禁管理系统数据库共享人脸数据的智能客服中心配合，该乘客在持有效证件而无票的情况下，凭智慧门禁管理系统生成的临时人脸凭证，在智慧边门识别处“刷脸”后顺利出站。

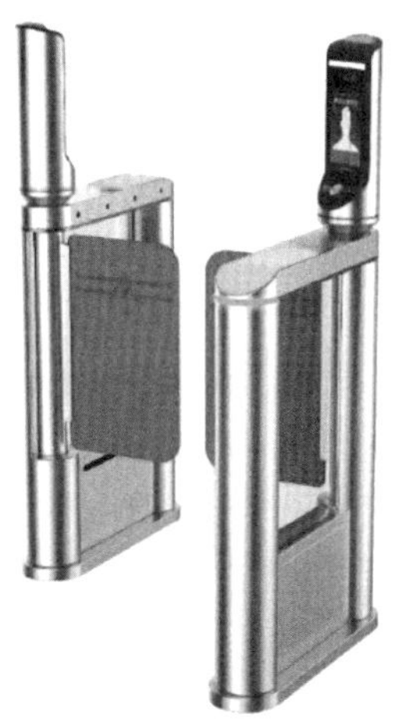

图 4-13　智慧门禁管理系统(智慧边门)

本任务需要熟练掌握智慧门禁管理系统具有的多重控制功能、多维度乘客判别功能及应急处置功能等，能充分利用智慧门禁管理系统的现场信息感知、多类信息综合分析与处理优势，全面提升智慧门禁管理系统各岗位人员远程查看、报警记录调阅、综合处置能力。

知识课堂

一、传统门禁系统

传统门禁系统可概括为“刷卡开门”，是在指定区域安装门禁系统前端设备（读卡器、门禁按钮、紧急按钮），依托中央计算机系统、车站计算机系统形成的二级管理，实现中央、车站和就地三级控制，呈现集中管理、分散控制。采用地铁员工卡（或委外单位专用卡）作为门禁卡，利用不同的权限配置实现分级管理，使用者依据所持卡片获得的授权使用范围才能刷卡进入到规定区域，并在系统留存刷卡使用记录。系统还具备故障诊断、报警、在线修改/升级、离线编辑等功能。传统门禁系统架构如图4-14所示。

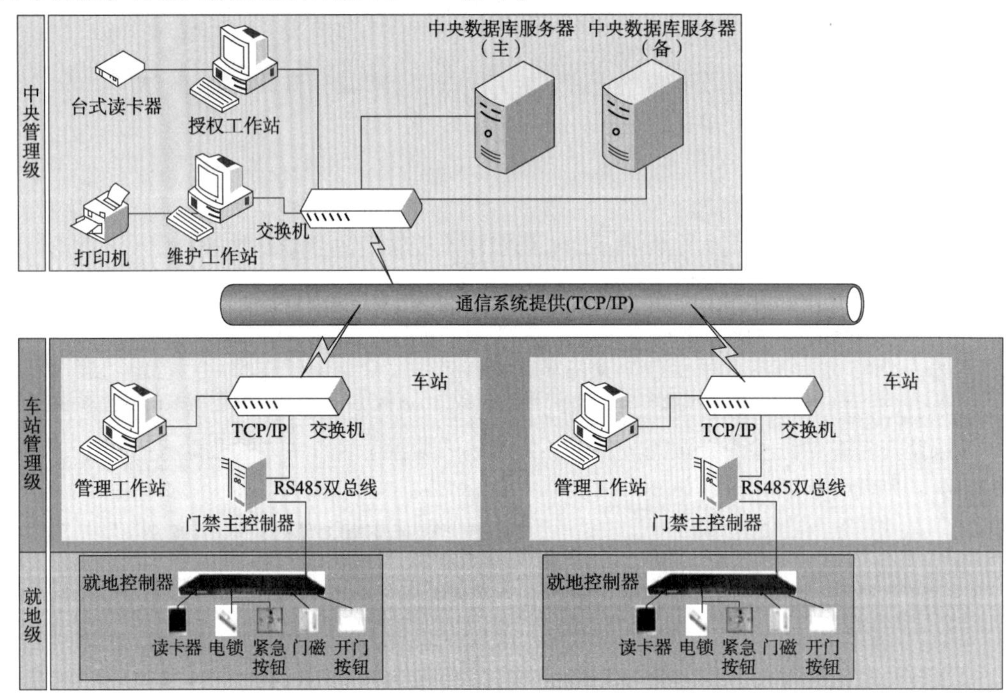

图4-14　传统门禁系统架构

传统门禁系统的身份识别依靠读取使用者所持门禁卡的信息，对安全防范重点关注的人证合一、卡片真伪却不做深度判读与识别；尤其是对车站通道门处存在尾随前刷卡人员进入设备区等重点区域的行为，不进行判读和报警；对于持有错卡、变造卡、复制卡的人员识别有限，不便于责任倒查。在票管室等车站重点区域，采用“门禁卡＋密码”双重确认机制，依旧存在问题。表4-2为传统门禁系统工作内容。

传统门禁系统工作内容　　表4-2

事件	基本操作	内容
日常使用	刷卡进入	前端读卡器读取使用者所持门禁卡内信息，比对系统中留存该卡的授予权限，二者相符则许可放行，达到实现不同安全区域的分级门禁管理；比对错误则生成报警记录并禁止持卡人进入该管理区域

续上表

事件	基本操作	内容
日常使用	出门	使用人员操作门禁按钮，对门禁系统锁具解锁，离开门禁管理区域
	紧急开门	在控制电路失效的情况下，操作紧急开门按钮，通过切断门锁电源来控制门锁开启，离开门禁管理区域
	授权	根据分级授权管理规定，对使用者持有的门禁卡授予不同等级权限，如安全级别、授权进入的区域、授权进入时间、密码等，实现门禁卡的分级管理
	维护	利用操作员权限对门禁系统操作信息、刷卡信息、报警信息进行查询、报表生成、编辑与导出等操作
紧急情况	火灾联动	根据火灾自动报警系统（FAS）联动指令，以车站为单位，及时准确地执行门禁解锁并按 FAS 监控要求给出反馈信号
	IBP 盘释放	车控室操作 IBP 盘的门禁释放按钮，对现场终端设备门锁统一断电，使门锁处于释放状态，并将门锁状态、报警等信息上传

二、智慧门禁管理系统业务需求

1. 边门面向乘客智能处置

边门具有过闸人脸信息识别功能，将内部工作人员和免票乘客两部分人员分开，免票乘客人脸信息配合智能客服中心实现权限统一管理，将持有的免票证件与前端设备采集的人脸信息关联，即利用现场人像采集设备获取的人脸信息与发证部门所留信息自动校对，验证通过后放行；若验证不通过则语音提示及留存人像记录，判别持伪造证件、过期证件的逃票人员。

2. 既有业务自动化处理

可加强智慧门禁管理系统与其他信息系统的功能融合。利用智慧门禁管理系统的自动化功能可进行报表填报和过程记录制作等重复性工作，如出入记录查询、黑名单管理、巡更路线和排班定制规则自动导入；自动对门禁管理系统信息分类整合与区别化处理，实现对门禁系统设备整体情况的实时监控。利用 AI 算法检索、标记出必要信息，如关门不闭门人员、巡更点位分配不合理等，自动生成趋势曲线图，节省专业人员精力，避免人为差错，达到减员增效的效果。

三、智慧门禁管理系统功能

1. 智慧门禁管理系统软件功能

将智慧门禁管理系统具有的进出控制、远程开门、报表输出、区域统计、防反传功能与智慧消防系统联网共享，实现在灾害情况下自动统计管理区域的进出人数，有助于事故救援；利用防反传功能杜绝无刷卡的进入行为，保证门禁使用数据都被记录；根据日志绘制筛选，如自动生成开门不关门人员清单等；将员工的考勤签到整合至智慧门禁系统，杜绝考勤记录造假现象；建立访客登记管理机制，访客凭借预约现场登记或提前生成的二维码，在进入门禁管理区域期间,后台同步生成电子线路及流程人像信息,便于对访客的行程进行管理,减少访客的被动等待时间等。智慧门禁管理系统的访客管理如图4-15所示。

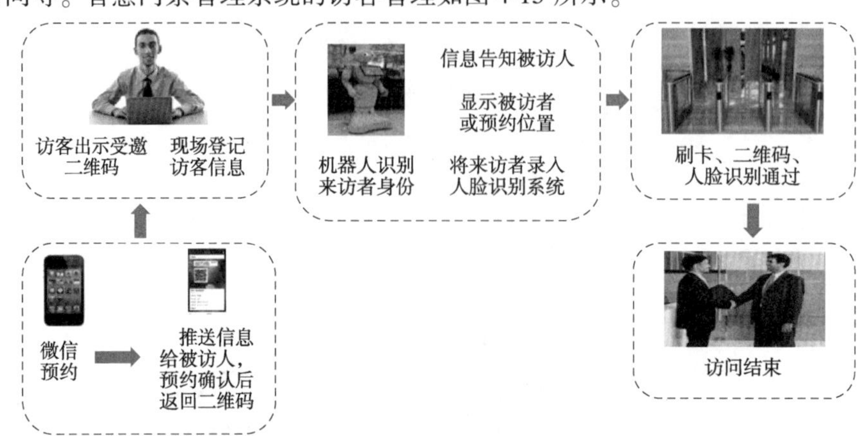

图4-15 智慧门禁管理系统的访客管理

2. 软件自主诊断修复功能

智慧门禁管理系统的数据库具备容量自诊断功能,能根据容量自诊断结果动态调整数据库清理时间以完成自动清理(数据权限许可后方可执行该功能),避免因数据容量过大影响系统稳定,既达到减少计划性检修(传统门禁采用计划性检修,即在规定时间进行检修)的内容,又实现数据容量动态监测及自主处置。

充分利用增加的容灾备份设施,确保异常情况下数据不流失,以实现(或预留)与智慧云数据中心接口、对门禁紧急释放装置(又称破玻器)的工作状态自诊断检查功能。

3. 前端设备智能识别功能

传统门禁(图4-16)对持卡使用人员的身份认定简单而唯一,依靠前端安装的读卡器读取使用人员持有的门禁卡信息,后台比对卡信息与预留信息一致,即认定符合要求,执行开门放行命令;不一致则不执行开门命令。

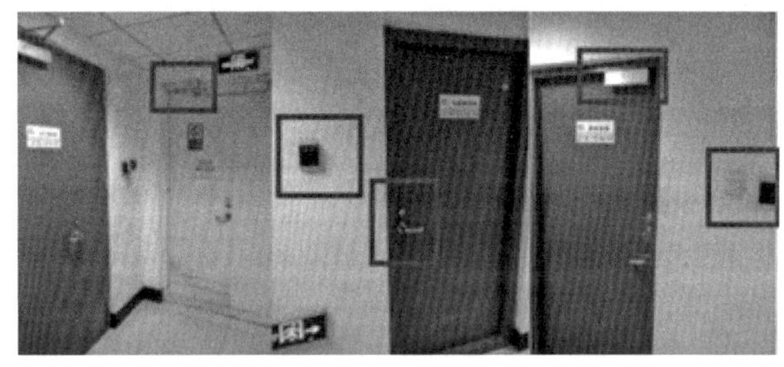

图4-16 传统门禁实景

智慧门禁管理系统引入人像识别,如多功能刷卡器(图4-17),提升安全管理等级。将前端设备传统读卡器替换为带摄像功能加显示装置的前置图像识别终端设备,重点区域加入了声纹(甚至虹膜)识别功能。针对轨道交通客流特点,在一些特别车站重要的出入口针对性地加入人员身份精准识别、体温初步筛选的特定功能,实现高效无接触、无感知身份验证、体温检测、语音报警等,实时记录人员出入、体温信息。表4-3为智慧门禁管理系统接口功能。

图 4-17 多功能刷卡器

智慧门禁管理系统接口功能

表 4-3

序号	项目	功能			
		智慧门禁管理系统	内容	综合监控系统	内容
一、日常使用					
1	边门进出管理	终端验证进出管理	身份验证、人像等重要信息处理、比对判断后送至综合监控显示，生成监控记录和报警信息	工作站	显示智慧边门告知的门状态信息，可对其进行远程控制
2	非公共区域进出管理	终端验证进出管理	身份验证、人像等重要信息处理、比对判断后送至综合监控显示，生成监控记录和报警信息	工作站	显示智慧门禁系统告知的受控各门单元设备状态信息，可对目标单元实现远程控制
3	维护与授权	工作站	按照操作权限对数据库进行增、删、改、查，数据导出及报表生成等常规工作	工作站	接收新上传的智慧门禁管理系统信息并显示
二、紧急情况					
1	火灾联动与紧急释放	终端设备	接受 FAS 联动指令后进行门禁系统释放，并记录相关信息	工作站(IBP)	显示释放信息、记录反馈信息

四、智慧门禁管理系统预期效果

1. 方便快捷的信息验证

通过人像识别与电子巡更、面部测温和访客管理等功能，结合系统的嵌套人像(及声纹等)识别算法等多重手段，共同确认使用者的人证合一，杜绝使用他人证件、持虚假证件等行为，紧急情况下还可依据图像识别确认身份后，临时被授权进入管理区域，为事后追查留存影像资料，省去了携带卡片、访客纸质手续、测温必须人工介入等分散的单项多次工作。集中进行信息采集与验证,使不同岗位的使用者都能方便快捷获知结果,提高了生产效率。

2. 多重信息验证提升安全性

通过智慧门禁管理系统中配置的多功能刷卡器一次性完成使用者的人像信息、面部测温、访客二维码识别等,利用多重信息同步验证、比对,杜绝代签字和代刷卡,防止持有假冒卡的闯入人员,还能防止前述步骤被恶意利用,将报警信息传送至多信息平台共享,异常情况时协同联动,使得设置智慧门禁管理系统的管理区域安全性能明显提升。

五、智慧门禁管理系统故障应急处置措施

当智慧门禁管理系统发生故障,无法实现系统功能时,当班人员须按照以下流程进行应急处置。

1. 故障判断

智慧门禁管理系统是在传统门禁系统上进行功能提升、改进而建立的,因此故障原因与传统门禁类似,除末端的门磁锁具、读卡器、就地控制板卡等硬件故障外,其他故障点多产生于传输网络、应用软件及数据库异常等。

当出现故障时,可利用工作站图标和颜色显示进行故障的初期判断。若单门开启失败或单项功能无法实现,则故障点在前端设备(单项功能部位)处,如门锁损坏、视频读卡器宕机等(如测温模块故障导致测温失败);若全线门禁状态异常,则需检查数据库运行状态、网络通信状态、应用软件进程运行情况等;若门禁工作站监控门禁系统正常,综合监控工作站显示不正常,则检查接口处(一般位于设备房的交换机处)。

2. 应急处置

当智慧门禁管理系统的全部功能无法使用时,应立即开启门禁系统的降级模式运行,并加大人工验证身份、手动测温力度;若某单站(或单项功能)无法使用时,则通过综合监控工作站(或门禁工作站)显示状态预判后通知专业人员处理,如智慧边门出现故障时,则采用边门进出人工验证方式处置。

3. 后续措施

参照智慧门禁管理系统维修手册,按照“先硬件后软件”的方式处置故障,排除智慧门禁管理系统的前端设备故障;系统其他故障多是软件故障,应从网络接口的通信状态、应用软件进程卡滞或停止运行、服务器占用资源或宕机等方面查找,并按照修复网络通信、重启进程或服务器等方式修复。

任务实施及评价

城市轨道交通智慧门禁管理系统应用及故障应急处置

学院		专业	
姓名		学号	
小组成员		组长姓名	

一、工作任务场景

以维保人员身份，按照使用手册对智慧门禁管理系统进行检修测试，并生成检修记录和报表。

二、前置知识

1. 简述传统门禁系统的工作原理。

2. 简述门禁系统的权限管理机制。

3. 简述灾害模式下，IBP 盘紧急门禁释放流程及操作方法。

三、任务实施

任务实施内容
1　智慧门禁管理系统操作
1.1　熟练调取智慧门禁管理系统功能操作界面，通过图标的显示状态、颜色等检查重要设备状态
1.2　熟练使用前端设备测试智慧门禁系统的功能（非法入侵、正常放行等）
1.3　登录工作站，熟练调取系统的报警信息，按需调取指定人员、指定前端设备的信息进行查询与筛选
1.4　通过硬件设备指示灯闪烁、颜色等检查智慧门禁系统与综合监控系统、智能客服中心的接口通信状态
1.5　授权与维护操作：指定人员名单在系统中进行授权信息删除、按照对应岗位信息授权；熟练进行授权、维护操作等，自动生成报表及导出
1.6　数据库管理：对过期信息进行备份、无用信息删除；检查数据库容量，如有必要则手动清除无效数据
1.7　通过智慧边门的表征（指示灯、显示及声音等）判断设备状态；熟练使用智慧边门，通过智能客服中心临时授权，引导特殊乘客从智慧边门出站
2　故障的判断
2.1　通过观察显示故障信息，准确定位故障（多用于前端设备故障）
2.2　若单门或单站的功能无法实现，则故障点在前端设备处
2.3　若全线门禁状态异常，则检查网络，重启中央门禁服务器；若门禁工作站监控门禁系统正常，综合监控工作站显示不正常，则检查接口处
3　故障应急处置
3.1　单个末端设备本体故障，视设备重要性而定，普通设备不影响运营，重要区域门禁管理采用人工监管
3.2　当系统本身异常而降级模式运行时，启用人工验证身份、手动测温

续上表

3.3 智慧边门故障或智能客服中心授权失败，则安排站务人员人工验证引导乘客出站
4 故障处置后续措施
4.1 按照智慧门禁管理系统维修手册，对智慧门禁管理系统发生故障的前端设备、网络通信状态、应用程序进程、服务器占用资源等进行检查修复

四、评价反馈

（一）评价标准

项目	项目内容
接受工作任务	明确工作任务，理解任务在企业工作中的重要程度
前置知识	本次实训前需要掌握的知识程度
能力评价	智慧门禁管理系统操作
	故障的判断
	故障应急处置
	故障处置后续措施
素养评价	工作计划性强，安排得当
	团队合作能力强，善于沟通合作
	自主学习能力强，勇于克服困难
	严谨认真，积极参与课堂
	演示文稿制作精美，汇报演讲能力强
评价反馈	自我评价：能对自身表现情况进行客观评价，在任务实施过程中发现自身问题
	小组互评：客观、公正，能指出其他组的问题

（二）自我评价

请根据在课堂中的实际表现进行自我评价与自我反思。

序号	评价标准	
1	接受工作任务	☆ ☆ ☆ ☆ ☆
2	前置知识	☆ ☆ ☆ ☆ ☆
3	能力评价	☆ ☆ ☆ ☆ ☆
4	素养评价	☆ ☆ ☆ ☆ ☆
自我反思：		

（三）小组互评

请小组之间根据在课堂中的实际表现进行小组互评。

序号	评价标准	
1	接受工作任务	☆ ☆ ☆ ☆ ☆
2	前置知识	☆ ☆ ☆ ☆ ☆

续上表

序号	评价标准	
3	能力评价	☆ ☆ ☆ ☆ ☆
4	素养评价	☆ ☆ ☆ ☆ ☆

(四)教师评价

项目	项目内容	分值	得分
接受工作任务	明确工作任务,理解任务在企业工作中的重要程度	5	
前置知识	本次实训前需要掌握的知识程度	5	
能力评价	智慧门禁管理系统操作	10	
	故障的判断	10	
	故障应急处置	10	
	故障处置后续措施	10	
素养评价	工作计划性强,安排得当	5	
	团队合作能力强,善于沟通合作	5	
	自主学习能力强,勇于克服困难	10	
	严谨认真,积极参与课堂	10	
	演示文稿制作精美,汇报演讲能力强	10	
评价反馈	自我评价:能对自身表现情况进行客观评价,在任务实施过程中发现自身问题	5	
	小组互评:客观、公正,能指出其他组的问题	5	
得分(满分100)			

视野拓展

令行禁止

[宋]吴自牧《梦粱录·大内》:“门禁严甚,守把钤束,人无敢辄入仰视。”[明]叶盛《水东日记·记杀马顺等事》:“殊不知因大驾出后,门禁颇严。”《逸周书·文传》:“令行禁止,王始也。”

纪律是铁的纪律,具有严肃性和强制性,一经颁布就要严格执行,否则就应受到严厉制裁。作为社会公民,坚持有令必行、令行禁止,既是良好品质,也是责任要求。

做到令行禁止,必须强化内在动力。纪律既是“紧箍咒”,也是“护身符”。纪律面前人人平等、纪律面前没有特权、纪律约束没有例外。令行禁止,必须从点滴做起。对纪律要始终心存敬畏,常怀律己之心,真正把规矩印进心里,从日常工作、生活的每一件小事做起,确保自己的所作所为永远在纪律约束之下,真正守住纪律的底线。做到令行禁止,必须严格监督检查。坚持有纪必执、有违必查、有责必究,才能使纪律真正成为带电的高压线。

任务三 城市轨道交通智慧消防系统运行与维护

学习目标

1. 能区分智慧消防系统与传统消防系统差异。
2. 掌握智慧消防系统架构及功能。
3. 当智慧消防系统出现异常情况时，能判断故障，并具有应急处置的能力。
4. 具有安全操作意识和认真细致的工作态度。

任务导入

下班高峰期，在某大型枢纽换乘站的站厅因乘客携带充电宝冒烟触发火灾自动报警系统（FAS）的烟雾探测器，引发车站设备转入消防联动状态。车站火灾联动命令下发及设备联动如图 4-18 所示，车站消防联动后设备状态如图 4-19 所示。调度指挥中心人员按照智慧消防系统功能弹出提示，及时启动应急处置程序，并按照智慧消防系统的技术指引顺序执行每个步骤，分批次调度车站现场人员、机电专业人员、消防维保人员进入应急处置流程，查看智慧消防系统内显示的技术熟练专业人员候选名单，依据就近原则呼叫技术支援和远程指挥；再按照智慧消防系统内置的处置程序应急信息表，立即向消防专业各岗位人员推送到场后的工作岗位应急处置内容，确保现场人员到达车站后快速将设备复位，包括恢复车站的非消防电源、开启车站正常广告照明等，保障高峰时段车站持续运营。

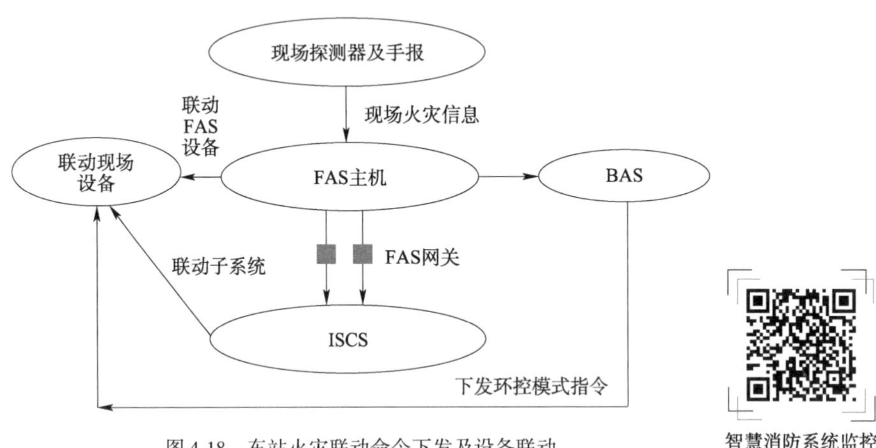

图 4-18 车站火灾联动命令下发及设备联动

智慧消防系统监控

本任务需要调度人员、车站人员、机电与消防维护人员熟悉消防设备应急操作，掌握智慧消防系统的功能，能根据智慧消防系统结合智慧调度系统推送的处置索引信息进行处置，人员在到达现场后，各岗位现场人员按质保量有序执行索引技术指导，全面提升各级人员的应急处置能力。

a)

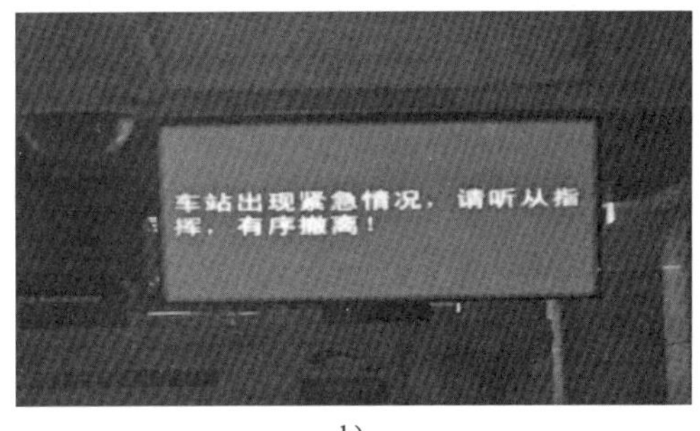

b)

c)

图 4-19　车站消防联动后设备状态

知识课堂

一、传统消防系统及设备维护

城市轨道交通设置的消防系统可分为火灾自动报警系统（FAS）、气体灭火系统和消防给水系统三大部分。三大部分相对独立，其中火灾自动报警系统的作用是探测火灾早期特征、发出火灾报警信号并调度车站机电设备（如防排烟设备、应急照明设备等）。城市轨道交通火灾自动报警系统还包含消防电话、消防广播等。防火卷帘门、消防电源与电气火灾监控接入火灾自动报警系统，受其监控。车站 FAS 主机操作面与综合后备盘（IBP 盘）如图 4-20 所示。

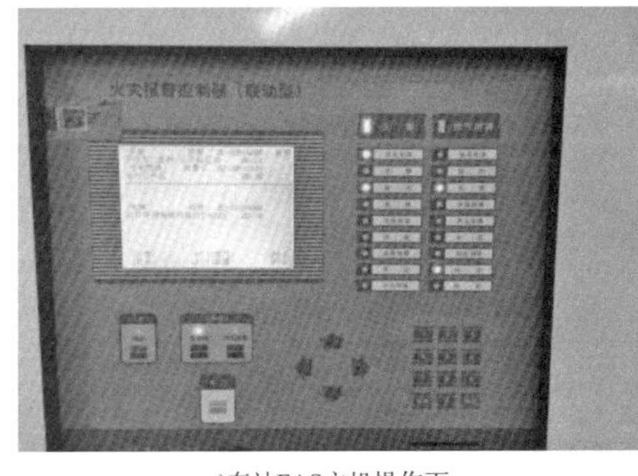

a)车站FAS主机操作面

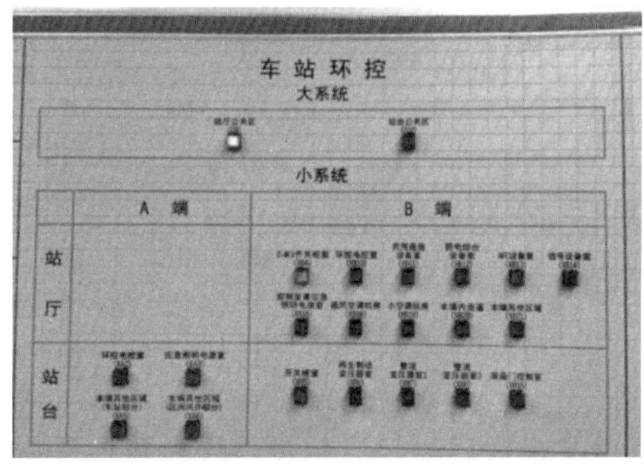

b)IBP盘

图 4-20　车站 FAS 主机操作面与综合后备盘（IBP 盘）

消防设备接入FAS系统，通过与综合监控系统的接口，实现对车站、区间、主变电所和场段等重要场所的火灾信息监视及末端设备监管。运营控制中心（OCC）承担线路或线网消防监控中心功能。传统消防系统的主要作用在于信号收集、控制命令下发。该系统在技术上存在以下不足：资源管控和运维架构呈现“烟囱”现象，存在信息孤岛，大量有用数据滞留本体系统内，未体现二次开发，如多种关联信息难以有效整合发布、消防安全设施整体情况不明、人员流动频繁导致工作衔接不畅、技防手段与人防措施无法有效结合、安全管理人员行为难以监督和管控、隐患不能及时反馈并有效处理等。

该系统在运营上存在以下不足：在车站发生消防联动（尤其是运营时段的换乘车站）时，处置效率不高，各岗位人员仅承担岗位职责分工的事项，使得处置过程中出现大量不得不长时间等待的情况。例如，在车站运营高峰时段换乘车站发生消防联动，车站设备转入灾害运营模式时，车站将信息反馈给调度，按照就近原则调派消防、机电、通信等专业人员赶赴现场处置，换乘车站同步通知相邻线路同等专业人员，整体工作完成用时约30min，如相邻线路是不同的运营主体单位，耗费时间将更长。这会给高峰时段的客运组织工作造成不便，如车站换乘通道安装的防火卷帘在联动时会降下，在未复位前，车站只能采取临时绕行等办法组织客运，造成乘客换乘行走路程和时间变长，易引发乘客投诉。表4-4为传统消防系统工作内容。

传统消防系统工作内容 表4-4

工作项目	工作职责	工作内容
计划性检修维护工作	设备状态检查	利用FAS主机、扩展工作站状态显示，结合维保人员现场巡查，判断车站的消防设备运行情况，清洁、检查设备
	故障处置	通过生产管理系统自报、站务人员电话或专业人员巡检巡查等方式发现故障，较小故障现场处置，较大故障按照“先通后复”原则在停运后处置
	计划性检修	按照消防规范规定编制消防设备检修规程，拟定未来一年的计划性检修时间，按照拟定的计划性检修时间组织月度、季度与年度检修工作
	设备状态初期巡视	在车控室人工操作FAS报警主机、复视工作站，查询车站设备的报警记录，检查重要故障告警信息、末端设备状态信息
	检修记录填写	维保人员检修结束后手动填写检修表格，输入检修设备具体编号、对应位置，签署姓名等
	检修问题跟踪	针对检修发现的问题，上报专业工程师复核后，组织人员整改确认，如涉及非本专业故障，应协调配合处置，确认无误后填写整改确认材料，完成检修故障闭环管理
	资料存档	根据消防规范要求，对日常检查与使用状况记录、维保记录、计划性检修记录或报告、应急救援演习记录、定期检验报告、设备运行故障记录等按照规定时间妥善存放
应急处置	通知人员	被动接听生产调度语音电话或查看即时通信软件，知晓故障发生地点和时间，按照就近原则赶往事发车站
	信息传递	根据现场人员描述或即时通信软件发送照片的判读，记录现场信息
	现场处置	根据预先编制的各项预案、现场处置指南等，现场人员照章办事、依规而行

续上表

工作项目	工作职责	工作内容
应急处置	后续跟进	依据到场人员对现场情况反馈的信息,描述调整处置方式或应对方式(无法实时掌控现场第一手信息)
	处置结束	按照现场人员、专业工程师针对应急事件的处置内容编写分析材料等,必要时组织分析会,商讨定责,落实改进措施等
检查与查阅	消防检查	比照检查内容准备被查的相关资料,涉及档案记录保管人、专业工程师、设备管理部门人员等系统性迎检
	档案查阅	查阅人按照管理规定办理调阅手续,对接档案记录保管人,查阅纸质版资料

二、智慧消防系统业务需求

1.避免信息孤岛效应,将信息有效整合发布

消防设备监控及告警是由火灾自动报警系统(FAS)主机完成,并通过其网关设备以通信协议方式将信息上传至综合监控系统(ISCS)。智慧消防系统应综合运用物联网、云计算、大数据、移动互联网等新兴信息技术,将多源信息有效融合,辅助维保人员进行日常消防安全巡检和应急预案数字管理,通过完善的巡检巡查、计划检修、监管制度建立全方位的防范处置体系,将可能发生的消防安全风险降到最低,提高城市轨道交通消防应急管理智能化水平,如图4-21所示。

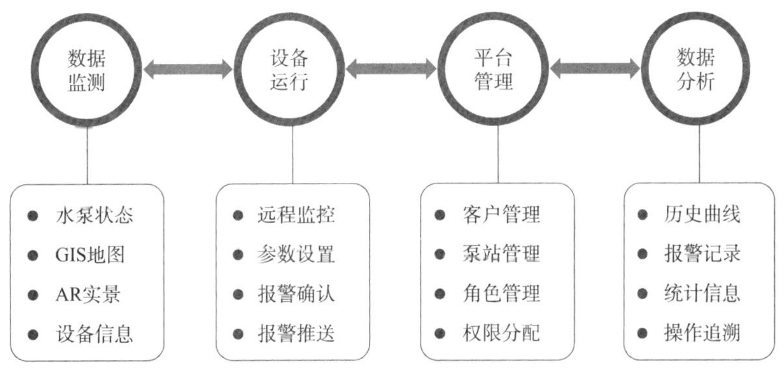

图4-21　智慧消防系统

2.实现消防设备全生命周期管理

建立三维实景模型,将消防类信息整合与分类后,实现消防设备全生命周期管理(图4-22),保证消防设施档案资料时刻处于更新的状态,为消防设备统计分析、台账、巡检、维保提供准确的数据信息。支持不同终端随时查询设备档案资料以及设备维修、巡检记录,实现账、物一致,达到台账、巡检、维保数据信息准确,能综合运用设备现场反馈数据提前预判消防专业设备故障,提早解决可能造成重大问题的消防隐患,避免给运营造成严重影响。

图4-22 消防设备全生命周期管理

3.消防工作有序自动化开展

将消防设备(含接入消防系统受其监控的设备)设施纳入日常检查,确保所有设备按时、按标准落实日常检查;针对非设备类管理的检查和登记,定制规范模板,自动下发任务;检查内容比照计分原则,形成量化考核,实现安全检查、标准化规定检查等;发现问题即刻联动隐患问题解决流程,让隐患归零;自动生成检查记录、台账,多终端共享查询监督。换言之,实现工作痕迹电子化,达到技防手段与人防措施的有效结合。

三、智慧消防系统功能

智慧消防系统以子系统模式接入ISCS系统(或基于物联网独立建设,与智慧消防系统互联),在ISCS中以页面形式显示告警信息,对于消防系统设备的重点告警信息,集中显示在ISCS系统的集中告警页面中,显示内容主要为车站消防联动末端设备状态、消防联动控制设备状态一键取消与执行、区间管道流量监控与爆管监控、消防专业人员定位信息(与智慧调度系统定位结合)等。紧急情况下利用大屏投放系统切换至智慧消防系统全屏显示,综合展示消防系统信息如图4-23、图4-24所示。

图4-23 智慧消防系统全屏显示

1.设备故障和隐患预判

利用车站现有的火灾自动报警系统、消防给水系统、自动化灭火系统等实现一线设备状态感知,收集现场数据后,传输至智慧消防系统供其智慧化处理。通过对线路车站消防事件的监测数据、日常巡检数据、消防设备运维保养数据的智能分析,对车站的消防安全工作作出全面评估。

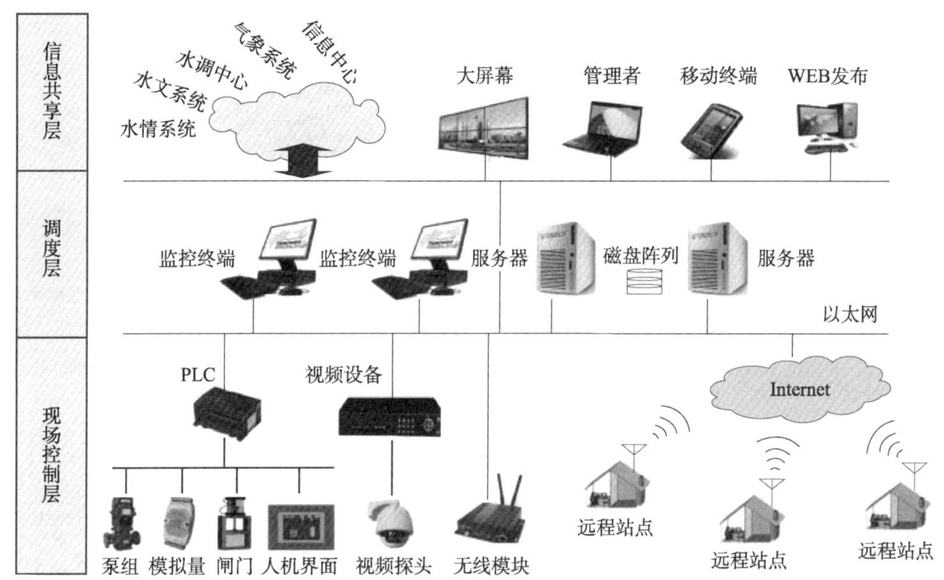

图 4-24 基于物联网的智慧水务系统

根据评估结果显示当前车站消防安全态势,结合设备或子系统的历史趋势进行预判,如图 4-25 所示。车站的巡查人员通过巡检,监管站内是否有动火施工计划或者高危设备维修等自动判断火警隐患区域;根据高危阶段的设备更换时间区段,在智慧消防系统中重点提示。实时更新告警信息画面并辅助颜色显示提示,更有助于非专业人员第一时间发现故障信息,及时开展维修组织,提升设备处置效率。

图 4-25 消防安全预判与评估

2. 实时信息更新和监督

充分利用车站 FAS 对末端设备的状态进行实时监控,掌握消防泵组、各信号阀门、联动控制系统设备(如消防风机、应急电源、防火卷帘门、非消防电源及疏散指示等)的受控设备状态;出现故障时,通过在线监测系统及时调取指定设备或子系统的实时运行状态,总体判断故障大小及预估处置时间。结合权限管理模式,利用手持终端查看巡检任务完成情况、严重隐患和故障,掌控消防系统的整体安全态势,如图4-26所示。

图4-26 手持终端过程监控

其功能实现过程如下:根据故障属性定人、定岗、定时间节点完成,处置程序规范化,依规顺次推进,结果附带电子证明材料等,当出现处置延期则自动生成告警措施,从而实现将故障处置过程自动关联量化考核指标,最终达到过滤虚假信息、强化监督手段,全面推进各消防隐患及时处理。

3. 巡检与检修全流程监管

对车站的消防设备设施进行唯一性身份标识管理,在保证线网消防设备设施身份唯一的基础上,利用车站建筑结构生成单站标准化巡检路线、重复施工作业规范形成标准作业流程等手段,实现设备档案查询、巡检任务扫描触发、故障快速申报、保养检修对象关系等业务现场处理关联,确保现场数据采集的真实性,利用技防发现问题,利用人防解决问题。智慧消防解决方案如图4-27所示。

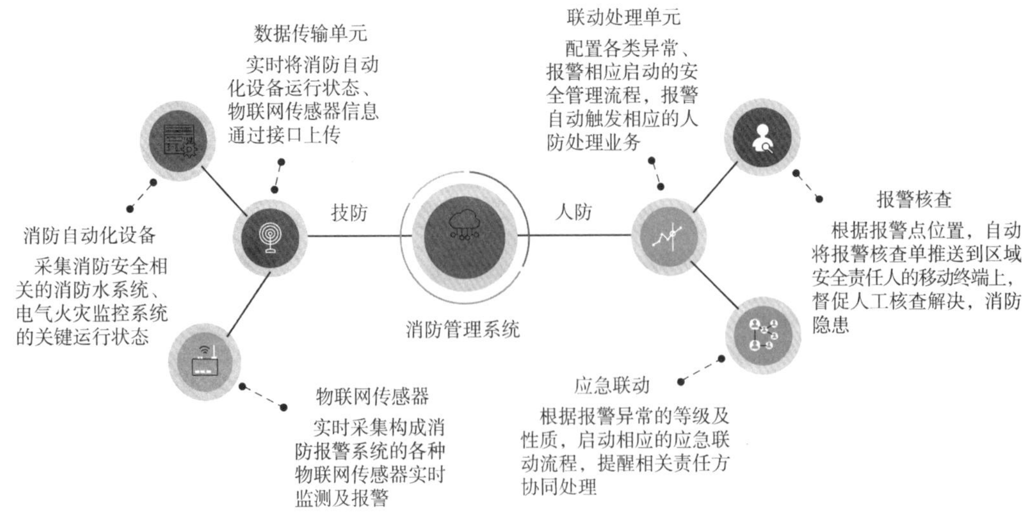

图4-27 智慧消防解决方案

4. 智慧消防系统监控

(1)消防安全态势评估预测

将分布于不同辅助系统(如健康管理系统、生产管理系统等)的数据集中提取后汇总,经有效过滤,形成专业化消防安全态势评估预测结果,如当前消防安全形势分析、运行状态统计、计划性检修统计、故障率统计分析及维修趋势生成、备品备件及耗材的实时计量统计、消防隐患整改跟踪与闭环、委外维保单位人员台账实时掌控等。图4-28为消防安全监管页面,能便捷且及时地发现问题、处理问题、反馈问题,起到指导维护工作的作用。

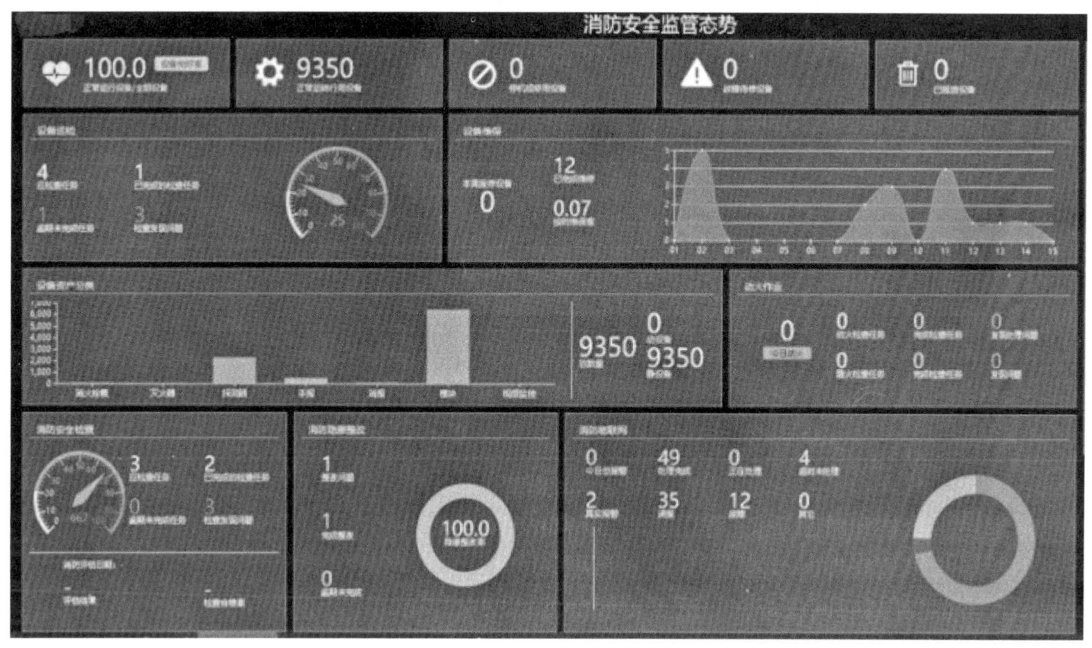

图4-28　消防安全监管页面

(2)消防管压实时监测

通过安装在消防管网不同位置的智能电子流量计,实时监控流量状态。将其安装在室外消火栓支管处可掌握室外消火栓埋地管段渗漏情况;安装在区间电动蝶阀附近,可掌握区间消防水流流向。特别是通过监控管网流量,可实现爆管提前预警功能。如流量值大于设计值,报警信号传送至智慧消防系统,触发车站消防报警功能,经综合监控网络上传线网指挥中心,现场与远程共同确认爆管后,按照爆管应急处置流程组织人员处置,避免事件影响范围扩大。

(3)消防联动设备的状态监控、一键执行与取消

车站发生消防联动时,FAS末端设备与联动控制设备的动作状态反馈信息共享尤为重要。该功能利用FAS系统网关将受控设备信息上传,实现系统实时信息同步显示,受控设备信息集中显示在联动监视图页面,结合设备图标状态与颜色显示集中查看。在综合监控系统增加联动执行控制页面,站务人员在确认发生非正常联动后,能利用一键取消按钮快速取消联动,或在联动执行失败后点击一键执行按钮使设备转入应急模式,如图4-29~图4-31所示。

图 4-29 消防联动设备的状态监控

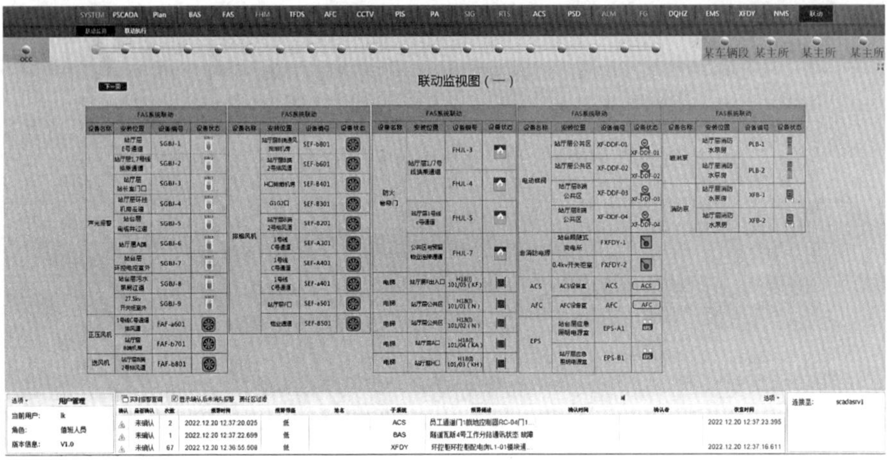

图 4-30 车站设备联动监视图

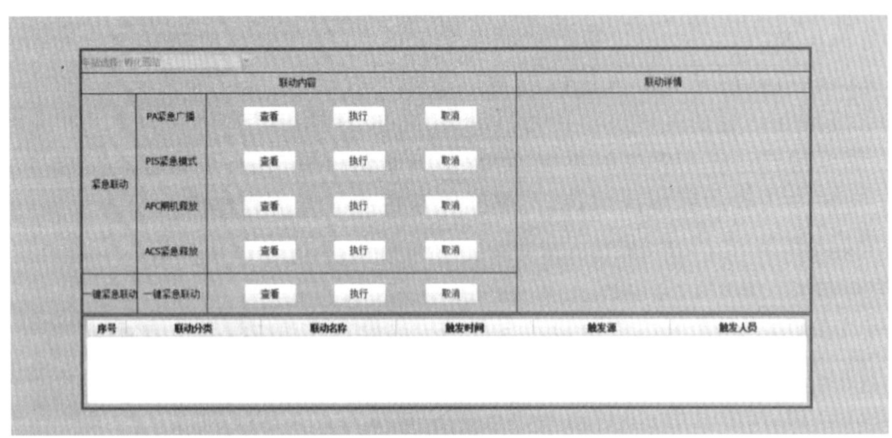

图 4-31 综合监控系统联动执行页面

(4)气瓶压力实时监测

气瓶压力实时监测(图 4-32)是针对自动化气体灭火系统的专用监测子系统,其原理是利用压力变送器将气瓶内气体灭火介质的压力转换成标准电压信号,并实时输出。当系统自身出现故障时,故障指示灯(黄)亮,并输出故障信号。当瓶内压力变化超过预设值时,报警指示灯(红)亮,并输出报警信号。

a)

b)

图 4-32 气瓶压力实时监测设备(两代产品)

所有信息自动上传至智慧消防系统中,并生成电子记录表,可避免人工抄表漏记,甚至能避免伪造数据。

(5)换乘站不同控制系统共用消防泵组控制(图 4-33、图 4-34)

换乘站普遍存在不同线路部分 FAS 控制回路同时接入共用消防泵组的控制线路,按照"谁启动、谁负责"的原则实现控制。例如,换乘站 A、B 线路的 FAS 主机和 IBP 盘手动控制线路(仅启泵线路,反馈线路排除)经"互锁"环节后共同接入消防泵组控制箱的接线端子上,当

A线路区域出现火情且消火栓按钮作用时,A线路FAS主机或A线路IBP盘手动控制按钮发出启泵命令至消防泵组控制柜,控制柜控制泵体实现启泵动作,同时将B线路FAS主机和B线路IBP盘手动控制线路的控制功能锁定,由此可实现B线路人员能正常观测到泵组运行状态,但不能贸然停泵。

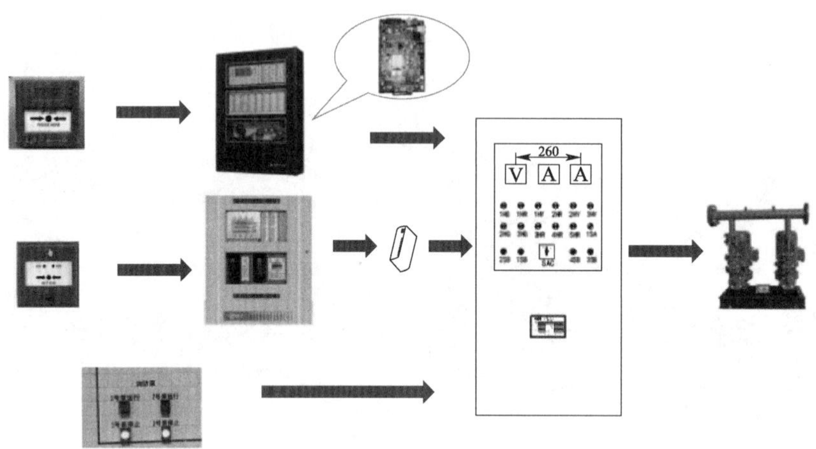

图4-33　不同控制系统下直接控制共用消防泵组的图示

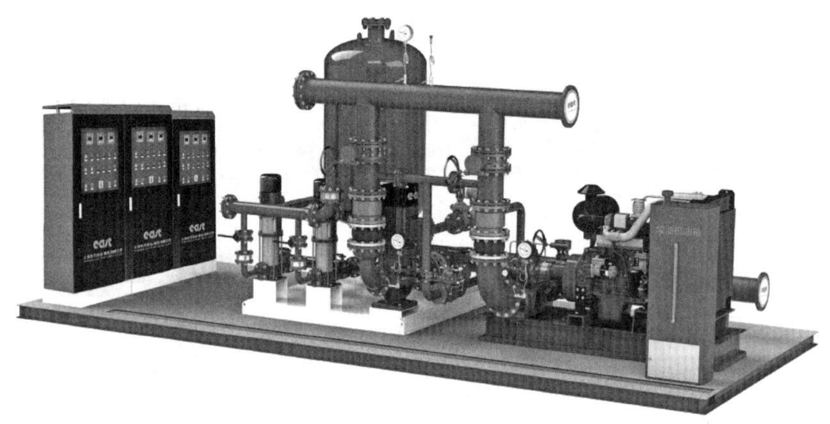

图4-34　智慧型消防泵组——XBC-DC消防双动力给水设备

(6)消防维保关键流程评分

智慧消防系统将各线路使用的消防产品信息、厂家出具的使用维护手册、线路消防设备检修规程等,结合图文对照作业指导书、消防专业抢险流程卡片,在已有巡检路径与作业规范化基础上,将消防维保关键流程细化,制定评分条款,形成评判标准,系统根据输入信息自动做出分数评价。生成的分数既用于对巡检人员工作完成度的判断,又用于对维修人员的及时性和维修情况的判断,形成以KPI方式评判线路所用消防产品的质量。

(7)设备巡检与应急处置可视化(图4-35)

智慧消防系统由专业人员梳理形成消防应急事件关键信息卡控点(包括车站/区间消防爆管、车站气灭释放与车站消防联动处置),将每项内容对应固化后的关键点信息。当发生应急事件时,能有效指导现场事件处置,各级处置人员将获取图文应急处置指南,缩短抢险决策时间,降低抢险人员的技术要求难度。

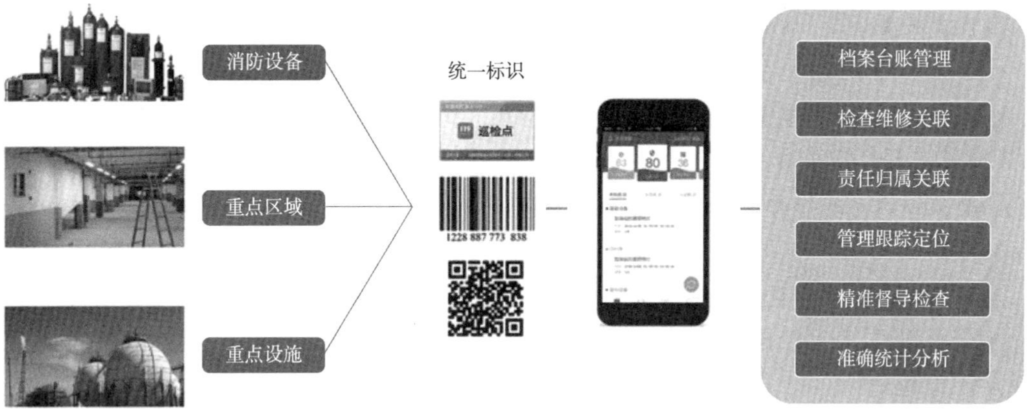

图4-35　设备巡检与应急处置可视化示意

四、智慧消防系统预期效果

智慧消防系统是根据线路的具体设备状态监控、日常巡检巡查、计划性检修及维保台账资料等定制开发而成,能将城市轨道交通消防专业全流程相关的人、机、物都纳入有效掌控,提高消防专业设备维保效率。

安全性方面,智慧消防系统是基于传统消防设备运维管理基础功能定制开发而成,对乘客安全乘车无影响。针对原消防系统中"难点"问题提出解决方案,在不降低消防设备安全性的同时,进一步提升设备的安全性。

稳定性方面,智慧消防系统是将原综合监控系统、各生产辅助系统的数据提取过滤,在智慧消防系统运行过程中,设备出现异常时,可主动断开与智慧消防系统的数据连接,退回至传统消防运作模式,对综合监控系统、各生产辅助系统功能无影响。

效率性方面,智慧消防系统对消防设备状态集中监控,将分散的使用手册、图纸及检修指导书等一并推送,引入评判和预防机制,提升人、机、物的集中管理和故障应急处置的协调效率。在处置故障时,系统可根据故障分级将信息推送给管理及维保人员,实现现场情况远程掌控。

五、智慧消防系统故障应急处置措施

当智慧消防系统出现故障无法实现系统功能时,当班人员须按照以下流程进行应急处置。

1.故障判断

因为智慧消防系统大部分功能以综合监控系统和各生产辅助系统提供的数据为基础建立,所以除本系统软硬件故障造成消防系统瘫痪以外,故障原因多为系统传输网络、子系统设备或应用软件故障等。

当出现故障时,可通过智慧消防系统界面的图标显示状态和颜色初步判断各接入子系统的故障点位置。若全部程序功能无法使用,无法进入功能界面、多项数据调取失败、命令下发失败,但通过综合监控系统能下发成功,则故障点在智慧消防系统处;若部分功能无法使用,如单设备或单子系统离线、设备参数显示错误等,则故障点在接入该系统的下位子系统处。

2. 应急处置

当全部功能无法使用时,应立即回归传统消防运行模式,如无法使用系统生成的巡检路线,则安排维保人员自主安排巡检路线,手动记录巡检结果。智慧消防系统工作站显示状态异常,则通过综合监控界面、FAS主机显示预判故障,联系维修人员,同时督促使用人员应采用加大巡检频次等方式确保系统安全。

3. 后续措施

按照智慧消防系统使用维修手册,依次对智慧消防系统各进程重启、卡滞的终端软件或应用服务器重启,检查系统网络通信状态,检查末端设备通信状态,重新录入巡检数据,及时更新系统所需资料。

课堂交流

请各组利用智慧消防系统进行桌面演练。

任务实施及评价

城市轨道交通智慧消防系统应用及故障应急处置

学院		专业	
姓名		学号	
小组成员		组长姓名	

一、工作任务场景

某站即将按照检修规程对换乘站的消防设备进行季度检测,请以运营工作人员身份全程跟随测试,并利用智慧消防系统对测试的设备做出评价并生成报表。

二、前置知识

1. 简述车站传统消防日常工作内容。

2. 简述换乘站在火灾情况下的信息互通。

3. 简述发生灾害时,车站的消防应急处置流程。

三、任务实施

任务实施内容
1　智慧消防系统操作
1.1　熟练调取智慧消防系统页面,查看二级页面中图标显示与颜色显示的重要消防设备是否工作正常
1.2　熟练利用颜色显示,判断对应报警的所属级别;利用集中告警快捷定位功能,读取告警设备名称、编号及设备安装位置等详细信息
1.3　通过图标显示,判断接入 FAS 的受控末端设备状态,如消防泵组、各信号阀门、联动控制系统设备(如消防风机、应急电源、防火卷帘门、非消防电源及疏散指示等)
1.4　顺利调取消防设备运行状态统计、计划性检修统计、故障率统计、生成维修趋势图、备品备件及耗材计量统计、消防隐患整改跟踪与闭环、委外维保单位人员台账等,检查判断各报表的准确性
1.5　利用智慧消防评估功能调取线路产品信息、使用手册、消防设备检修规程、作业指导书、抢险流程卡片等;综合使用评分表格生成当前消防安全态势评估预测,根据预测结果调整巡查频次,综合判断隐患影响是否扩大
1.6　熟练调看消防管压实时监测页面,读取流量报警信息;根据管压实时监测报警,判断事件紧急情况(特别是爆管),启动应对流程
1.7　调取联动监控页面,查看参与联动的设备状态;发生消防联动时,从显示判断设备是否正常动作;利用联动执行按钮,对受控子系统进行取消应急联动模式操作;当受控设备自启动失败时,及时就地控制启动

续上表

1.8 调取气瓶压力实时监测页面，对页面显示信息进行判读；根据气瓶压力实时监测报警判断是否欠压，出现欠压时，安排专业人员进行处置，知晓处置的注意事项
1.9 从显示页面判读车站消防泵组设备状态，查询消防泵组的历史报警记录，利用换乘站共用消防泵组的控制功能，当发生异常时，按处置步骤启动换乘站共用的消防泵组，指导现场人员应急停泵等
1.10 在发生消防应急事件时，利用预置的消防应急事件关键信息卡控点，结合图文应急处置指南，根据事件进度条内容做出对应处置
2 故障的判断
2.1 利用智慧消防系统的图标显示状态、颜色等初步判断故障类型和故障点位
2.2 单个末端设备或单个受控子系统设备出现离线、故障等，初步判断是否为末端设备或受控子系统设备的本体故障
2.3 智慧消防系统软件操作出现无法进入功能界面、消防管理功能调取失败、大量设备显示离线等问题时，初步确认故障点在智慧消防系统时，应重点检查网络通信和智慧消防系统软件是否故障
3 故障应急处置
3.1 当部分功能无法正常使用时，则充分利用综合监控系统，车站 FAS 主机等做好车站或线网的消防功能监控
3.2 当全部功能无法使用时，应立即回归传统消防运行模式，如无法使用系统生成的巡检路线，则自主安排巡检路线，并手动记录巡检结果
4 故障处置后续措施
4.1 按照智慧消防系统使用维护手册，依次对智慧消防系统应用程序进程、应用服务器、手持终端的软件进行重启，检查系统网络通信状态，检查末端设备接口通信状态，重新录入巡检数据，及时更新系统所需资料

四、评价反馈

（一）评价标准

项目	项目内容
接受工作任务	明确工作任务，理解任务在企业工作中的重要程度
前置知识	本次实训前需要掌握的知识程度
能力评价	智慧消防系统操作
	故障的判断
	故障应急处置
	故障处置后续措施
素养评价	工作计划性强，安排得当
	团队合作能力强，善于沟通合作
	自主学习能力强，勇于克服困难
	严谨认真，积极参与课堂
	演示文稿制作精美，汇报演讲能力强
评价反馈	自我评价：能对自身表现情况进行客观评价，能在任务实施过程中发现自身问题
	小组互评：客观、公正，能指出其他组的问题

续上表

（二）自我评价

请根据在课堂中的实际表现进行自我评价与自我反思。

序号	评价标准	
1	接受工作任务	☆ ☆ ☆ ☆ ☆
2	前置知识	☆ ☆ ☆ ☆ ☆
3	能力评价	☆ ☆ ☆ ☆ ☆
4	素养评价	☆ ☆ ☆ ☆ ☆
自我反思：		

（三）小组互评

请小组之间根据在课堂中的实际表现进行小组互评。

序号	评价标准	
1	接受工作任务	☆ ☆ ☆ ☆ ☆
2	前置知识	☆ ☆ ☆ ☆ ☆
3	能力评价	☆ ☆ ☆ ☆ ☆
4	素养评价	☆ ☆ ☆ ☆ ☆

（四）教师评价

项目	项目内容	分值	得分
接受工作任务	明确工作任务，理解任务在企业工作中的重要程度	5	
前置知识	本次实训前需要掌握的知识程度	5	
能力评价	智慧消防系统操作	10	
	故障的判断	10	
	故障应急处置	10	
	故障处置后续措施	10	
素养评价	工作计划性强，安排得当	5	
	团队合作能力强，善于沟通合作	5	
	自主学习能力强，勇于克服困难	10	
	严谨认真，积极参与课堂	10	
	演示文稿制作精美，汇报演讲能力强	10	
评价反馈	自我评价：能对自身表现情况进行客观评价，在任务实施过程中发现自身问题	5	
	小组互评：客观、公正，能指出其他组的问题	5	
得分（满分100）			

视野拓展

安全重于泰山

重于泰山,比喻作用和价值极大,出自[汉]司马迁《报任少卿书》:“人固有一死,或重于泰山,或轻于鸿毛。”

成都地铁成立质量安全部,以确保地铁建设、安装、运行期间安全。在地铁车站,设置空气采样探测系统、防毒面具、排爆工具等设备,为乘客提供火灾等紧急情况下所需的防护用品等。

乘客可以在成都地铁上见到许多特殊的安全装置。成都地铁采用一整套先进的安防系统,包括车辆安防系统、早期空气采样探测系统、爆炸物探测仪、排爆工具等。在火灾等紧急情况下,乘客将获得保障安全的防护用品。同时,在地铁的车载电视以及电视、广播、新闻、报纸上,也将反复介绍乘坐地铁的安全常识,教授逃生方法,并发放安全手册,以增强乘客的安全意识。地铁车站、列车上配备安全锤等用具。

作为一名地铁工作人员,我们要树立安全意识,人民的生命财产安全大于一切。保障市民出行安全快捷,一直是地铁人不懈的追求。

模块五

城市轨道交通车辆智慧检修系统运行与维护

任务一 车辆在线监测系统运行与维护

学习目标

1. 掌握轮对故障检测系统的组成和功能。
2. 掌握地面综合监控分析系统的组成和功能。
3. 当车辆在线检测系统出现异常情况时，能判断故障，并具有应急处置的能力。
4. 具备安全作业、标准作业的意识。

任务导入

2020 年，广州地铁车辆智能运维示范项目广州地铁 2 号线数字化、智能化运维示范平台落地。该平台的控制中心设置于嘉禾车辆段，项目选用中车株洲主机厂生产的广 128 号线增购项目 A 型车。在线监测系统共装车 2 列，车辆设计采用国内 A 型车，6 节编组（4 动 2 拖），运用年限达到 10 年以上，运用里程 100 万 km 左右。车辆走行部系统部件转向架采用中车株洲主机厂生产的 ZMA080 构架平台，轴箱使用双列圆柱滚子轴承，电机采用鼠笼式三相异步电动机，齿轮箱为带螺旋齿轮传动装置的拼合型。

项目智能运维数据主要包括牵引、辅助、制动、低压设备、车门、空调系统的运行和监控数据，以及地面轨旁的 360°车辆外观检查等方面的数据，这些数据通过以太网、车地无线通信和地面光缆传输，汇总在综合显示终端平台，供车辆运维及现场各岗位人员查阅使用。项目整体具有完备的数据采集、传输、分析、显示系统，所有智能运维的形式、格式等均有规范性要求，为广州地铁其他车辆维保部后续升级改造起到示范作用。在线监测系统部署及数据传输示意图如图 5-1 所示。

本任务需要掌握轮对故障检测系统和地面综合监控分析系统的组成和功能，当车辆在线检测系统出现异常情况时，能迅速判断故障，并具有应急处置的能力。

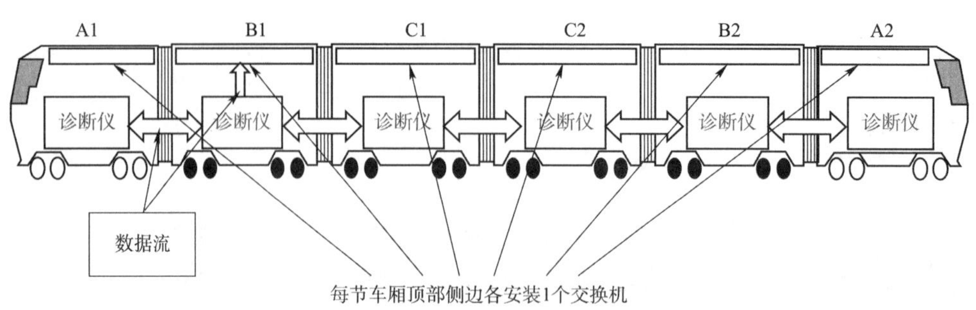

图 5-1 在线监测系统部署及数据传输示意图

知识课堂

一、传统轮对故障检测

传统的走行部检查和维护主要是在列车入库后由检修作业人员通过目测、测量等方法进行故障的检查和识别。针对轮对外形尺寸检测，主要通过轮对第四种检查器测量车轮尺寸，包括踏面圆周磨耗、轮缘厚度、轮缘高度、QR 值以及踏面擦伤、剥离等深度。使用轮对内距尺测量轮对内侧距离。使用轮径尺测量车轮直径。在检查走行部时，查看并测量转向架制动单元的闸片厚度是否超过磨耗限度。通过查看转向架轴箱上的温度贴片判断轴箱温度是否过高，避免引起燃轴、切轴事故。传统的轮对检查方法测量效率低、耗时长，且数据无法做到同步上传。

二、轮对故障动态检测系统组成及功能

城市轨道交通车辆走行部在线监测系统通过采集车辆运行时传感器数据对走行部进行实时诊断分析，相比人工检修可提前预警轴箱轴承、电机轴承的故障，同时也能获得轴承实际运用时的振动、温度数据，为走行部维修提供有力的数据支持。

轮对故障动态检测系统安装在入库线上，采用光截图像测量技术、可视图像技术等，在线动态自动检测轮对外形尺寸参数和轮对踏面缺陷状况。该系统主要由公共检测单元、外形尺寸检测单元、闸片检测单元、视频图像擦伤单元、振动式擦伤单元、车号识别单元等组成。

1. 公共检测单元

轮对故障动态检测系统公共检测单元包含配电单元、网络单元、远程主机、数据库服务器、显示部分器件、开始/结束等公共传感器。配电单元主要用于给轮对故障动态检测系统现场设备各个单元设备供配电。网络单元主要作用为提供轮对故障动态检测系统现场各单元相互之间的网络通信，将现场设备间与远程控制室光纤传输转化成网络通信，如图 5-2 所示。同时将系统利用路由器与段网连接，实现数据的远程访问和设备状态的远程监控。远程主机主要对现场各单元程序工作过程状态进行监控。数据库服务器主要作用为存储各单元模块检测数据，实现系统检测数据远程访问和共享。显示部分器件包括系统远程、现场设备间各主机显示。公共传感器主要作用是为系统提供开始检测信号、结束检测信号、计轴计辆信号，控制整个检测流程。

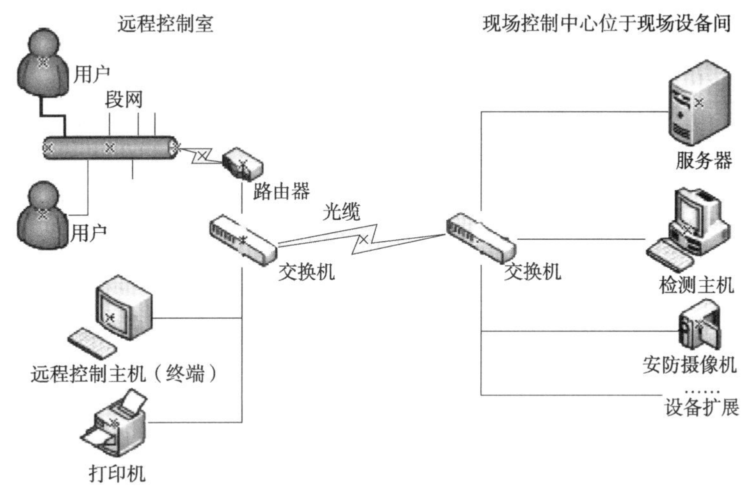

图 5-2　网络单元原理框图

公共检测单元的功能包括：

(1)为检测系统提供电源、局域网络、数据存储管理及显示。

(2)为检测系统提供开始检测信号、结束检测信号和计轴计辆信号。

(3)具备检测电源远程控制，可远程进行开关机操作。

(4)系统检测数据采用浏览器和服务器(BS)架构管理，方便检测数据管理和利用。

(5)检测结果查询、统计、综合分析、打印、超限报警显示及网络共享管理。

(6)通过综合分析检测数据，对轮对技术状态进行综合评价，预测轮对运用到限时间，给出优化的综合维护保养方案。

(7)提供丰富的数据接口，轮对维修设备接口，车辆基本信息输入接口、走行公里数输入接口、人工反馈信息输入接口、相关的网络访问接口等。

公共检测单元组成如图 5-3 所示。

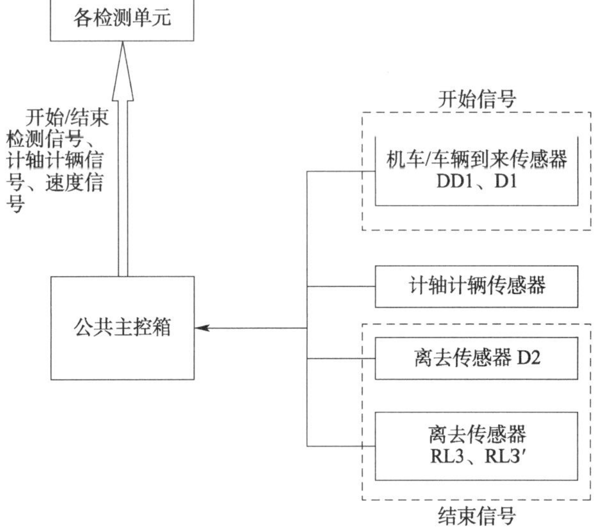

图 5-3　公共检测单元组成

2. 外形尺寸检测单元

外形尺寸检测单元用于对轮缘高度、踏面磨耗、轮缘厚度、QR值、车轮直径等车轮外形尺寸自动检测及轮对内距关键参数的检测。采用光截图像测量技术，自动进行检测，并对检测数据进行综合分析、判断和整理，智能化程度高，如图5-4所示。

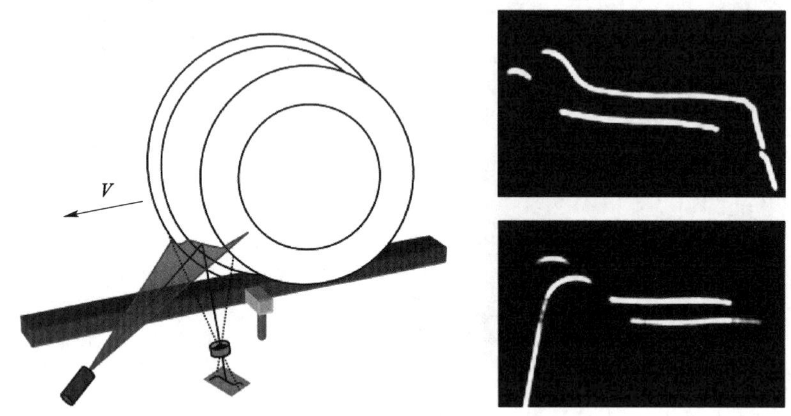

图5-4　光截图像测量原理(左)与截图图像(右)

车轮外形尺寸检测单元布置示意图如图5-5所示，其包括：

(1)多组图像采集单元，每个图像采集单元内安装有对应的CCD相机，用于车轮踏面曲线采集。

(2)多组激光线光源，用于截取车轮外形曲线，以便图像采集单元完成图像采集。

(3)多组触发传感器，用于激光和相机的触发。

(4)一套电气控制箱，用于尺寸检测单元的电气控制和传感器信号采集处理。

(5)一套工控机及检测程序，用于检测数据采集和处理。

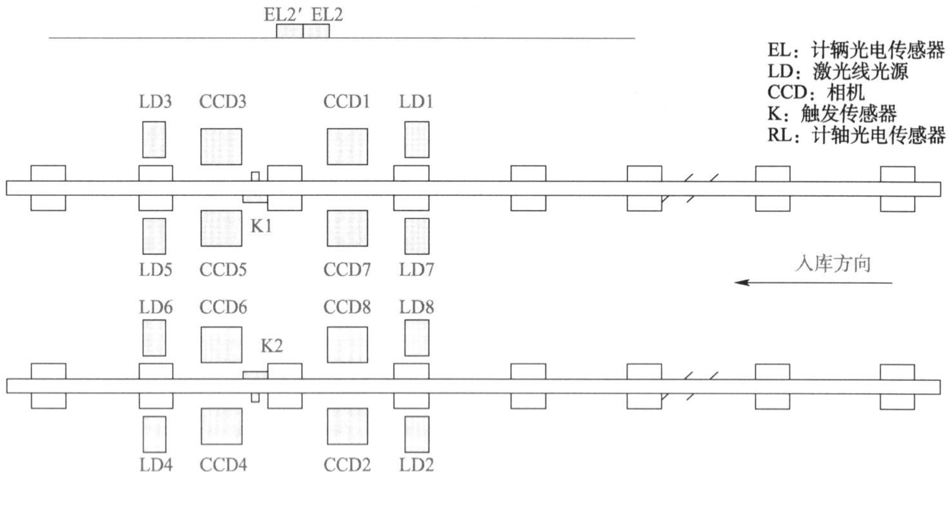

图5-5　车轮外形尺寸检测单元布置示意图

外形尺寸检测利用光截图像测量技术，激光线光源沿一定角度投射到车轮踏面，形成包含车轮外形尺寸信息的光截曲线，高分辨率面阵 CCD 摄像机拍摄车轮外形光截曲线，经图像采集、处理获得车轮外形轮廓及关键外形几何尺寸，如图 5-6 所示。

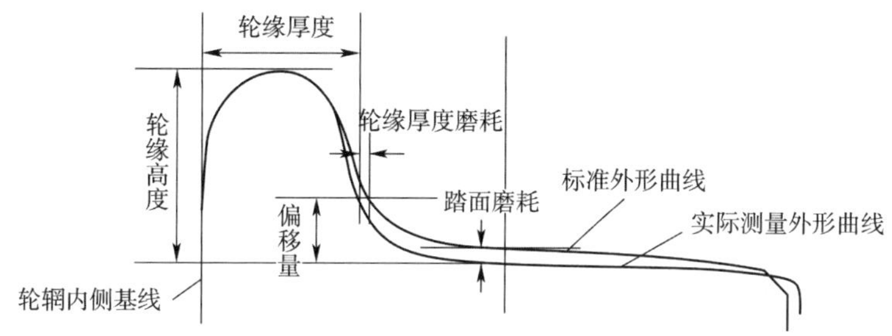

图 5-6　轮对外形关键尺寸的计算

轮对内距通过光截法的测量原理，利用布置在轨道两边的内侧 CCD 拍摄的光截曲线图像，找出两个车轮轮辋内侧基线，由两个车轮内侧基线即可计算出轮对内距，如图 5-7 所示。

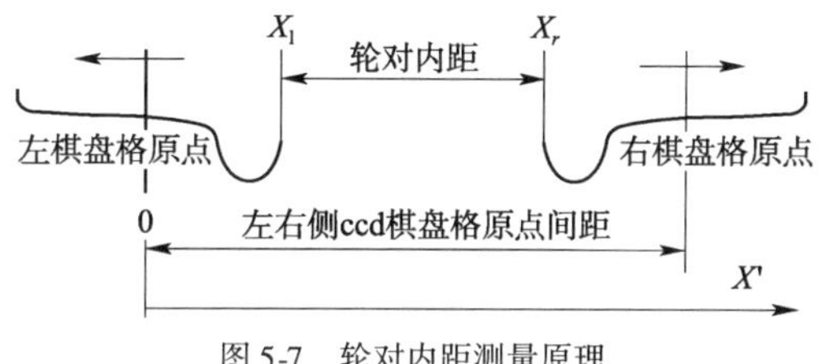

图 5-7　轮对内距测量原理

具体的检测流程如图 5-8 所示。

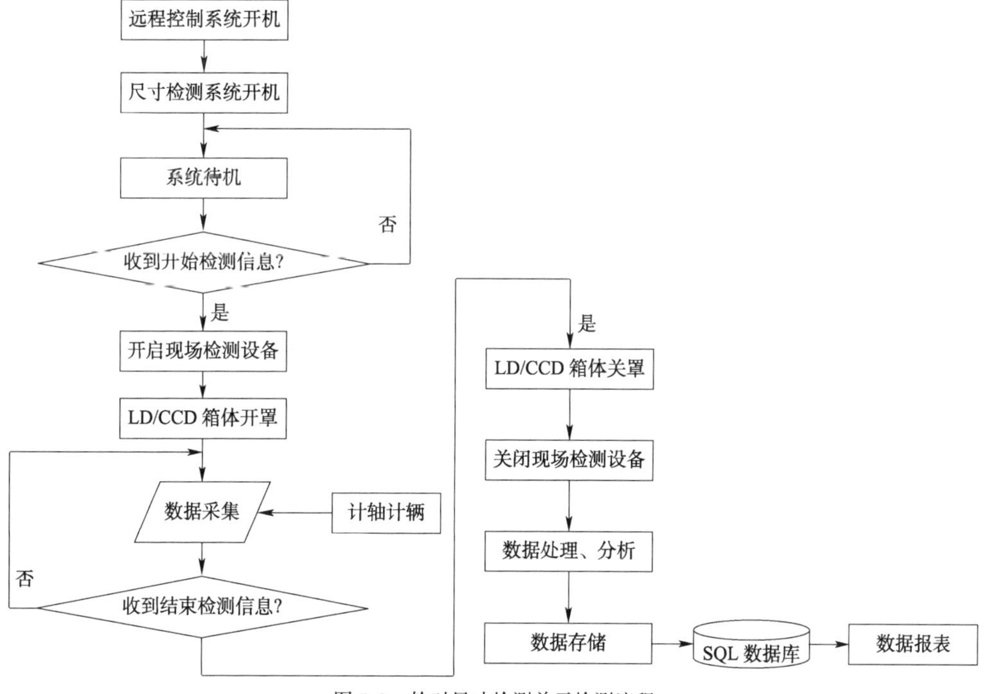

图 5-8　轮对尺寸检测单元检测流程

3. 闸片检测单元

闸片检测单元即闸片状态在线动态检测系统,它安装在城市轨道交通列车入库线路上,采用模式识别图像技术自动采集车轮位置图像并识别闸片区域,利用边缘提取技术实现对闸片剩余厚度的自动检测,同时通过图像对比技术判断闸片丢失情况,采用大数据分析展示闸片剩余厚度趋势。该系统能够自动检测动车闸片厚度,展示闸片磨耗趋势;自动检测动车闸片丢失、安装反向情况;具备双向检测功能;自动判断车辆接近和离去,获取车号和端位信息;具备历史数据查询、存储、打印、数据传输等常用功能;具备灰尘、水雾自清洁功能;具备自诊断及远程故障诊断功能;具备防雷、防大电流冲击、抗电磁干扰等能力。轮装(左)和轴装(右)闸片如图5-9所示。

a)

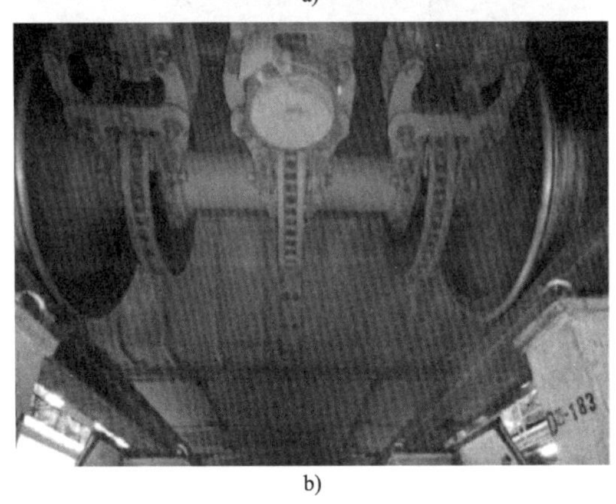

b)

图5-9 轮装(左)和轴装(右)闸片

闸片状态在线动态检测系统由四部分组成,包括现场控制中心、现场检测单元、远程控制室、数据中心。①现场控制中心由系统控制箱、闸片检测主机构成,主要功能是现场设备控制(系统上电、开关罩之类)、图像采集储存、数据共享。②现场检测单元主要包括现场数据采集单元、触发单元、轨边控制单元等,如图5-10所示。③远程控制室主要功能是查看、筛选报表以及下发编组信息等。

检测时车轮经过左起第一个传感器时,采集单元拍摄车轮前端闸片位置图片信息,而后车轮经过左起第二个传感器时,采集单元拍摄车轮后端闸片位置图片信息,如图5-11所示。图片采集成功后传送至后方进行数据分析并得出结论。

图 5-10 现场检测单元布局图

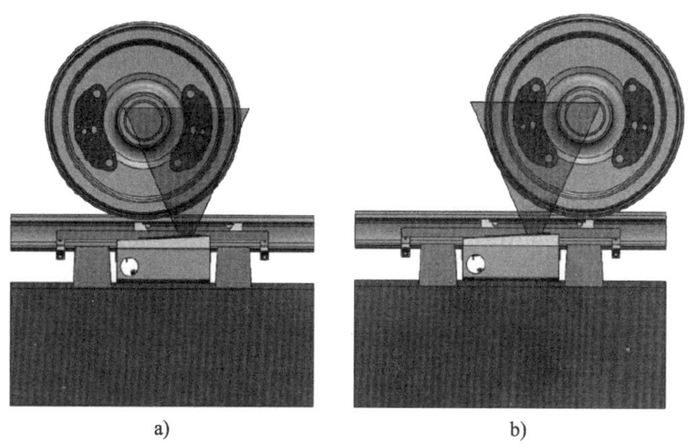

图 5-11 图像采集示意图

4. 视频图像擦伤单元

视频图像擦伤单元(踏面监视系统)由四部分组成,包括现场控制中心、现场基本检测单元、远程控制室和数据传输通道。其系统结构组成如图 5-12 所示。

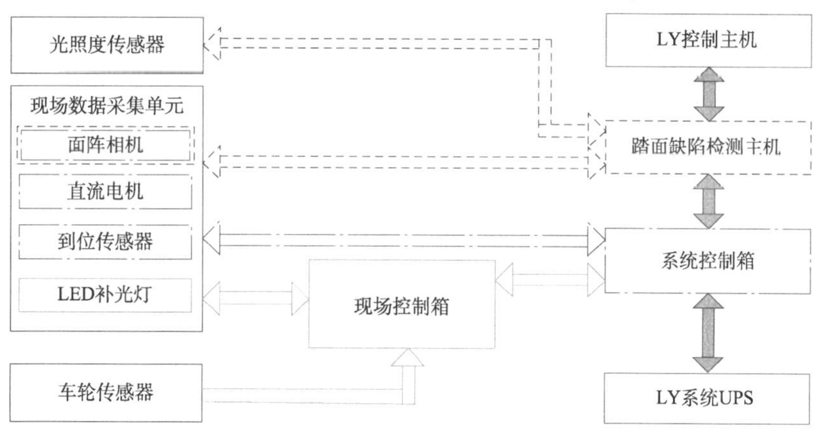

图 5-12 视频图像擦伤单元结构组成

现场控制中心主要功能是现场设备控制(系统上电、开关之类)、图像采集储存、数据共享,主要由系统控制箱、踏面缺陷检测主机等构成。远程控制室主要功能是提供 BS 报表查看、数据管理等。

现场基本检测单元主要包括现场数据采集单元、触发单元、现场控制箱等,由16个面阵相机、16个补光灯、8个车轮传感器及现场控制箱构成。现场基本检测单元的布局如图5-13所示,入库方向的右侧分别是奇数采集箱ACQ1～ACQ15和奇数传感器TR1～TR7,入库方向的左侧分别是偶数采集箱ACQ2～ACQ16和偶数传感器TR10～TR16。现场实物布局如图5-14所示。

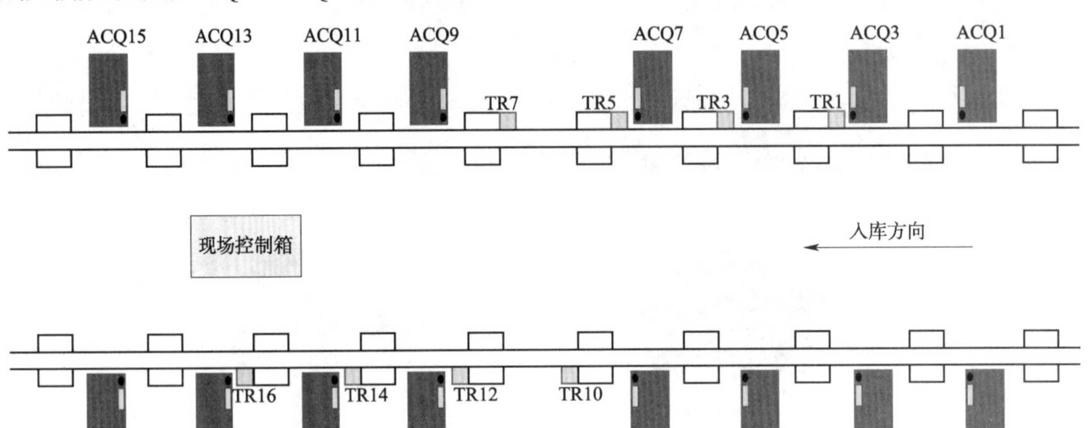

图5-13 现场基本检测单元布局

图5-14 现场实物布局

视频图像擦伤单元采用16个采集单元连续采集轮对踏面图片,16个采集单元分成4组,实现4张图片覆盖一个整圆周踏面。车轮传感器TRx触发对应的ACQx,其中TR1～TR7传感器信号的上升沿触发对应的ACOx,即车轮离去时触发采集。而TR10～TR16传感器信号的下降沿触发对应的ACOx,即车轮到来时触发采集。当一个车轮经过检测区时,系统共采集8张图片。视频图像擦伤单元的工作流程如图5-15所示。

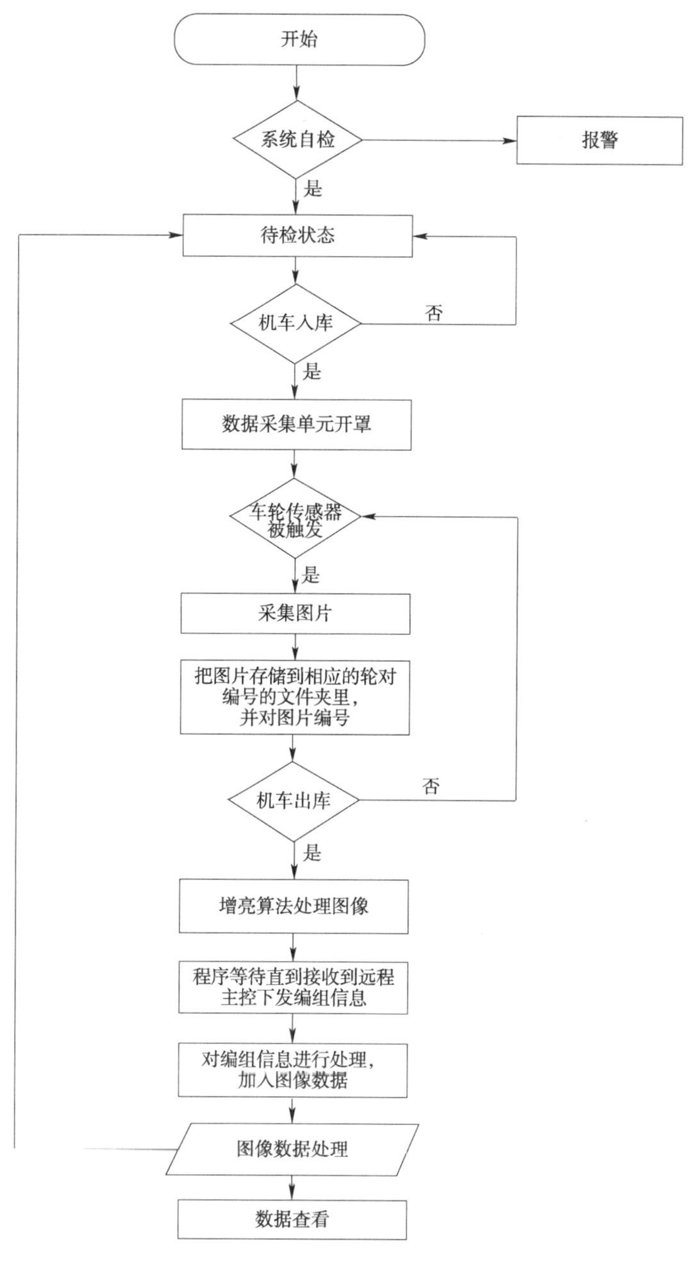

图 5-15　系统工作流程

5. 振动式擦伤单元

列车轮对质量状况是列车安全运行的重要保证,因此轮对质量的日常检测对保证列车安全有着非常重要的意义。传统的接触式擦伤检测因检测原理限制,不能实现车速较高时的擦伤检测,当车速较高时,容易损坏检测机构和阻尼器。新式振动式擦伤单元采用非接触式测量方式,结合高频加速度检测传感器,智能化程度高,通过对检测数据进行综合分析、判断和整理,加之采用在线动态检测方式,不停车、不停电,不占用动车、机车、车辆时间,检测效率高,全程无须人工参与。

振动式擦伤单元检测原理为列车运行过程中,行进中的擦伤车轮撞击钢轨产生冲击振动波,它将以一定速度有一定衰减沿着钢轨双向传播,双向传播的机械波能量被不同位置的加速度传感器捕捉,所探测到的机械波能量既与擦伤程度和车辆的质量、行进速度等有关,也因擦伤振动位置的不同而必然在加速度传感器上体现出时差;有相应的补偿后,根据振动能量可估算擦伤深度,再由擦伤车轮的基本数学模型估算等量的擦伤面积等参数。检测原理示意图如图5-16所示。

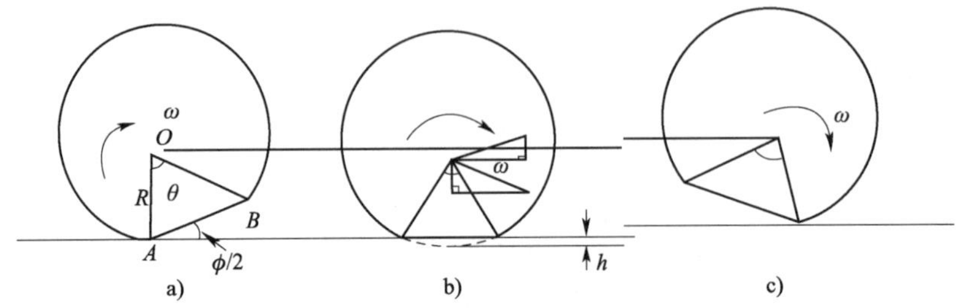

图5-16 检测原理示意图

6. 车号识别单元

车号识别单元用于识别城市轨道交通车辆车号及端位。系统采用图像识别方式,采集车辆车号的图像信息,实时处理得出车号和端位信息。图像识别车号系统是以实时采集列车侧部高清图像的方式,通过图像分析与自动识别技术,实现对列车车号的快速自动识别。该系统由轨道旁边一体化图像采集模块、图像处理单元与车号识别单元等主要部分组成,如图5-17所示。

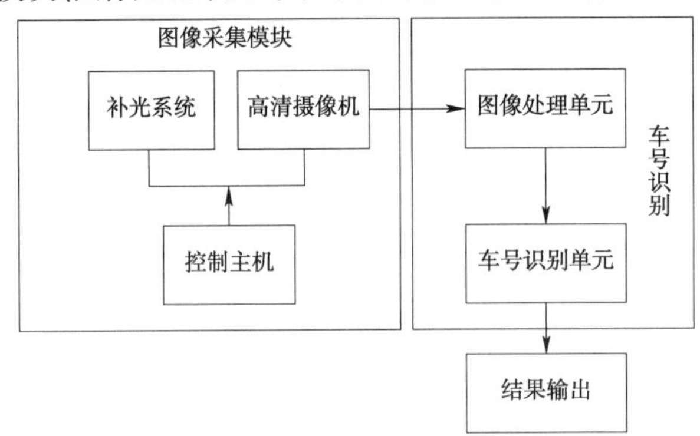

图5-17 图像识别车号系统结构图

三、地面综合监控分析系统组成及功能

地面综合监控分析系统用于实现对城轨列车运行状态的综合分析、趋势预测、故障隐患挖掘、监测结果综合呈现,以及网络化维保与应急处置支持。其作用类似车站使用的综合监控系统,将车辆各分散、独立的数据收集整理后,增加判断机制,实现多重数据的"二次利用"。由于网络安全的需要,地面综合监控分析系统采用"账户+密码"的权限管理方式,用户登录才能使用,登录界面如图5-18所示。

1. 运行状态趋势分析与预测预警功能

地面综合监控分析系统具备可靠性分析功能,支持按服役时间、运营里程、使用频次、故障等级、车辆号等维度进行列车关键部件的故障率、故障分布等统计,其界面如图5-19所示。

图 5-18　地面综合监控分析系统登录界面

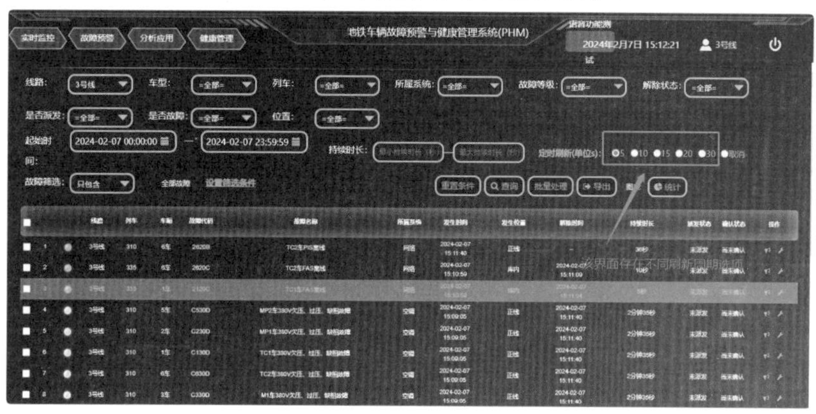

图 5-19　故障预警与故障查询统计界面

地面综合监控分析系统具备运行状态趋势预测功能，能支持按运营公里数（界面如图 5-20 所示）和服役时间、维修状态等维度进行列车关键部件的状态特征变化趋势统计，支持性能劣化趋势预测、临界值趋势预测、老化趋势预测和生命周期预测；具备故障隐患挖掘功能，支持故障前兆挖掘、早期故障辨识、故障隐患预测、故障成因和故障时间的关联性分析等，故障预警界面如图 5-21 所示。

图 5-20　累计运营数据界面

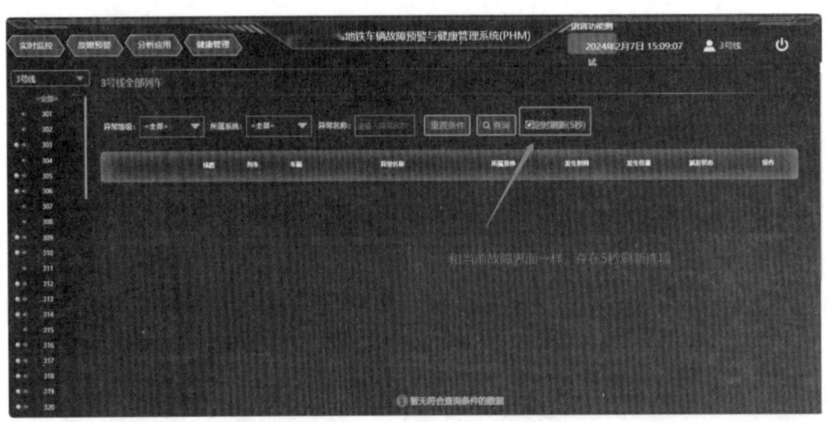

图5-21　故障预警界面

2. 网络化维保与应急处置支持功能

地面综合监控分析系统的网络化维保与应急处置支持功能如下：

(1)具备与维保系统的数据接口，支持维保数据导入和导出功能；

(2)具备检修计划与任务管理功能，支持根据列车状态智能生成检修建议和计划；

(3)具备列车运营计划管理功能，支持根据列车状态智能生成运营日计划；

(4)具备维保资源管理功能，支持人员、工具及设施的使用配置；

(5)具备备品备件管理功能，支持消耗预测、库存预警及月报表、年度报表生成；

(6)具备车辆及部件的履历管理功能，包括生产厂家、批次、使用和维修历史的追踪；

(7)具备维保流程管理功能，支持工单、报表、报告、台账等生产文档的生成和管理以及维保流程的配置；

(8)具备支持故障应急处置指导、支持维护人员的故障处置能力培训功能。变量分析页面如图5-22所示。

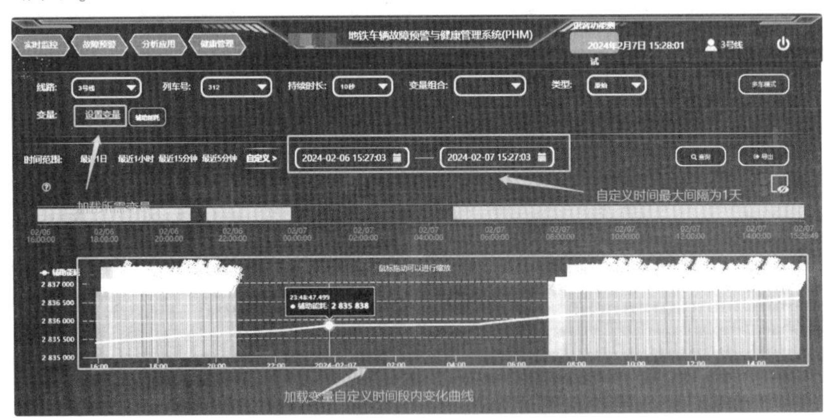

图5-22　变量分析页面

3. 列车状态综合呈现功能

地面综合监控分析系统具备列车状态综合呈现功能，即支持所管辖列车运行状态的可视化呈现，如图5-23所示。可按列车、车辆、部件、故障类型、故障等级等维度进行列车运行状态呈现，支持图形化列表统计数据的输出，如图5-24所示。

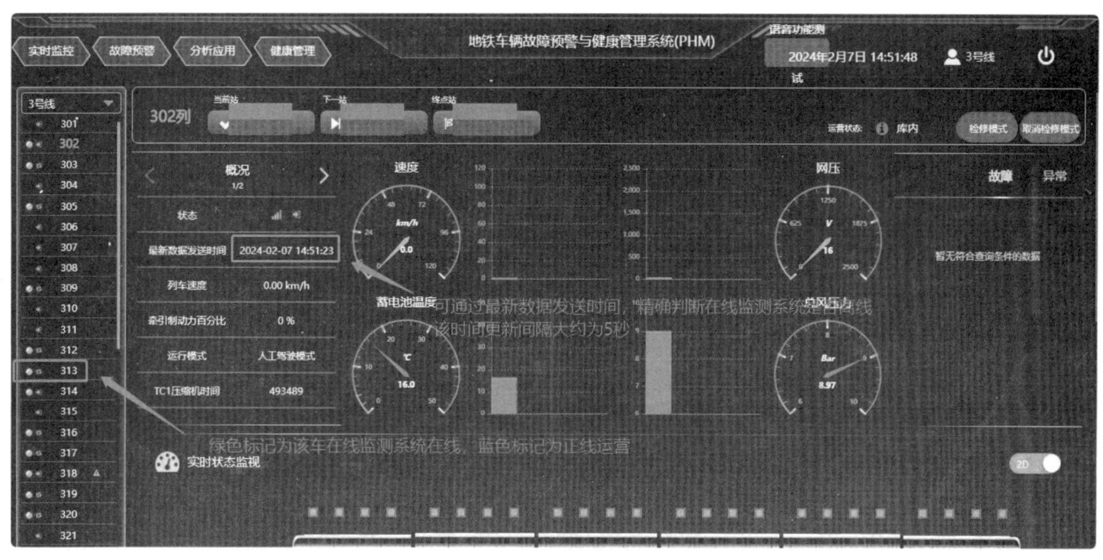

图5-23　列车运行状态

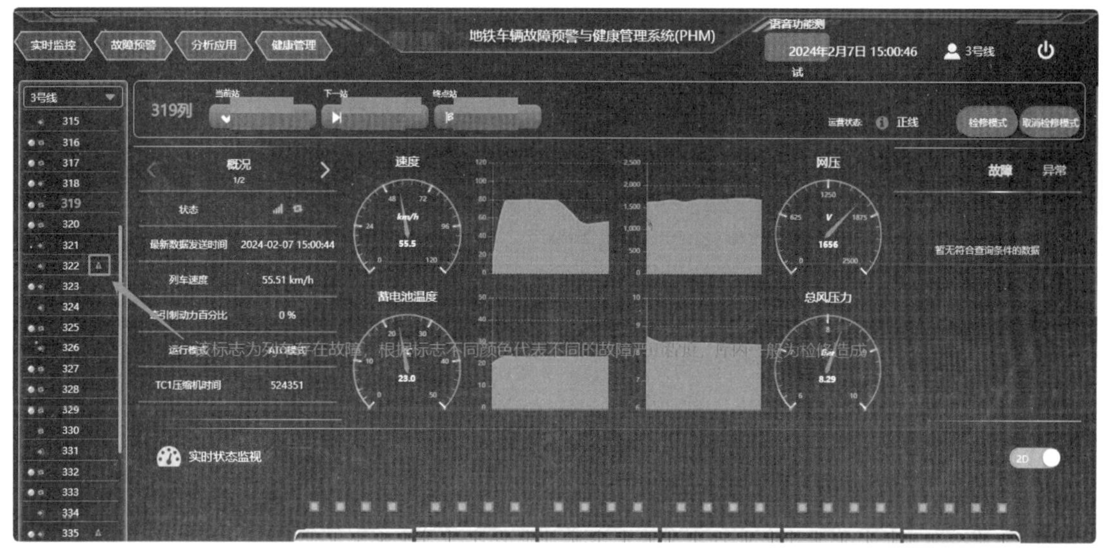

图5-24　列车故障状态

4. 监测数据地面存储与管理功能

地面综合监控分析系统能存储和管理传输到地面的列车运行状态监测和诊断数据；能存储和管理列车运行状态趋势分析与预测预警结果数据，支持地面其他功能单元对存储数据的访问；支持结构化存储功能等。

5. 管理与维护功能

地面综合监控分析系统具备自检并报告自检结果的功能，支持系统软件本地和远程维护升级，支持通过专用网络或公众网络对系统进行管理和维护等。

四、车辆在线检测系统故障应急处置措施

车辆在线检测系统使用期间不影响被检测车辆的功能和性能,因此发生故障时可通过其他手段进行弥补。以轮对故障检测系统为例:如车辆入库时无法完成轮对尺寸检查及踏面缺陷故障检测,为防止出现系统故障的发生,车站值班人员及维保专业人员须按照以下流程开展应急处置工作。

1. 故障判断

轮对故障动态检测系统通过公共检测单元进行供电和配置网络,通过外形尺寸检测单元、闸片检测单元、视频图像擦伤单元和振动式擦伤单元进行故障检测及上报。当出现故障时,可通过在线监测系统界面的图标显示状态和颜色初步判断各接入子系统的故障点位置。

2. 应急处置

若出现地铁车辆到来不能进行检测,可能是系统未正确开启,或现场设备间尺寸主控箱电源未开启,处理时可通过正确上电操作来解决。若出现地铁车辆到来或离去时有其中一个或几个箱体未开,可能为异物卡阻、接线松动,此时可检查并排除故障后启用系统。

3. 后续措施

按照轮对故障动态监测系统维护手册,依次对点检查和维修,检查设备及主机状态,对设备进行清洁、维护,并按照要求对设备进行标定,重新上电测试、校验,确保系统正常运行。

课堂交流

请到地铁车站调研车辆在线监测系统,思考车辆在线监测系统的特点和优势在哪里。请组成5~6人的学习小组,将收集到的视频、图文资料等制作成条理清晰、图文并茂、页面美观的PPT进行课堂分享。

任务实施及评价

车辆在线监测系统应用及故障应急处置

学院		专业	
姓名		学号	
小组成员		组长姓名	

一、工作任务场景

以地铁检修人员的身份进入车辆在线监测系统，按照实际生产需求，开展车辆在线监测系统的日常操作及应急处置工作。

二、前置知识

1. 简述轮对故障动态检测系统的功能。

2. 简述轮对故障动态检测系统与传统检测的区别。

三、任务实施

任务实施内容
1　在线监测系统操作
1.1　查看车辆状态，展示车辆状态信息：车辆编号、最近检测时间、最新报警时间、故障状态等
1.2　查看车辆状态显示列表中某条数据，查看车轮外形尺寸、踏面尺寸及闸片厚度等，判断是否符合检修限度要求
1.3　查看尺寸故障详情，展示发生尺寸故障车辆的车辆编号、检测项、位置、分析周期以及检测值和时间的统计图
1.4　对尺寸故障进行复核处理操作，输入复核值、复核情况、复核人、复核时间、处理意见等
1.5　查看故障记录，展示检测情况：检测时间、车辆、端位、检测点等
1.6　展示车辆运用报告：检测数量、正常检测数量对比柱状图、正常使用率柱状图；有关设备运行情况、超限复核情况、统计周期等具体数据
1.7　过车统计，展示不同时刻正线和入库线过车统计情况
1.8　显示车辆趋势查询页面，设置查询条件，展示查询结果
1.9　能够利用故障查询功能，展示车辆故障相关数据，可设置查询条件，实现车辆检测数据筛选
1.10　利用地面综合监控分析系统查询运行列车状态数据
1.11　利用地面综合监控分析系统查询单列车的故障记录
1.12　利用地面综合监控分析系统查询列车运行里程并自动匹配检修计划等
1.13　设置地面综合监控分析系统的变量数据，并转存反馈至指定位置

续上表

四、评价反馈

(一)评价标准

项目	项目内容
接受工作任务	明确工作任务,理解任务在企业工作中的重要程度
前置知识	本次实训前需要掌握的知识程度
能力评价	轮对故障动态检测系统操作
	地面综合监控分析系统操作
	故障的查询
	故障的分析
素养评价	工作计划性强,安排得当
	团队合作能力强,善于沟通合作
	自主学习能力强,勇于克服困难
	严谨认真,积极参与课堂
	演示文稿制作精美,汇报演讲能力强
评价反馈	自我评价:能对自身表现情况进行客观评价,能在任务实施过程中发现自身问题
	小组互评:客观、公正,能指出其他组的问题

(二)自我评价

请根据课堂实际表现进行自我评价和自我反思。

序号	评价标准	
1	接受工作任务	☆ ☆ ☆ ☆ ☆
2	前置知识	☆ ☆ ☆ ☆ ☆
3	能力评价	☆ ☆ ☆ ☆ ☆
4	素养评价	☆ ☆ ☆ ☆ ☆
自我反思:		

(三)小组互评

请小组之间根据课堂实际表现进行小组互评。

序号	评价标准	
1	接受工作任务	☆ ☆ ☆ ☆ ☆
2	前置知识	☆ ☆ ☆ ☆ ☆
3	能力评价	☆ ☆ ☆ ☆ ☆
4	素养评价	☆ ☆ ☆ ☆ ☆

续上表

(四)教师评价

项目	项目内容	分值	得分
接受工作任务	明确工作任务,理解任务在企业工作中的重要程度	5	
前置知识	本次实训前需要掌握的知识程度	5	
能力评价	轮对故障动态检测系统操作	10	
	地面综合监控分析系统操作	10	
	故障的查询	10	
	故障的分析	10	
素养评价	工作计划性强,安排得当	5	
	团队合作能力强,善于沟通合作	5	
	自主学习能力强,勇于克服困难	10	
	严谨认真,积极参与课堂	10	
	演示文稿制作精美,汇报演讲能力强	10	
评价反馈	自我评价:能对自身表现情况进行客观评价,能在任务实施过程中发现自身问题	5	
	小组互评:客观、公正,能指出其他组的问题	5	
得分(满分100)			

视野拓展

轨道车辆智能巡检机器人

轨道车辆智能巡检机器人是车辆智能运维系统的一个重要部分,智能巡检机器人能对包括受电弓、轮对、车体外观等,进行全方位检测并上传检测结果到服务器,检修人员可通过系统及时查看车辆各项参数、部件状态和故障报警情况,为检修故障判断提供依据,实现了“人机互检”模式,比以往人工检测大大缩短了检测时间。

车辆智能巡检机器人,采用SLAM(Simultaneous Localization and Mapping)导航技术、高精度六轴机械臂、高清3D相机和AI图像处理技术对车底关键检修点精确成像,智能判断车底关键部件异常状态,进而实现车底巡检智能化,提升巡检效率。车辆回库后,维修人员将检修命令下发至机器人。机器人根据下发指令行驶到检测点位,通过巡检模板进行检测。机器人采集的数据会实时上传至服务器,通过算法计算输出检测结果,一旦发现异常情况,如螺栓脱落、防松线错位、挂异物等,机器人系统就会自动生成异常警报,检修人员可根据报告对异常点位进行人工复核。广州地铁智能车辆巡检机器人如图5-25所示。上海地铁智能车辆巡检机器人如图5-26所示。

图5-25　广州地铁智能车辆巡检机器人

南京地铁车辆智能巡检机器人

图5-26　上海地铁智能车辆巡检机器人

任务二 受电弓及车顶状态动态检测系统运行与维护

学习目标

1. 掌握受电弓及车顶状态动态检测系统的组成和功能。

2. 掌握受电弓磨耗中心线检测单元、压力检测单元、车顶故障动态图像监视单元的组成、原理和功能。

3. 当受电弓及车顶状态动态检测系统出现异常情况时，能判断故障，并具有应急处置的能力。

4. 具备“不怕灰、不怕油、不怕累、不怕苦”的劳动精神及敬业精神。

任务导入

受电弓作为城轨车辆运行关键设备之一，承担接触网取电的任务，也是质量控制中最难管理和控制的设备之一，其检修、保养作业是质量控制的关键环节。传统的受电弓检修方式主要依赖一定周期内，人工登顶检查，需要在检修库内设有登顶平台的检修股道进行，检修前后需进行接触网断送电作业，检修效率低下。某地铁公司5号线利用受电弓状态动态检测系统的非接触式图像处理技术，在不停车情况下动态检测受电弓状态参数，系统可靠性显著提高。同时，系统采用大屏幕显示技术，实现了受电弓及地铁车辆车顶状况在DCC控制室内可视化观测，大幅降低了人工上车顶检查的频率，提高了地铁车辆受电弓的检修效率。

本任务需要掌握受电弓磨耗中心线检测单元、压力检测单元、车顶故障动态图像监视单元的组成、原理和功能。当受电弓及车顶状态动态检测系统出现异常情况时，能判断故障，并具有应急处置的能力。同时具备“不怕灰、不怕油、不怕累、不怕苦”的劳动精神及敬业精神。受电弓及车顶状态动态检测系统基本检测单元如图5-27所示。

图5-27 受电弓及车顶状态动态检测系统基本检测单元

知识课堂

一、传统受电弓及车顶状态检查

受电弓是地铁车辆从接触网取得电能的电气设备,而滑板是受电弓与接触网接触的直接受流器件。受电弓外观状态检查及受电弓参数检查是车顶日常检修作业中必须检查的项目。受电弓状态检查主要是通过目测的方法,查看受电弓构件是否存在裂纹、缺失或异物等。受电弓滑板检查主要通过目测检查是否存在偏磨、烧蚀、缺块等故障,并配合测量工具测量滑板厚度,判断滑板是否磨损到限。弓网接触压力能直观地反映受电弓滑板和接触线间的接触情况,它必须符合正态分布规律,在一定范围内波动。如果压力太小,会增加离线率;如果压力太大,会使滑板和接触线间产生较大的机械磨损。传统的受电弓接触压力检测主要在车顶作业,使用弹簧拉力计测量其与接触网的压力大小,但该方法测量效率和精度较低。

二、受电弓及车顶状态动态检测系统组成及功能

受电弓及车顶状态动态检测系统安装在机车、动车组或地铁车辆入库线路上,采用高速、高分辨率、非接触式图像分析测量技术,实现了对受电弓滑板磨耗、中心线偏移、工作压力等关键特性参数的动态自动检测和车顶异物及关键部件状态的室内可视化观测。该系统无须停车,无人值守,可动态自动检测。

1.受电弓及车顶状态动态检测系统的组成

受电弓及车顶状态动态检测系统可以通过对历史数据的综合分析,总结受电弓的磨耗规律,绘制磨耗趋势图,预测受电弓滑板运用到限时间,可以通过数据的综合分析比较(按时间段、运行公里数对同类型受电弓检测数据进行综合分析比较)对受电弓的技术状态做出综合评价,给出优化的综合维护保养方案,以指导受电弓的检修。

受电弓及车顶状态动态检测系统由基本检测单元、现场控制中心、远程传输通道和远程控制中心四个部分组成,如图5-28所示。

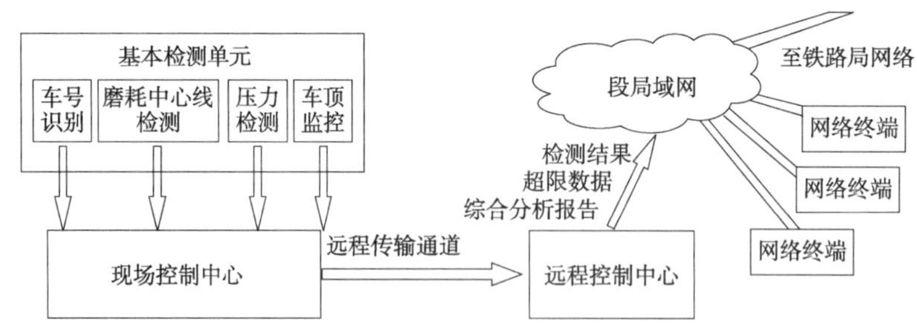

图5-28 受电弓及车顶动态检测系统组成

(1)基本检测单元

基本检测单元位于检测现场,实现系统检测功能。基本检测单元分为受电弓磨耗中心线检测单元、压力检测单元、车顶故障动态图像监视单元以及辅助系统,如实现检测功能的车号识别单元、车顶监控单元等。

(2)现场控制中心(图5-29)

现场控制中心位于现场设备间,实现基本检测单元的供电、控制、数据和图像的采集、分析处理、存储,同时与远程控制中心进行通信。现场控制中心由配电箱、控制箱、工控机、通信箱、不间断电源(UPS)等设备组成。

图5-29　现场控制中心

(3)远程传输通道

远程传输通道连接现场控制中心和远程控制中心,实现控制信号和检测数据的可靠传输。远程传输通道由通信光纤及配电铠装电缆等组成。

(4)远程控制中心

远程控制中心位于远程控制室,是系统的控制中心、数据管理中心和监控中心。在远程控制中心,可以设置系统参数,监控设备的运行状态和检测过程,查看、统计、分析、打印检测数据,通过大屏幕显示器回放车顶状态监控录像。远程控制中心由控制台、控制机及其外围设备构成,如图5-30所示。

图5-30　远程控制中心

2. 受电弓及车顶状态动态检测系统的功能和特点

受电弓及车顶状态动态检测系统在入库检测棚前面设置龙门架,布置3台摄像机,从车顶正上方及左、右侧上方对车顶及车顶部件状态进行监控。在检测棚内布置受电弓碳滑板磨耗检测设备、受电弓中心线检测设备及受电弓压力检测设备。受电弓及车顶状态动态检测系统整体布局示意图如图5-31所示。

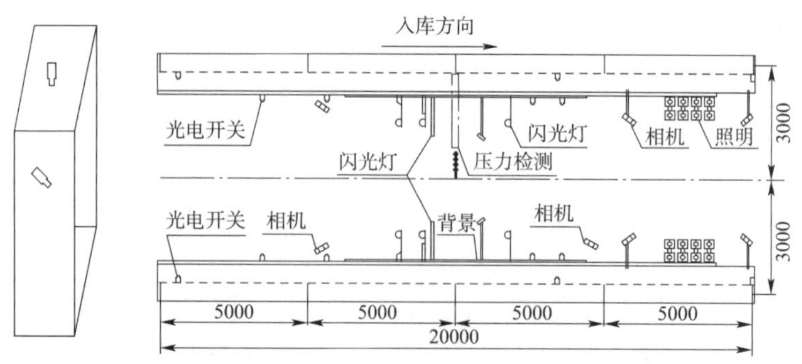

图5-31 受电弓及车顶状态动态检测系统布局图(尺寸单位:mm)

受电弓及车顶状态动态检测系统的功能如下:

(1)能采用动态非接触式图像测量技术分析处理并记录受电弓滑板磨耗值;

(2)能采用动态非接触式图像测量技术分析处理并记录受电弓中心线偏差值;

(3)能自动动态检测并记录受电弓工作位接触压力值;

(4)车顶监控视频大屏幕能实时显示、存储并以不同速度回放;

(5)能对车顶异物及车顶关键部件状态进行室内可视化观测及判断;

(6)能进行车号、端位自动识别;

(7)能提供检测项目的图像及数据报表输出;

(8)能提供检测结果的查询、统计、综合分析、打印、故障预警及网络共享管理;

(9)具有对检测数据进行分析、判断、整理的能力。

受电弓及车顶状态动态检测系统的最大特点是检测效率高,系统采用在线动态检测方式,不停车、不停电、不占用动车时间,自动化程度很高,且检测过程和监控录像过程由计算机自动执行,全天候检测,不受气候条件影响,无论雨、雪等恶劣天气均可检测。

为了提高检测精度,减少设备受雨雪天气影响,尽可能地降低自然光的干扰,提高设备使用寿命,一般在检测现场安装检测棚,所有基本检测单元均安装在检测棚内,如图5-32所示。

图5-32 受电弓动态检测棚

3. 公共单元组成及功能

受电弓及车顶状态动态检测系统公共单元是构建整个检测系统的基础部分,用于完成整个系统主要检测功能之外的辅助功能,包含系统公共配电单元、公共网络单元、远程控制监控主机、数据库服务器、显示部分器件、远程操作控制室与现场设备间用于安放系统设备器件的控制柜(台)、系统布线槽等。

公共配电单元主要作用是为受电弓及车顶状态动态检测系统现场设备各个单元设备供配电。

公共网络单元主要为受电弓及车顶状态动态检测系统现场各单元相互之间提供网络通信,将现场设备间与远程控制室光纤传输转化成网络通信。同时系统利用路由器与段网连接,实现数据的远程访问和设备状态的远程监控。

远程控制监控主机主要对现场各单元程序进行协调和工作过程状态进行监控,同时搭建系统基于网页浏览的B/S报表数据访问服务器,实现系统检测数据远程访问和共享。

数据库服务器主要作用为存储各单元模块检测数据。显示部分器件包括系统远程、现场设备间各主机显示。安放系统设备器件的控制柜(台)包括远程操作控制室操作控制台和设备间内设备控制柜。系统布线槽是整个系统设备间到现场电缆安装的布线通道,以实现线缆防护。公共单元的配电、显示框图如图5-33所示。

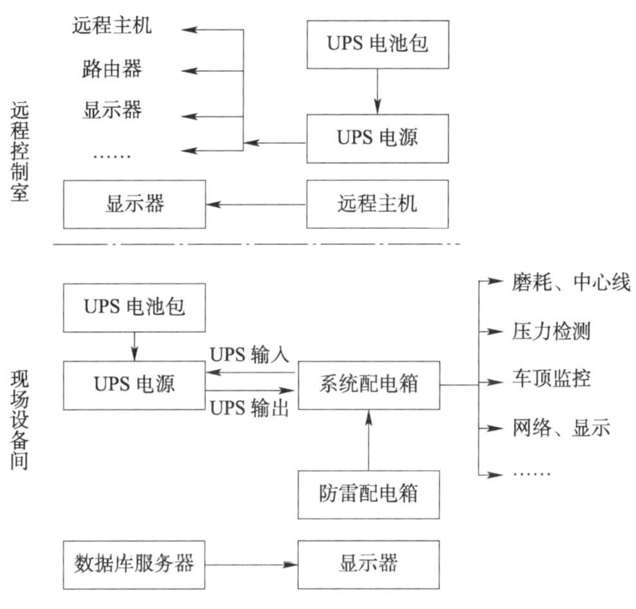

图5-33 公共单元配电、显示框图

公共单元网络部分采用路由器和带光纤收发模块的交换机来进行组网。光纤收发模块的交换机实现远程操作控制室和现场设备间之间的光纤、网络转换,同时实现远程操作控制室、现场设备间系统内部各个主机之间的组网。路由器用于构建系统内部网络与段网之间的桥接,在起到隔离作用的同时,还能实现段网对系统网络的远程访问和远程数据共享访问。具体如图5-34所示。

4.滑板磨耗中心线检测单元组成及原理

滑板磨耗中心线检测单元采用图像测量法测量受电弓的滑板磨损和中心线偏移情况,是一种非接触式在线检测设备。

(1)滑板磨耗检测原理

滑板磨耗检测是采用图像测量法实现受电弓滑板磨耗情况的非接触动态检测。它用高分辨率、高清晰度相机以设计角度对受电弓进行拍摄,拍摄的图像中包含了受电弓滑板的全貌及尺寸信息。经过实时图像处理,得到受电弓滑板厚度曲线。滑板磨耗图像测量法原理如图 5-35 所示。

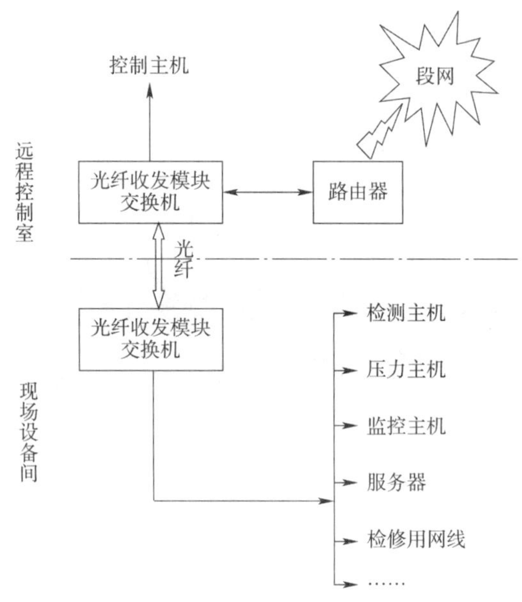

图 5-34　使用光纤收发模块交换机组网框图

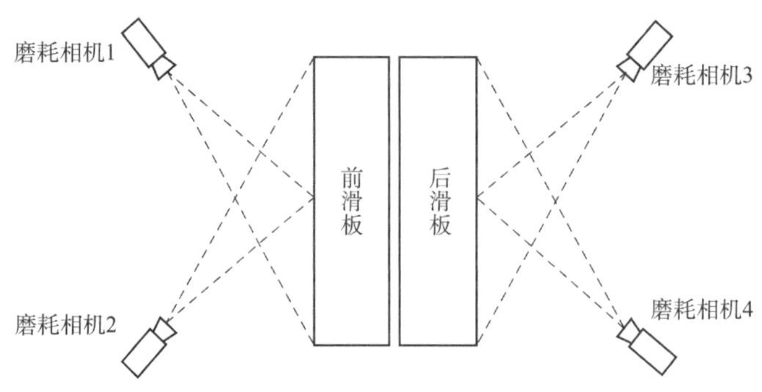

图 5-35　滑板磨耗图像测量法原理

在实际工作中,为提高受电弓及车顶状态动态检测系统的检测精度,采用 2 个相机分别拍摄滑板的一部分,图像处理时对检测结果进行拼接,形成完整的受电弓滑板磨耗曲线。通过对受电弓的 2 块滑板分 2 次进行拍摄和图像处理,即可得到整个受电弓滑板的磨耗情况。磨耗相机拍摄的实际效果图如图 5-36 所示。

图 5-36　相机拍摄的受电弓滑板实际效果图

(2)中心线偏移检测原理

中心线偏移检测原理是采用图像测量法实现受电弓滑板中心线偏差的非接触动态检测。它是用高分辨率、高清晰度相机以设计角度对受电弓左右两端的羊角进行拍摄,受电弓羊角在图像中的位置包含了受电弓相对于轨道中心线的位置信息,如图5-37所示。经过实时图像处理,结合标定信息,得到受电弓中心相对轨道中心线的偏移量,受电弓羊角实际效果图如图5-38所示。

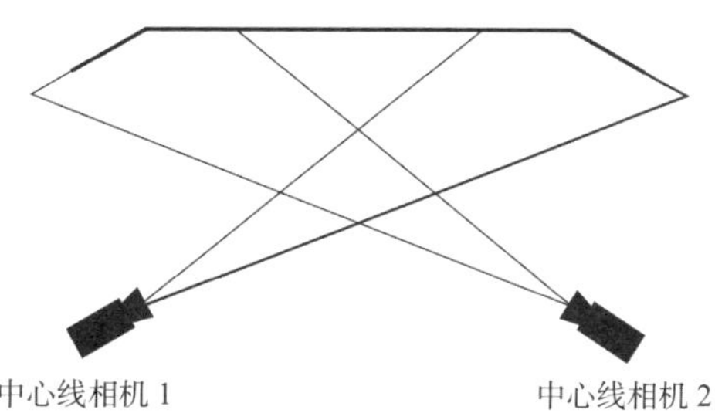

图5-37 中心线偏差图像测量法原理

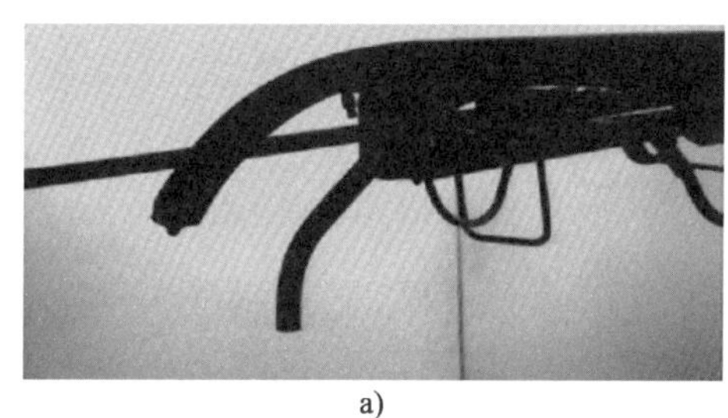

a)

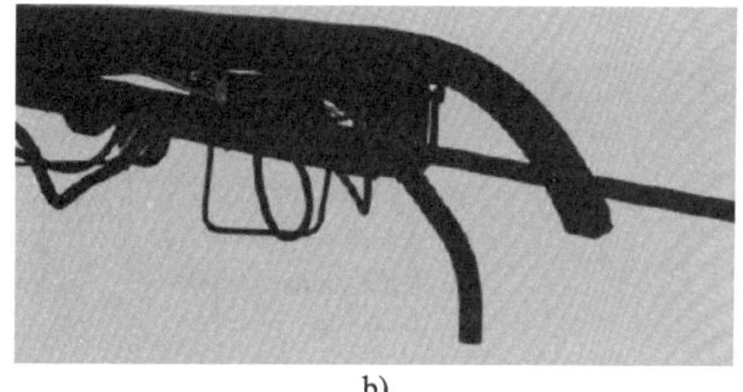

b)

图5-38 相机拍摄的受电弓羊角实际效果图

在图像测量过程以及机器视觉应用中,为确定空间物体表面某点的三维几何位置与其在图像中对应点之间的相互关系,必须建立相机成像的几何模型,这些几何模型参数就是相机参数。受电弓及车顶状态动态检测系统采用光截图像测量技术检测受电弓滑板磨耗及中心线偏移,系统将这个求解参数和完成系统拼接计算模型的过程称之为标定(或相机标定)。无论是在图像测量或者机器视觉应用中,相机参数的标定都是非常关键的环节,其标定结果的精度及算法的稳定性直接影响相机工作产生结果的准确性。因此,在使用该检测系统时,应按照系统标定校验手册对磨耗和中心线相机进行正确标定。受电弓及车顶状态动态检测系统磨耗和中心线单元原理和检测流程如图5-39、图5-40所示。

5. 压力检测单元的组成及检测原理

压力检测单元采用高精度传感器检测技术,动态自动检测受电弓工作位接触压力,原理如图5-41所示。它通常由压力检测装置建立力传递系统,通过力传递机构(杠杆)将受电弓在接触导线工作位压力传递到检测端位的拉力传感器,测量出拉力传感器的输出值,再进行相应补偿,得到对应的受电弓在接触导线工作位的接触压力值。具体机构检测原理如图5-42所示,受电弓在工作位时对接触导线有一个向上的力 F,F 通过测量臂传递到尾部检测机构,尾部机构带动拉压力传感器测量出受电弓对接触导线的压力大小。受电弓工作位力和拉力传感器受力的传递关系模型通过标定来建立。

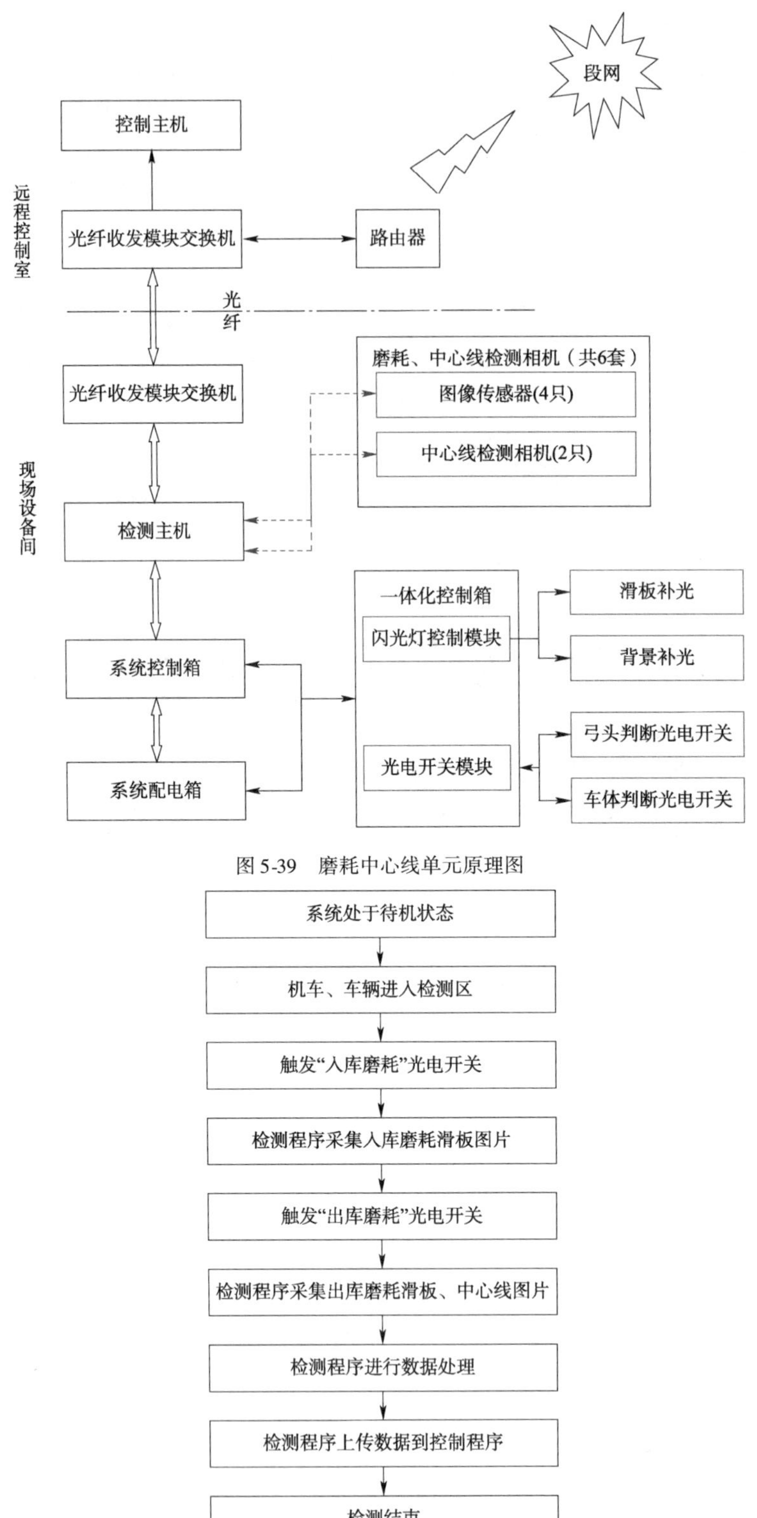

图 5-39　磨耗中心线单元原理图

图 5-40　磨耗和中心线单元检测流程图

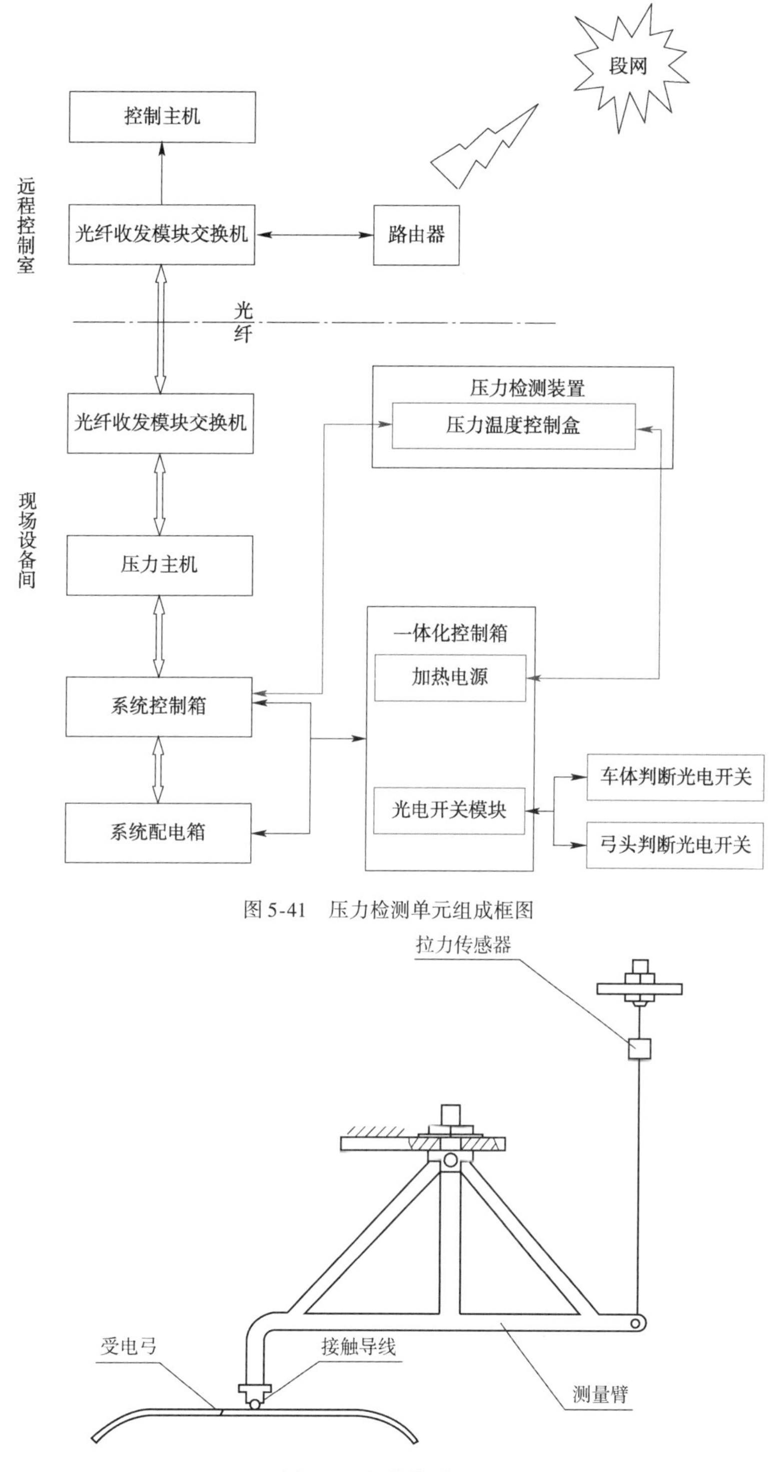

图 5-41　压力检测单元组成框图

图 5-42　机构检测原理

由于压力检测单元采用“杠杆式”力的传递机构，为确定受电弓工作位接触压力传递到低压高精度传感器的传递模型，压力检测单元将采用标定的方式来建立这种模型关系，保证受电弓工作位接触压力的检测准确。因此,需要使用专用工具电子拉力计进行受电弓压力或压力检测装置传递力的测量,从而对压力检测单元进行标定。受电弓及车顶状态动态检测系统压力检测单元检测流程如图5-43所示。

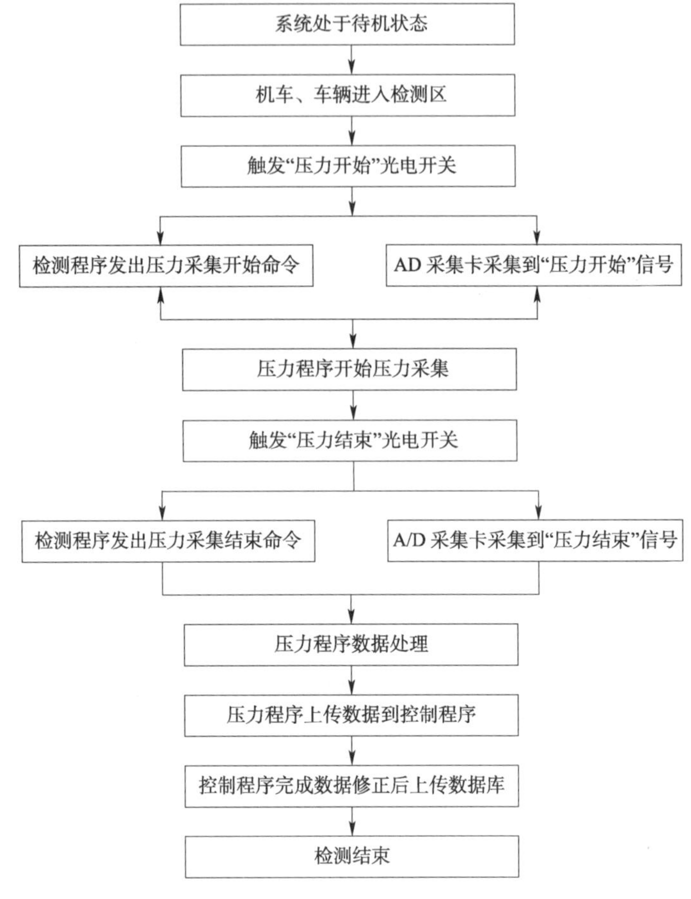

图5-43 压力检测单元检测流程图

6. 车顶故障动态图像检测单元的组成及功能

车顶故障动态图像检测单元是一种用于自动监控车顶异常状态的自动化单元。安装在动车组、机车、车辆、地铁入库线上,以不停车检测的方式,自动完成对车顶及车顶侧面的高清图像获取。通过模式识别、特征匹配等数字图像处理技术,实现车顶异物,车顶关键部件缺失、变形等异常检测,并进行自动提示。

车顶故障动态图像检测单元硬件由远程控制室、设备间、现场检测设备三部分组成。设备间由服务器、采集及处理主机、主控箱、KVM一体机等组成,放置在1个电控柜里。现场检测设备由车轮触发传感器、采集相机、计辆触感器等组成,如图5-44所示。

车顶故障动态图像检测单元主要采用大功率激光器配合高速线阵CCD相机获取高清图像,并通过实时测量速度,对采集到的图像给予列车行进方向上的畸变校正。采用的线扫描相机一次成像仅能完成一条细线,需要连续移动相机或者被拍摄物体,才能获取完整的图像,但线扫描相机拥有更容易获取高分辨率图像和图像边缘畸变更小的明显优势,同时能够适应更大的场景、更高的车速,后续图像拼接和校正更容易。线扫描相机的工作原理如图5-45所示。

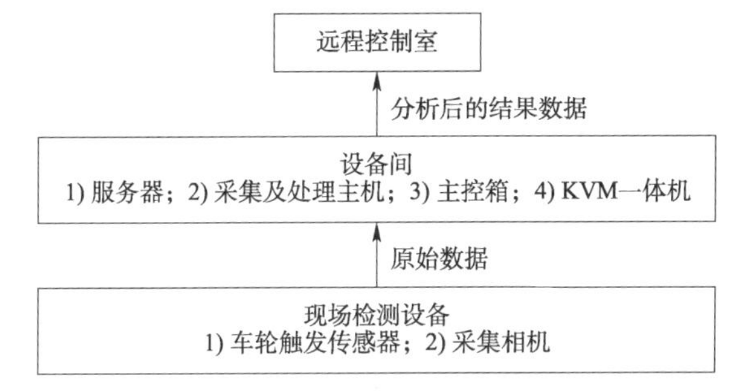

图5-44 硬件结构示意图

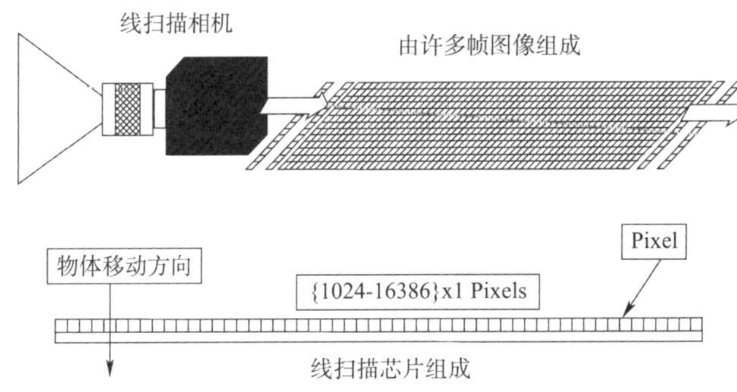

图5-45 线扫描相机工作原理

车顶故障动态图像检测系统功能如下:

(1)能够多角度获取车顶高清图像;

(2)基于目标物识别的方法,在当前图像中能自动标识出异常部位;

(3)能自动实现车顶关键部件缺失、变形、异物等异常检测,检测范围包括:绝缘瓷瓶、受电弓碳滑板、导电杆、弓头支撑座、车顶螺栓、避雷器、天线等;

(4)能查看过车记录、进行异常人工标记;

(5)具备图像放大、对比度调整的功能;

(6)具备数据自动上传专家诊断系统和信息化系统的功能;

(7)能自动判断车辆接近和离去,获取车号和端位信息;

(8)具备灰尘、水雾自清洁的功能;

(9)具备自诊断及远程故障诊断功能;

(10)具备防雷、防大电流冲击、抗电磁干扰等功能。

车顶故障动态图像检测单元工作流程如图5-46所示。

三、受电弓及车顶状态动态检测系统故障应急处置措施

受电弓及车顶状态动态监测系统的故障按照系统架构主要分为:公共单元故障、滑板磨耗检测单元故障、压力检测单元故障、车顶故障动态图像检测单元故障。

1. 故障判断

针对系统公共单元故障,若交换机及路由器面上的POWER指示灯熄灭,则说明未正常供

电；若远程控制主机或服务器打开主机电源没有反应，则多为电源未与主机正常连接；若存在显示器开机黑屏，一般为显示器连接线路不正常。

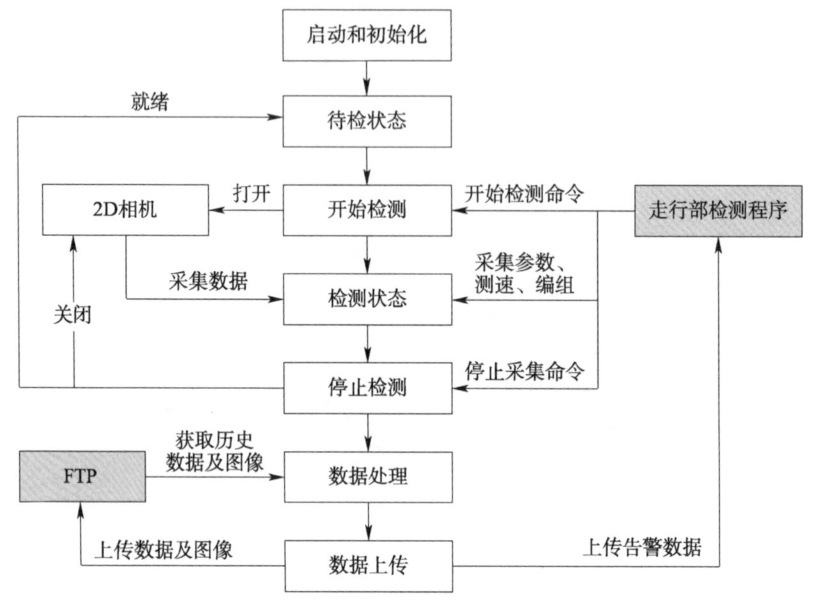

图5-46 车顶故障动态图像检测单元工作流程

针对滑板磨耗检测单元故障，若出现系统面板闪光灯电源输出指示故障，多为系统未正确开启或闪光灯老化；若检测相机未正常采集图片，一般为相机电源不正常。

针对压力检测单元故障，可能出现压力主机假死，预压力过大或过小故障。

针对车顶故障动态图像检测单元的故障，可能出现程序无法正常运行、相机打开失败、设备不能正常采集数据、车顶图片明显模糊等故障。

2. 应急处置

针对系统公共单元故障，可按照故障点检查设备供电电源是否正常连接、插头是否松动等。

针对滑板磨耗检测单元的故障，可重新按照程序正确开启系统，并确保上电正常，进一步测试闪光灯是否正常。

针对压力检测单元故障，可通过系统软件杀毒、重插采集卡或重启工控机、调节压力传感器安装等方法处置。

针对车顶故障动态图像检测单元的故障，可通过重新再次运行程序、重启计算机、检查硬盘空间、检查设备上电、清除相机表面异物等方法处置。

课堂交流

请到地铁车辆入库线及远程控制室调研受电弓及车顶状态动态检测系统。思考该动态检测系统的特点、优势和原理。请组成5~6人的学习小组，将收集到的视频资料、图文资料等制作成条理清晰、图文并茂、页面美观的PPT进行课堂分享。

任务实施及评价

受电弓及车顶状态动态检测系统故障应急处置

学院		专业	
姓名		学号	
小组成员		组长姓名	

一、工作任务场景

以地铁检修人员的身份进入受电弓及车顶状态动态检测系统的工作环境，按照实际生产需求，开展系统的日常操作及应急处置工作。

二、前置知识

1. 简述受电弓及车顶状态动态监测系统的组成及功能。

2. 简述滑板磨耗检测单元的检测原理和流程。

3. 简述压力检测单元的检测原理和流程。

4. 简述车顶故障动态图像检测单元的检测原理和流程。

三、任务实施

任务实施内容
1　受电弓及车顶状态动态检测系统认知
1.1　系统公共单元的认知，识别远程控制室和现场设备间的设备
1.2　滑板磨耗检测单元认知，识别检测主机（检测相机、传感器等）、系统控制箱等
1.3　压力检测单元认知，识别压力检测机构、检测设备
1.4　车顶故障动态图像检测系统认知，识别现场检测设备和设备间设备
2　受电弓及车顶状态动态检测系统操作
2.1　系统远程操作控制室和系统设备间上电和断电操作
2.2　磨耗中心线单元启动及关闭操作
2.3　磨耗中心线手动采集测试
2.4　压力检测单元启动及关闭操作
2.5　压力单元手动采集测试

续上表

任务实施内容
2.6 受电弓压力测量及标定
3 受电弓及车顶状态动态检测系统应急处置
3.1 公共单元电源故障应急处置方法
3.2 滑板磨耗检测单元故障应急处置方法
3.3 压力检测单元故障应急处置方法
3.4 车顶故障动态图像检测单元故障应急处置方法
4 受电弓及车顶状态动态检测单元平台软件的操作
4.1 查看车辆状态，展示车辆状态信息：车辆编号、最近检测时间、最新报警时间、故障状态等
4.2 查看检测记录下检测棚数据，查看受电弓具体信息及滑板图像
4.3 根据受电弓具体信息，判断受电弓滑板磨耗情况、工作压力情况
4.4 查看检测记录下车顶监控并播放监控视频
4.5 在受电弓信息页面中，查看数据视图、还原并下载曲线图

四、评价反馈

（一）评价标准

项目	项目内容
接受工作任务	明确工作任务，理解任务在企业工作中的重要程度
前置知识	本次实训前需要掌握的知识程度
能力评价	受电弓及车顶状态动态检测系统认知
	受电弓及车顶状态动态检测系统操作
	受电弓及车顶状态动态检测系统故障应急处置
	受电弓及车顶状态动态检测系统平台软件的操作
素养评价	工作计划性强，安排得当
	团队合作能力强，善于沟通合作
	自主学习能力强，勇于克服困难
	严谨认真，积极参与课堂
	演示文稿制作精美，汇报演讲能力强
评价反馈	自我评价：能对自身表现情况进行客观评价，能在任务实施过程中发现自身问题
	小组互评：客观、公正，能指出其他组的问题

（二）自我评价

请根据课堂中的实际表现进行自我评价和自我反思。

序号	评价标准	
1	接受工作任务	☆ ☆ ☆ ☆ ☆
2	前置知识	☆ ☆ ☆ ☆ ☆

续上表

序号	评价标准	
3	能力评价	☆ ☆ ☆ ☆ ☆
4	素养评价	☆ ☆ ☆ ☆ ☆
自我反思：		

（三）小组互评

请小组之间根据在课堂中的实际表现进行小组互评。

序号	评价标准	
1	接受工作任务	☆ ☆ ☆ ☆ ☆
2	前置知识	☆ ☆ ☆ ☆ ☆
3	能力评价	☆ ☆ ☆ ☆ ☆
4	素养评价	☆ ☆ ☆ ☆ ☆

（四）教师评价

项目	项目内容	分值	得分
接受工作任务	明确工作任务，理解任务在企业工作中的重要程度	5	
前置知识	本次实训前需要掌握的知识程度	5	
能力评价	受电弓及车顶状态动态检测系统认知	10	
	受电弓及车顶状态动态检测系统操作	10	
	受电弓及车顶状态动态检测系统故障应急处置	10	
	受电弓及车顶状态动态检测系统平台软件的操作	10	
素养评价	工作计划性强，安排得当	5	
	团队合作能力强，善于沟通合作	5	
	自主学习能力强，勇于克服困难	10	
	严谨认真，积极参与课堂	10	
	演示文稿制作精美，汇报演讲能力强	10	
评价反馈	自我评价：能对自身表现情况进行客观评价，能在任务实施过程中发现自身问题	5	
	小组互评：客观、公正，能指出其他组的问题	5	
得分（满分100）			

大国工匠罗昭强：从门外汉到开创先河，他“给高铁赋予生命”

大国工匠、全国劳动模范、全国五一劳动奖章获得者、中华技能大奖获得者、中国中车集团首席技能专家罗昭强(图5-47)，带领他的团队研发了世界首台高速动车组调试操作实训装置，开创了利用模拟手段进行高铁调试操作的先河。“复兴号”具有完全自主知识产权、达到世界先进水平的动车组列车，调试是它在厂内的最后一道生产工序。罗昭强和他的工友要保证每一列“复兴号”安全出厂。

图5-47 大国工匠罗昭强

2011年，在国内高速动车组飞速发展之时，中车长春轨道客车股份有限公司却有动车组被批量召回，罗昭强被这场危机触动了。调试技能人才队伍没有跟上，如何发现列车出厂前的隐性故障？又怎么及时处理车辆上线时的运行故障呢？能不能发明一种高速列车整车调试环境模拟技术，让受训人员可以随时实际操作呢？可罗昭强这个门外汉想摸清高铁，必须先从4000张图纸和4000张逻辑图学起。

罗昭强选取了最能体现动车组特点的受电弓、牵引、安全环路等几个主要环节，模拟出这些大系统的操作逻辑，把自己精心设计的图纸交给了厂家。最终，世界首台高速动车组调试操作实训装置在罗昭强团队手中诞生，每套模块都可以模拟动车不同故障，训练调试工人排查故障的能力，以往两三年的培训周期被缩短到了半年以内，让调试工作跟上了中国高铁迅猛发展的步伐。

附录　本教材名词术语缩略语

序号	缩略语	解释	序号	缩略语	解释
1	ACS	门禁系统	27	FAS	火灾自动报警系统
2	AFC	自动售检票系统	28	FEP	前端处理器
3	AI	人工智能	29	GIS	地理信息系统
4	ALM	集中告警	30	HB	高速断路器
5	API	应用程序编程接口	31	HMI	人机界面
6	ATC	列车自动控制	32	IBP	综合后备盘
7	ATO	列车自动运行/列车自动驾驶	33	IMS	视频监视系统
8	ATP	列车自动防护	34	ISCS	综合监控系统
9	ATS	列车自动监控	35	ISP	互联网服务提供商
10	BAS	环境与设备监控系统	36	KPI	关键性能指标
11	BC 压力	制动缸压力	37	LTE	介于 3G 和 4G 之间的一种网络制式,它包括 TD-LTE 和 LTE-FDD 两种制式
12	BIM	建筑信息模型	38	MCC	电机控制中心
13	CAM	蠕动驾驶模式,由控制中心在远程启动	39	MLC	多线共用自动售检票系统线路中心
14	CBTC	基于通信的列车自动控制系统	40	MM	门模式开关
15	CC	车载信号控制器	41	Modbus	应用于电子控制器的一种通用语言
16	CLK	时钟系统	42	MVB	多功能车辆总线
17	COCC	线网调度指挥中心	43	NCCC	客运服务管理系统
18	DBY	旁路开关	44	NOCC	网络运营控制中心
19	DCP	司机控制单元	45	NOIS	客流分析服务系统
20	DDU	车辆显示屏	46	OCC	运营控制中心
21	EB	紧急制动	47	PA	广播系统
22	EPS	应急照明系统	48	PCC	乘客信息播控中心
23	EUHT	高速无线通信系统	49	PID	比例积分微分控制
24	EUM	切除 ATC 后的车辆模式(又名非限制人工驾驶模式),单人值乘限速 40km/h 运行,双人值乘限速 65km/h 运行	50	PIS	乘客信息系统
25	EUHT-5G	增强型超高速无线通信系统	51	PLC	可编程逻辑控制器
26	FAM	全自动驾驶模式。列车的运行、进出站、开关门、唤醒/休眠等功能均是自动控制	52	PMS	资产管理及运营生产管理系统

续上表

序号	缩略语	解释	序号	缩略语	解释
53	Profbus	一种国际化开放式、不依赖于设备生产商的现场总线标准	62	SIV	辅助逆变器
54	Profbus-DP	一种计算机电子元件，具有高速度低成本的特点，用于设备级控制系统与分散式I/O的通信	63	SPKS	防护开关
55	PSC	站台门控制系统	64	TCC	轨道交通线网指挥中心
56	PSCADA/SCADA	电力监控系统	65	TVM	自动售票机
57	PSD	站台门	66	UPS	不间断电源
58	PSL	站台门就地控制装置	67	UTM	统一威胁管理
59	RIOM/VCU 离线	无生命信号	68	UTO	运行模式下的列车巡查工作宜由现场运营人员完成；轨道车及末班车宜采用非FAM运行
60	RM	非限制人工驾驶模式	69	WAF	网站应用级入侵防御
61	RS485	一个定义平衡数字多点系统中的驱动器和接收器的电气特性的标准，该标准由电信行业协会和电子工业联盟定义			

参 考 文 献

[1] 刘乙橙,杨韬. 城市轨道交通消防与环控系统检修[M]. 北京:机械工业出版社,2024.

[2] 刘乙橙,杨韬. 城市轨道交通综合监控系统维护[M]. 北京:中国铁道出版社有限公司,2024.

[3] 曲秋莳,许波. 城市轨道交通车站设备[M]. 4 版. 北京:人民交通出版社股份有限公司,2025.

[4] 周静. 城市轨道交通车站设备应用[M]. 北京:高等教育出版社有限公司,2019.

[5] 卢桂云. 城市轨道交通车辆检修[M]. 北京:高等教育出版社有限公司,2020.